知識基盤社会における

教員養成と人間形成

鷲山恭彦 著

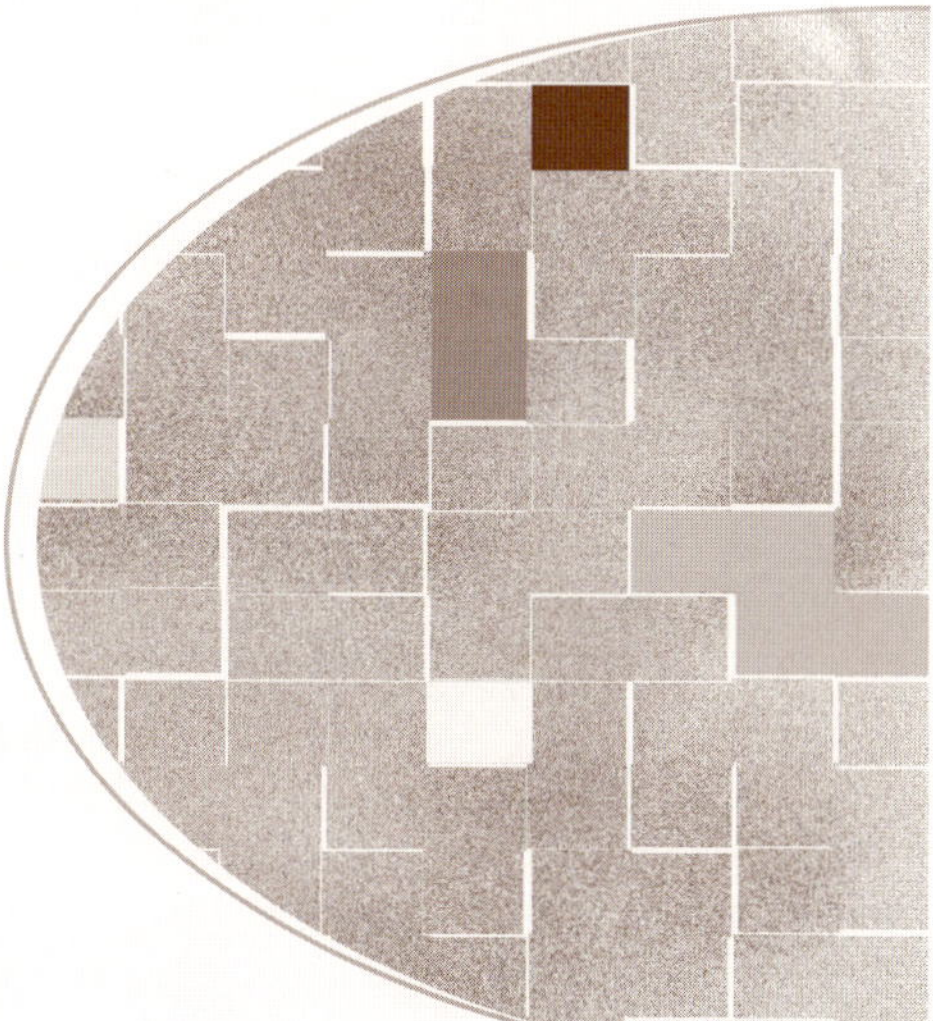

学文社

知識基盤社会における教員養成と人間形成

まえがき

二〇〇三（平成一五）年一一月から思いがけず東京学芸大学の学長を務めることとなった。思いがけずというのは修辞ではない。日本の教員養成大学の総本山的な役割を担うこの大学において、教養系のドイツ語ドイツ文化の担当教員という私の立場は、いわば大学の網走番外地にいるようなもので、学校現場の切実な課題とはほど遠い所に棲息していたし、大学も含め教育問題や改革課題について全体的に考えるなどという自覚は欠けていたからである。折りしも、二〇〇四年四月からの国立大学法人化は既定のことになっていて、半年後に迫っていた。火中の栗はまずは門外漢に拾わせろ、ということであったのだろうか。

就任と同時にたちまち、法人化という日本の国立大学史上初めての経験の渦中に巻き込まれた。一年目は、大学の経営協議会、教育研究評議会、監事の設置といった新しい制度の定着に腐心したが、二年目からは「効率化係数」に悩まされ続けた。大学運営費交付金が毎年一％ずつ削られるのだ。教育系の大学は、社会的要請に応えるべき新しい教育研究課題や実践課題は山積しているのに、いろいろ努力しても外部資金の獲得はままならない。結局、教員と職員の人員削減で対応せざるを得なくなった。法人化したら自律性が高まる、などという謳い文句とは裏腹の事態に、すっかり戸惑ってしまった。そういったなかで新しい課題に応え、国際的な動向や課題もフォローしながら、教育研究体制を変革していくという、苦しい模索が続いた。

世紀の変わり目は、やはり時代の転換期と一致するものなのだろうか。一九世紀から二〇世紀の移行時もそうであったように、政治の上でも、経済の上でも、行政の上でも、そして教育の上でも、既成のシステムや社会的枠組み自体が問題となり、歴史の推進力を失いつつあるようにみえた。生産社会から消費社会へ、工業化社会から情報化社会へ、そして知識基盤社会へという転換のなかで、初等教育、中等教育、そしてユニバーサル段階を迎えた高等教育も、根本的な変革を迫られていたのだ。

教員養成も、戦前の師範教育、戦後のアカデミズム教員養成教育を経て、第三の段階のとば口に立っているといえた。知識集積型教育から知識活用型教育へ、国民教育から二一世紀型市民教育へという転換のなかで、日本の教育現場の抱える多くの根深い問題が、高度知識基盤社会における教育研究のあり方と関わって焙りだされる。さまざまな角度から、変革が要請されている現実を突きつけられ、文字通り手探りの格闘が続いた。

本書は、そうした一つの断面の記録である。新聞や雑誌に寄稿した文章、講演やシンポジウムの記録、入学式や卒業式での式辞、等々、模索の発信をしてきた、その一端である。反面教師であることも含めて、これからの日本の教育を考える一助になれば幸いである。

二〇一一年三月

著者

目次

目次

第一章

知識基盤社会における教員養成

1　国立大学の法人化と教員養成

（『IDE・現代の高等教育』二〇〇九年八―九月号）

法人化

二〇〇四年に国立大学が法人化されて今年は六年目である。「法人化してよかったか」と問われて、「全体として成功」という学長が大半だそうで、「さて」と首をかしげる学長は少数派だという。

世界的水準、国民に開かれた大学、民間的発想の導入、自主的自律的運営、目標管理と点検評価といったスローガンのもと、「個性に輝く大学」を目指して私も微力ながら経営努力を重ねてきた。しかし、効率化係数と総人件費抑制で、本学教員三七〇名のうち一割近くの三〇名を削り、職員と附属学校教員を合わせてさらにほぼ同数を削らざるを得ず、大幅な戦力ダウンと教職員への負担増という経緯を考えれば、自主自律とはほど遠い現実に、口が裂けても「よかった」とはいえない。

教員養成系大学の事業費に対する人件費比率は、八割を超える。教職や教科に必須の教員配置に比して、施設設備にかかる費用が抑えられてきたこともあって、そもそもの成立時から人件費比率は高い。他の総合大学の人件費比率は六割に満たないことを思えば、経営努力以前の問題である。同じ比率をかけられると、削減による組織へのダメージは甚大なものとなる。そのなかから、それでも質の高い教員の養成や研修に応えるべく、教職大学院や免許更新講習の人員を必死にひねりだしてきた。

以前、内閣府の高官と話した時に、「もっと大学を締め上げ、行き詰まったところで整理し、国立大学は半分にしたい」といわれた。行財政改革の論理からは、その通りなのだろう。競争的資金や外部資金の配分が即物的な研究成果に偏して行われている現状では、人づくりを旨とする教員養成系学部の不利は否めない。このままでは、最初に消滅するのが、教員養成系大学である。

「高等教育の危機は社会の危機」といわれる。その高等教育を支えるのは、初等・中等教育であり、その優れた教員であることは言をまたない。教員養成を私立大学に任せれば、国費は確かに少なくて済むだろうが、しかし果たしてそれで二一世紀知識基盤社会に十分に対応ができ、世界に伍していくことができるのだろうか。

教育の現場

教育現場は、多様化、複雑化、高度化、多忙化などのキーワードで語られる。先生が教壇から専門教科を一方的に教えていればすむ時代は、過ぎ去った。自己主張の強い子、しつけがされていない子など、規範意識、自立心、公共心、学ぶ意欲といった点で、さまざまな課題が指摘されているし、とりわけ支援を必要としている子どもたちもいる。クラスのこうした多様な子どもたちに対して、先生方は学びの場を臨機応変にプロデュースする力が求められ、カウンセリング・マインドをもち、児童生徒相互、先生相互の関係をコーディネートしていく力量が要請される。

保護者の意識も変わった。教育を「商品」と考える見方が蔓延し、受け持ちの先生が気に入らなければ、そのすげ替えを校長や教育委員会に要求する。多少の不満があっても、「先生、よろしくお願いします」と保護者が先生を支え、そのなかで先生も保護者も共に学び合って成長する、かつての学校の姿は消えつつある。

それだけに、学問的裏づけをきちんともち、高度で総合的な力を備え、こうした現実にしなやかに、的確に対応ができる先生が求められている。

プロフェッショナルとアカデミックのはざまで

こうした要請に応え、教職大学院が昨年（二〇〇八年）四月にスタートした。国立・私立の一九大学で出発し、今年度はさらに五大学増えて二四大学である。学校における、中核的で、媒介的な役割を果たすスクールリーダーの養成を目指し、実務家教員を四割以上配置して、アカデミックな基盤に立った、高度実践型のプロフェッショナルな教員養成への挑戦である。

そこでは、ロールプレイングやケースカンファレンスを活用した研究スタイル、実践・省察・再構成による教育実践の深化、困難な現実へ介入する方法の探求、教育体験から生まれた暗黙知の構造化、等々、教育現場を大学院として活用し、理論的解明と実践的思考を融合することが目指された。

そして二〇〇九年の今春、一年コースの現職教員院生が大学院を修了した。本学では、「修士論文」に代わる「課題研究」を課している。その成果がどういうものであったかは、大変興味のあるところである。

その発表を聞いてわかったのは、課題研究は必ずしも論文である必要はなく、テーマに即して、ビデオでもＣＤや冊子でもよく、教室で活用できる今日的で、実践的なもの、同僚の教育実践の助けとなるものであること。結論が重要な修士論文に対して、プロセスが重要であること。そして個人の力量というより、協働のなかで生まれた知を、その院生が中心になってまとめる志向が強く出ていたことで、これは本学の教職大学院が「協働する力」の涵養を目指している、ということも関係していよう。

修士論文が先行研究からテーマを設定していくのに対して、課題研究は、教育現場からテーマを受け取り、問題解決を目指す臨床型である。それだけに、研究成果を生むプロセスと共に、どのようにそれを実践に還元するかが問われる。

難しいと思うのは、研究のプロセスが判然としないまま、結論が先に出て、そこから実践的パラフレーズがなされる傾向である。これでは技術主義と紙一重になり、経験主義を超えない。研究方法が不十分なのか。実相観入のセンスが乏しいのか。実践研究の隘路がここにあろうか。

よく、「実践的指導力」といわれる。しかし実務や技術に習熟することや、学習指導要領をパラフレーズする力のあることは、教職大学院の必要条件であっても、十分条件ではない。絶えず変化し続ける児童・生徒のありように即応しつつ、その現場での知見を構造化・具体化して手渡すセンスと方法論を鍛え、既存の知の枠組を批判的・実践的に超えていくことこそ、本旨であろう。研究能力と実践技術との結合の高さが常に問われる。これは、実務家教員と大学教員との連携、その結合価の高い指導に拠っており、まだ始まったばかりの、未踏の課題である。

教職大学院のコンセプトは、こうした課題をよりよく解決しえて初めて、学部や既設大学院修士課程の教員養成改革のモデルとなりえよう。

教員の処遇

教職大学院には、それを評価する評価機構が必要となる。そこで『日本教育大学協会』が助産師役となり、現在、その組織の在り方を提言し、評価基準の策定を試みている。早速、評価基準の検証をそれぞれの教職大学院で実施し、試行結果の検討を、全一九大学が集まって行った。議論の熱気に感銘を受けたが、立派な基準を設けても、大学院進学希望者がいなければ意味はない。実際、定員充足に苦労している教職大学院もある。大都市圏を中心に教員需要が高く、あえて大学院まで行く必要がないということもあるが、修士二年を積み上げても、処遇のメリットがまったく受けられないことも大きい。

教職大学院に対しては、当初から『規制改革・民間開放推進会議』が、「業務独占」であり「参入規制」だ、と強く反対してきた。この会議では、そもそも教員免許自体を問題的と考えており、いわんや、教職大学院修了者への優遇措置などは、もってのほかだという。教育現場には多様性が大切であり、その意味で社会人登用などの主張は十分理解できるものの、複雑多岐な教育問題を単にこうした多様化で解決できるとするのはあまりに楽観的である。高い教職専門性は、ますます強く求められていて、このような主張は全く解せないのだが、そのあおりで、処遇の改善は手付かずのままである。

教員は、修士課程修了であることが、今や世界の趨勢である。その修士卒業者をしっかり処遇し、それを軸にして、基礎資格自体を修士課程修了者に変更していく時期に来ている。本学では、六年間で教師を養成するコースをつくり、学部二年から希望者を募り、特別体験科目を組むなどして、大学院進学の条件づくりを行ってきた。

近年、教員を目指す受験生が減少している。仕事はきつい、尊敬されない、給料が下げられる、その上に任期制の導入ときては、魅力も半減しよう。教育改革が、教師バッシングから始まっている事情も、明らかにマイナスに作用している。

免許状更新制にしても、「不適格教員の排除」という、敢えてポピュリズム的なキャンペーンによって、安倍内閣の下で強行された。「現場は、またやらされるのか、という受け止め方ですよ」「ほとんどの先生は、本当によく頑張っているのに」「天下の悪法です」と怒った、県や市の教育長が何人もいた。しかし法律で決まった以上はやるしかない。講習は、各大学が中心になって担当することになり、折角だから「リニューアル」などといわずに、講習に来た先生方には、これから先の一〇年間の展望が湧くような講義を準備したい、と考えた。幸い昨年の試行は、全体的に評判がよかった。

それにしても、人員削減のなかでの新しい仕事増であり、施設設備の貧弱な教育系大学は、教室整備にも大きな出費を強いられ、費用の捻出に苦しめられた。受講者から三万円徴収するが、赤字になるかならないかの瀬戸際である。せめて受講者には、更新講習が大学院の単位に換算できるなど、「やらされる」形ではなく、希望の湧くような、積極的な施策がほしいと切に思う。

マスコミも、一部の否定的な問題をセンセーショナルに報道するだけではなく、問題の所在や矛盾を打開するような、正確な報道をしてほしいし、教師の生き甲斐や面白さをもっと伝えてほしい。教員へのふさわしい処遇をどうすべきかは、今後の大きな課題である。

教職課程の充実をめぐって

こうした教員の質の保証の在り方は、「教員養成系大学・学部」のみならず、開放制のもとでの「一般大学・学部」においても、焦眉の課題となっている。

現在、大学数は短大を含めて一一〇〇余りあるが、課程認定を受けて教員免許状が取得できる教育機関は、短期大学・大学院を含めて一四〇〇を超える。ここに、新しく「教員養成カリキュラム委員会」と「教職実践演習」の設定が求められた。教員養成のカリキュラムを不断に点検改善するとともに、卒業に当たって、使命感や教育への愛情、社会性や対人関係能力、幼児児童生徒の理解、教科等の指導力などを、最終的に確認するためである。

教員の力量形成には、「教育科学」「教科教育学」「専門諸科学」の三者を、有機的に学ぶことが求められる。しかし、実際はバラバラに教えられ、学生の主体的受容に任されてきた。今回の「教職実践演習」によって、教育実習の成果もふくめ、教員としての力量を総合的に確認する体制が新たにつくられつつあるが、今まで難しかった課題だけに、四年生後期の設定に向けて、授業形式、指導体制の組み方、達成度確認法などが、目下、鋭意研究され、実施に向けて取り組まれているところである。

教員養成カリキュラムをめぐっては、二〇〇一年の『国立の教員養成系大学・学部の在り方に関する懇談会』が、「モデル的な教員養成カリキュラム」を作成することを提唱した。授業内容と方法、修得すべき知識・技術の内容、成績評価の基準と方法、等々、カリキュラムの内容に関わるものであり、各科目のシラバス段階までの標準化が、そこでは意図されていた。

しかしその後、「事前チェックによる参入規制から、事後チェックによる水準管理へ」という方向に変わった。「教職実践演習」に象徴される、出口管理の方向である。確かに、たとえば「教科に関する科目」「教職に関する科目」の他に「教科又は教職に関する科目」があって、ここが自由裁量的になっていれば、標準化はなかなか難しい。いきおい、学生が身につけるべき到達目標管理へと、スタンスは移っていこう。

質保証の在り方は、このように、「プロセス管理」から「出口管理」に移行した。そしてプロセス管理の部分には、やがて競争的資金である「教員養成ＧＰ」が入ってくる。

問題は、質保証の内実である。ＧＰ（Good Practice＝典型となる教育実践プログラム）は、教育委員会や学校との共同作業で行うため、現場の必要という観点が入って豊かになる反面、これは教職大学院でもいえることだが、教育委員会が考える当面の必要と、大学の教育研究理念との綱引きが起こる。また時限的であるため、なかなか基盤整備につながらない。質保証のポイントは、研究的に捉える能力と、自己革新能力の涵養であろう。これをどう担保するか、今後の大きな課題である。

教職課程の問題は、国立大学だけにとどまらない。『日本教育大学協会』は、私立大学の教員養成の中核である『全国私立大学教職課程研究連絡協議会』と、二〇〇七年に「質保証を巡るシンポジウム」を初めて開催した。また、教員養成系学部が、旧帝大系の教育学部とまったく関係がないのも不思議なことである。今年度は、東京大学教育学部の先生を招いてのシンポジウムを企画している。昨今は、競争的環境が称揚されているが、資質の高い教員を養成するためには、こうしたことを契機に、国立と私立をめぐる多様な連携協力を、今後も、さらにしっかり築いていかなければならない。

教員養成に関連して、現在の一番大きな問題は、教職課程のチェック体制の問題である。是正勧告や認定取り消しの仕組みは整備されたが、実際それをどう運用していくのかは、判然としていない。教職大学院の評価体制はつくられつつあるが、教職課程すべての評価は、容易ではない。勧告や取り消しのレベルではなく、自ら不断に水準を向上させていくためのシステム構築が、肝要である。

評価基準を明確に設定し、各大学の「教員養成カリキュラム委員会」と連携しつつ、ピアレビューのシステムをどのようにつくっていくかであろう。国の出動以前に、国立・公立・私立の大学の側で、主体的に、教職課程の水準確保を目指すべきである。

さらには、教師の教育力を客観的に評価する内容と方法の研究についても、大学が不断に研究し、提案することが重要である。評価の内容と方法の調査や研究が、強く求められている。

教員養成学部における異質性と多様性

教育学部には、免許状取得を必修としない「新課程」がある。教員養成のバッファー（貯水池的）機能と共に、数学、国語、理科などの教科を超えた、国際、環境、表現といった新しい境界領域の学問分野を担ってきた。すでに、二〇年を超える歴史があり、もはや「新課程」という名称は適切ではなく、教員養成課程を「教育系」、新課程を「教養系」とも呼んでいる。しかし、この新課程（教養系）に対しては、教育学部の性格を曖昧にしているという批判が、常につきまとってきた。

八年ほど前、本学では『在り方懇談会』の方針に沿って、新課程を近隣大学に移し、教員養成に純化することを考えたことがあった。その際に興味深かったのは、教員養成課程（教育系）の学生が反対したことである。「自分たちと同じような志向や性格の学生ばかりになって、息が詰まる」「授業科目の多様性がなくなる」という理由である。新課程（教養系）は、教員養成系大学と一般大学の教育学部とでは、置かれている意味も役割も微妙に違うだろう。比較的規模の大きい教員養成系大学では、異質性と多様性への欲求が強く、同じ学部という親密圏のなかで、教育系と教養系という個性の違う学生がぶつかり合う経験は、教員になっていく者にとってこそ、貴重なのである。

志望者も多く、二〇数年の歴史のなかで新課程は、教員のみならず、生涯学習社会に対応する人材、たとえば学芸員、教育関係企業、ジャーナリズム等々、広い観点から日本の教育を支える人材を輩出してきた。ことに、文科系学部のない県での新課程の意味は大きい。文部科学省は、「教員養成への純化」を示唆しているが、純化政策は、日本の教育の幅広い土壌を切り捨てる危険をはらんでいる。

内在的発展の時

こうした教員養成への純化とは裏腹に、国立の教育学部をなくす考え方さえも出てきている。少子化と過疎化で教員就職率が低くなっている県に、教育学部を置いておく意味はない、あるいは、国立の教育学部出身の小学校教員の新規採用者に占める比率が四〇％を割りつつあるから、国立でなく私立に任せればいい、という意見などである。

文学部、理学部、工学部などと違って、なぜ教育学部ばかり、純化だ、再編だ、統合だ、廃止だとやり玉にあげられるのだろうか。教育学部は教員だけを養成しているわけではないし、教員は教育学部だけで養成されるわけでもない。計画養成の観点は既に撤廃されている。こうしたなかで教育学部は、国全体の教育的人材に責任をもつとともに、地域の教育と文化を中心的かつ総合的に担ってきた。教育学部ほど、地域に密着した学部はないし、教育的人材の全般に関わってバランスをとりつつ、人格形成と専門形成と社会形成に貢献してきた学部は、ないだろう。

たとえば「理数科離れ」がいわれる。免許法の基準緩和（一九九八年）やその後の抑制措置の撤廃（二〇〇五年）で、小学校教員養成に私立大学が大挙参入してきた。これらの私立大学の大半は、人文、家政、福祉の文科系学部で、コストのかかる理科系学部はひとつもない。理科の苦手な教員の大量生産である。新規採用の半数をここが占めれば、小学生が理科に関心をもつ度合いが低下するのは必定である。公共サービスを縮小し、市場を通じたサービス調達によって競争力を高めようとした、新自由主義的な教育改革路線の、ひとつの帰結である。

本学では、小学校教員養成課程に理科選修があり、他教科選修の学生にも理科関係科目を必修としている。こうしたことは、まがりなりにも国立大学であればこそ、できることである。ここにしっかり国費を投じることが、中長期的な教育インフラの整備には欠かせまい。

教員養成系大学・学部と一般大学・学部をめぐる教員養成体制の今後の在り方、教員養成教育と教養教育、シティズン・シップの教育、等々、論ずべき課題はまだ多いが、紙数は尽きた。

現在進められている教員養成改革は、多分に外圧的である。内在批判や自己批判は、己の論理がどうしても前提となるので、拠って立つ基盤が狭く、それゆえ真の批判は外在批判でしかないと考えるが、しかしそれが生産的でありうるのは、外在的契機が内在的発展につながる場合のみである。法人化六年目を迎えたこの段階で求められるのは、新しい内在的発展がはじまることであろう。教育問題は、改革また改革ではなく、持続性、安定性、恒常性のなかから生まれる、新しい質の変化に依拠しなければならない。そのような環境づくりこそが、今、求められている。

2 教員養成の修士課程延長を考える

（『日本経済新聞』二〇一〇年三月八日）

教員養成六年制化の議論が始まった。学力世界一で注目されるフィンランドでは、教員の基礎資格は修士号が原則だし、欧米諸国でも教員資格は大学院レベルになりつつある。対して日本の教員の修士号取得率は、小学校三％。中学校五％、高等学校二五％でしかない。以下、教員養成の修士課程延長をめぐって、問題の所在を幾つか明らかにしてみたい。

高学歴化は必然の流れ

「知の爆発」といわれる学問の急速な発展は、教員に従来以上の基礎科学に対する深い知識を要求するようになった。しかも学校現場が抱える課題は、多様化し複雑化している。教員には教科の力だけではなく、カウンセリングやマネジメント力など、高度で専門的な知識とスキルが欠かせない。もはや、学士課程だけの養成には限界があり、修士レベルが求められるのは、必然の流れになっている。

しかし六年制の議論になると、「二年延長して何をやるの」という反論が必ず返ってくる。教育現場をよく知って、課題意識をもってからならば有効だと思うが――と。

さらに、教員は医師や弁護士と異なり、教員免許状を取得しても、採用されなければ仕事に就けない。一足先に六年制化した薬学部のように、志望者減に陥り、優秀な学生が集めにくくなる、との指摘もある。

現在の教員養成は開放制といって、教員養成大学・学部以外でも、教職の課程認定を受けた学部であれば、免許状が取得できる。六年制にした場合のプラス二年を、教職大学院で学ぶのか、今の学部の上の大学院ではだめなのか、という問題もある。あるいは六年間を学部・修士課程の六年一貫で学ぶのか、教員の経験を積んでから二年学ぶのか。プラス二年の意味は曖昧《あいまい》のままだし、そもそも四年間では何が不足し、何が新たに必要とされるのか、の議論も残っていよう。

東京学芸大学は、数年前から、六年制を視野に、学部と修士課程の一貫コースを試行してきた。希望者を早期に絞り込むプログラムだが、三年次に教育実習を受けると、必ず、早く現場に出たい学生と、大学でさらに学びたい学生に分かれる。ここに、教員になる必要条件と十分条件の微妙な問題が現れているが、教員になる自信は、四年あれば培われることをも意味している。

結局のところ、教員としての専門職性を六年一貫で養成するか、四年プラス二年で養成するか、大学院だけ来て養成するか、の三タイプを用意するのが現実的だろう。それぞれで四年間の意味は異なるが、この多様性こそが、教員養成に不可欠であり、これがあって初めて、子どもたちに、さまざまな魅力をもった先生方と出会える豊かさが保証されるのである。

学び直せる機会

民主党新政権は、免許更新講習を見直す方向と聞く。確かに問題が多い制度だが、実際には受講者に大変好評で、大学がこれほど大規模に学校現場にかかわったのも、初めてだろう。

これによって生まれた大学と現場教員の接点は、今後の教員養成を考える上でも重要な鍵となる。教員の基礎資格を修士レベルにするのであれば、こうした研修を単位化し、修士号授与の条件の一部にしたらどうだろうか。そのようにして現職教員を修士レベルに引き上げていけば、学部を終えた教員志望学生の修士課程進学が、自然に定着してこよう。

一昨年発足した教職大学院も鍵になるが、学部と大学院、大学院と教職大学院、修士課程と博士課程という全体の関係を通して、再整理する必要がある。

民主党提案は、修士を基礎資格とする一般免許状の上に、八年以上の実務経験と教職大学院での修学を要件にした、「学校経営」「教科指導」「生活・進路指導」の専門免許状を設定している。

しかし、一般免許状の基礎要件を修士学位レベルに置く以上、この大学院は、米国のEd. D. (Doctor of Education) のような、博士の専門職学位を想定すべきである。子どもの後ろには、高学歴の父母や祖父母がいる。それをも念頭におけば、校長はもとより、教員や教員委員会関係者も、博士号取得が望ましいからだ。

これからは、教員になってからの修士、博士レベルへのステップアップが、決定的に重要となる。今でも大学院に、卒業から一〇年、二〇年たった教員が数多く学び直しに来ている。こうした自主性を基礎においた、もっと無理なく大学院に来られる体制の構築がほしい。

ところで、いくら修士レベルの教員を養成しても、過重な雑務から解放しないかぎり、元も子もない。教員の業務軽減のために、学級の人数を減らし、教員を増やし、子どもにじっくり触れ合う時間、研修や教材研究にゆとりをもって専念できる環境整備を、平行して進める必要がある。夏休みも自由な研修の時としたい。

教育の本質は、あこがれ

最後に、今後、教員が培うべき資質能力、カリキュラムに入れるべき課題を挙げたい。

まずは体験教育である。採用試験は優秀な成績だったのに、担任になったら学級が崩壊した、という話を聞く。知識と情報はあるが、生活体験が少ないために知恵やカンが働かず、事柄のツボがわからないのだ。自然体験、演劇体験、スポーツ体験など、等身大で身体性豊かな知恵の世界の思考方法を、意識的に学ばせ、習得させることが不可欠となっている。

次に、教養教育の充実とアカデミックな理論的研究の強化である。この大切さを痛感するのは、教育実習の「省察的な振り返り」の時である。広い教養基盤、多様な理論、その葛藤と思索がないと、中身のない中学校の反省会のようになる。上滑りした実践的指導力ほど、救いのないものはない。経験主義や技術主義の克服もこの延長上にある。

三つめは、学校経営論の充実である。「校長が変われば学校が変わる」と、東京都杉並区立和田中学校の元民間人校長、藤原和博さんは強調する。本学ではこの三月に、「学校マネジメントリーダー塾」を試行する予定である。

ところでよく「教員にふさわしい資質能力」という。しかし「教員にふさわしい」の後にくる正しい名詞は、「人格」であろう。すてきな先生との出会いは決定的である。教育の本質は、あの先生のようになりたい、あの人のように生きたい、というあこがれであり、そうした人格をもった魅力豊かな教員をたくさん育てたい。

競争的環境が称揚されるが、国公私立を越えて、大学はもっと教職課程の充実のために提携協力し、国は教員養成の基盤整備に責任をもつべきである。力量豊かな人材を育てる教員養成制度や、生涯研修システムのグランドデザインが求められており、そうした文脈のなかで、六年制化も議論してほしい。

3　教職大学院――学校改革への中核的役割

（『日本経済新聞』二〇〇七年九月二四日）

教員養成の専門職大学院である教職大学院が、二〇〇八年四月からスタートする。初年度の開設申請は、国立一五、私立六の計二一大学で、現在（二〇〇七年）、文部科学省の大学設置審議会で審査中だ。教職大学院創設の意義と今日の教育課題のいくつかをここでスケッチしておこう。

変わる子どもと親

教職大学院は、現代的教育課題に応える実践的指導力に富んだ、「スクールリーダー」の養成を目指す。管理職でもなく、教科に強い教員でもない、新しい概念の教員だ。

子どもたちの学ぶ意欲の低下、社会性の不足、いじめや不登校の深刻な状況が指摘され、保護者の意識も変わるなかで、教員と生徒、教員相互、教員と保護者、学校と地域や教育委員会の関係を、より豊かに媒介し、専門家・専門機関とも連携・協働していく主体的力量が、いま強く求められている。「スクールリーダー」は、これをリードする中核的中堅教員である。

東京学芸大学の教職大学院「教育実践創成専攻」は、「協働する力」を身につけさせることをミッション（使命）とした。教員の個人的力量に依拠しすぎた、従来のあり方を克服するのが狙いだ。最新の問題解決型リーダーシップ論、行動的な学習スタイル、発見・開発・運用・評価が実際に体験できるプログラムなど、まず高度な教職専門性・実践力・応用力をはぐくむ。さらに、教育実習と課題研究を一体化させ、新しい指導体制と研鑽のスタイルを目指す。

こうした過程で、学校改革ビジョンを共有し、それに向けて人をつなぎ、チーム力を引き出すメソッドを身に着ける。多忙化のなかで、孤立感を味わいがちな職場での同僚性の回復も含めて、現在の学校文化全体を変革しようとするものだ。

教職大学院をつくる過程で、連携協力校や教員派遣などで、教育委員会との連携が発展した意義は大きい。養成・採用・研修サイクルの新しい在り方もみえてくる。

定員わずか八〇〇人

申請した各大学の案内を読むと、それぞれ、歴史や伝統や地域の特性を生かした「スクールリーダー」養成を目指していて、興味深い。京都教育大学は、私立七大学と連合教職大学院を計画している。国立四四教員養成系大学・学部で、申請したのは一五大学。新しく作ろうとすると、従来の学部教育の教員を確保しつつ、教職大学院に必要な人員を捻出しなければならないが、総人件費抑制による人員削減が求められている時だけに厳しい。必要性はわかっていても断念せざるを得なかった大学も多い。私立大学も似た事情だろう。

現在すでに申請が出されている大学全部が認可されても、その定員は一学年八〇〇人に満たない。百万人に近い全国の教員数に比べれば微々たるもので、教育の質的革新を図るコンセプトだけに、量の問題は今後の課題だろう。「教職修士（専門職）」のプロフェッショナルな学位は、アカデミックな教員養成か、プロフェッショナルな教員養成か、の戦後の論争の一つの決着という意味で、新しい出発を特徴づける。教職大学院のコンセプトは、学部や既設大学院修士課程の教員養成改革の、今後のモデルである。

教職専門性よりも教科専門性が強い大学院修士課程は、実践的組み換えが求められよう。有機的につながる知識習得型教育、自ら学ぶ発見探求型教育、心の空洞化や学ぶ意欲の低下に対する豊かさに処する教育、知識や技術の陳腐化に対する学び方を学ぶ教育など、転換期の課題は多い。

むろん、教科教育を基礎付ける専門諸科学や、消費社会や情報化社会が人間形成に与える基礎的な研究、そして教育学でも、学校実践とやや距離のある教育哲学、教育史、比較教育などが軽視されてよいわけがない。実践性重視とともに、基礎科学の明確な位置づけが、学問の府としての大学に求められる。

教職大学院には、五年ごとの認証評価が義務付けられている。『日本教育大学協会』が提案者となり、評価の基準と組織づくりの案を議論している。

待遇の改善必要

二つ問題を指摘しよう。一つは、有能な若者の「教職離れ」である。「教職大学院」「教職課程の充実」「免許更新制」は、セットとして教員の資質向上をはかる施策として打ち出された。しかし今年、教員志望の大学受験生は減少した。

教育現場の「負」の部分が喧伝されるなか、仕事はきつい、給料は下げられる、免許更新制となると、さらに教職離れが進む恐れもある。教育長たちと話すと、「もっと現場の先生方が喜ぶ施策を」といわれる。よい人材を教育界に確保するには、財政措置、人員確保、待遇の改善は、不可欠だ。

いま一つは、「民間活力」への過信である。かつて『規制改革・民間開放推進会議』は、教職大学院は「業務独占」であり「参入規制」になると反対し、特別免許状による社会人登用を主張した。この考えは『教育再生会議』にも引き継がれ、第一次報告では、社会人などの二割採用を掲げた。

社会経験の乏しい教員は確かにいて、民間からの登用も大切だが、教員への適性をどう見極めるのかは、大きな課題である。現に社会経験のある教員のなかには、当初の予想と違って挫折する人や、生徒理解や指導力の面で不十分な人も少なくない、という。結果、子どもたちが犠牲となるのはよくない。しっかりした検証が必要だ。

日本の教育システム、および教師たちがこれまでに築き上げてきた実績は、極めて大きいものがある。たとえば「授業研究」の伝統は、米国をはじめ世界的に注目され、英語で Lesson Study というより、日本語で Jugyo-kenkyu といった方が通ずるほどである。「学級経営」「特別活動」も注目されており、ドイツ青少年省視察団は、日本の「学校清掃」の意義にも注目したと聞く。

キャッチアップ時代を経た日本は、国際社会のフロントランナーになることが求められる。今までの実績は、厳しい論争や検証を経たもので、教職大学院もその一つだが、これはまさにフロントランナーとしての日本の財である。自由化と市場原理に過度に期待すると、株式会社大学の例があるが、これまで培ってきた土台を崩しかねない。

4　運営費交付金の成果主義をめぐって

（『読売新聞』二〇〇七年五月四日）

国から国立大学法人に配分されている「運営費交付金」について、今年に入って政府の『経済財政諮問会議』などから、「成果主義」に基づく配分の導入が提案された。

大学間の競争によって質の向上をはかる試みとも受け取れるが、弱い学部を切り捨てたり、研究拠点大学、教育重点大学など、大学の種別化を促進したりするような、国立大学再編を促す提案になっている。

運営費交付金は、国立大学の主要な財源だが、毎年減額されている。さらに人件費抑制への対応も迫られ、国立大学は今、大きな苦境に立たされている。競争原理のこれ以上の導入は、各大学の存立基盤を脅かし、個性をそぎ取りかねない。

とくに、教員養成系大学・学部にとっては事態は深刻だ。人件費比率が八割台と、総合大学の五割台に比べてきわめて高い。施設設備に伴いさまざまな経費が配られる総合大学などと違って、設備が少ない上に、教員免許取得のために幅広い分野の教員が必要なためである。

これまでも業務の合理化を図り、支出削減を進めてきた。外部からの研究資金導入や、教員が応募・審査を経て獲得する研究費である「競争的資金」への応募などもさまざま試みてきた。しかし、教員養成という「人づくり」を目的としているため、共同の研究技術開発などと異なり、一方的な寄付の形になって、外部資金の対象になりにくく、獲得できても、大学の経費に回せるほどの額ではない。

結局、教員の大幅削減しか打つ手がなくなる。私が学長を務める東京学芸大学の場合、五年間で四億円削減という目標値を達成するためには、大学教員の一割以上を削減せざるをえないのが実情だ。教員養成系大学・学部はどこも似たような状況で、行財政改革の意義は十分理解しているつもりでも、これでいいのかという疑問は消えない。

人員削減によって、主要教科の専攻はかろうじて保持されるが、芸術、環境、国際、表現コミュニケーション、文化遺産などの専攻分野の保持は困難になっている。これでは、教員の現代的教養と底力を形成する領域が消滅してしまう。こうした状況が続けば、教育や研究は壊滅的打撃を受け、教育力の高い教師の育成や、教員の研修機能なども低下してしまう。

現在、四四の国立教員養成系大学・学部があるが、二〇〇四年の国立大法人化以来、各大学とも、鋭意、研究・教育・社会貢献の新しい在り方を追求してきた。

教科の知識のみならず、社会の変化や子どもや保護者の変化に応える質の高い教員養成を目指し、カリキュラム改革や開発を推進してきたし、学校や教育委員会などの現場と連携した教育実践学の構築も進んでいる。教師の専門性を向上させるための研修システムの新しい展開や、グローバル化が進むなかで教育のあり方を検討するために、たとえば「東アジア教員養成国際シンポジウム」の開催など、国際的な研究交流も発展している。ただ、こうした試みは、すぐには成果が見えないため、「成果主義」にはなじまない面がある。

二〇〇四年度の運営費交付金の総額は、約一兆二四〇〇億円であったが、今年度は約一兆二〇〇〇億円である。東京学芸大学の運営費交付金は年間九〇億円だから、私たちと同じ規模の大学が、既に四つ消えたことになる。

大学などの高等教育機関への公的支出を国内総生産（ＧＤＰ）比でみると、日本は欧米の半分にすぎない。財政再建は喫緊の課題だが、教育は国家百年の計にかかわり、未来への投資である。官から民への流れが急だが、教育研究の公共性にかんがみ、基盤となる経費をきちんと支出することが、国としてぜひ必要である。

5　工業化社会から知識基盤社会へ

――『我が国の高等教育の将来像(中間報告)』を読んで

（『IDE・現代の高等教育』二〇〇五年三月号）

はじめに

戦後六〇年が経過した。私たちは現在どのような地点に立っているのだろうか。そして、これからどこに向かおうとしているのか。混迷の新世紀初頭でもあるだけに、今いかなる歴史段階に私たちが立ち、いかなる形成を遂げていくかという問いは、政治、経済、教育、文化などのあらゆる分野と局面において、切実である。高等教育の分野において、この問いに応えようとして『中央教育審議会』より出されたのが、『我が国の高等教育の将来像』（中間報告、二〇〇四年一二月二〇日）である。

二一世紀はじめの四半世紀を想定したグランドデザインと、それを実現していくロードマップを内容とするこの「中間報告」は、工業化社会から知識基盤社会への転換という時代認識のもとで、①誰でもいつでも学べる高等教育、②高等教育の質の保証、③世界最高水準の高等教育、④二一世紀型市民のための高品質の教育、⑤競争的環境のなかで国公私立それぞれの特色ある発展、等々の実現を目指すとされている。

今日の科学技術・学術の発展とグローバリゼーションは、国際的規模と水準において、人的資源の高度な形成とイノベーションを絶えず求め続けている。この「中間報告」は、それゆえ、高等教育を通じた知の創成、知の構造化、知の移転の将来に向けた大いなる構想の提示と同時に、中国・韓国などのアジア諸国のキャッチアップに対して、わが国がフロントランナーとして、国際社会にどうしたら確固たる地位を築いていけるかという危機意識にも基づいている。

問題は包括的で多岐に渡るが、全体的な感想と、立場上、教員養成との関連でコメントしてみたい。

高等教育の危機は社会の危機

「二一世紀初頭の社会像」「新時代の高等教育と社会」などの章では、これまでの問題を集大成的に整理し、ケルン・サミット以後の改革の動向なども踏まえ、今世紀の課題と関連した大学の新しい使命が論じられている。「知識基盤社会」、「二一世紀型市民」などのキーワードは、高等教育をめぐる新しい問題の所在を解明する梃子として、大変啓発的である。

また、運営費交付金や授業料問題に呻吟している私たちとしては、「高等教育に対する公的支出を欧米諸国並みに近づけていくよう最大限の努力が払われる必要がある」という指摘や、受益者負担の原則を学生の自己責任に求めていた従来の「受益者」の考え方を、「学生個人のみならず、現在及び将来の社会も、高等教育の受益者である」として、学生を採用した企業も含めた社会全体が受益者である、という新しい観点の提示にも大変励まされる。

新時代の高等教育政策は、「計画策定と規制」から「将来像の提示と政策誘導」へ転換するとある。そして、各大学や機関の「自主的・自立的努力」が強調されている。「新時代における高等教育の全体像」の章では、こうした観点から個性化、質の保証、国際的通用性などが論じられている。そこから展開されるさまざまな方向は大変興味深いのだが、同時にこのへんから違和感も生じてくる。

たとえば、求められる大学像として、「世界的研究教育拠点」「高度専門職業人養成」「総合的教養教育」等々の七つのカテゴリーに分けて提示されているが、今後、各大学や機関は、置かれた条件により、時にやむを得ぬ選択を余儀なくされつつ、国公私立それぞれが自分の分度に応じて、戦略的な選択を行い、特徴ある在り方を追求していくことになっていこう。市場原理によって、退場を余儀なくされる大学も出てこよう。大学の在り方として、選択の余地はそれほどあるわけではないから、結果論として、この七つのカテゴリーのどこかに落ち着いてゆくことになろう。つまり極端にいうと、レッセフェール（自由放任主義）の行き着く先が、構想さるべき全体像か、という疑念である。「個性化・高度化・活性化」、そして「競争的環境」がいわれて久しいが、規制緩和が進み、国立大学が法人化されたことによって、そのための客観的基盤はすでに十分準備された。そして今後ますます自由競争と市場原理は本流になっていこう。違和感は、一定の合理性とともに、大きな陥穽をも含むこの方向が、今後一〇年、二〇年先の全体像のためのダイナモとして適切だろうか、ということである。

わが国には、「官」に対して「民」という言葉はあるが、「パブリック」という言葉は定着していない。「公」というとそれは「官」と一致してしまう。いま官から民への流れが急速であるが、しかし教育と研究、学問の成果は、国民共通の財産であり、まさに「パブリック」なものに帰属する課題である。高等教育の制度改革が頂点を越えた現在、レッセフェールではなく、官でもなく民でもない、高等教育における「新しいパブリシティ」の形成こそ、強く求められる段階に、現在、来ているのではないだろうか。

市場原理による不安定性は、高等教育の危機を招き、社会の危機にもつながる。国公私立が、競い合いつつ共同する公共圏を形成し、社会的付託にしっかり応える体制をつくることが、もう一つの重要な課題であろう。「高等教育の発展を目指した社会の役割」という表現から、若干その方向性は伺えるが、教育政策における財政的措置や公的資金の増加と配分などは、この公共性の理念にそって、まず考えられるべき課題であろう。さまざまなコンソーシアム形成から始まる公共圏の発展と深化こそが、未来に通ずる全体像の基礎となるのではなかろうか。

教育重視の高等教育像

学士課程、修士課程、博士課程、専門職学位課程に関する叙述においては、教育能力、研究指導能力が強調され、一貫して教育重視の観点が貫かれている。大学のレジャーランド化の批判はすでに久しいが、悪しきフンボルト主義から脱却して、学生の出口の質を保証し、グローバルな視点から国際的に通用する学生を育て、学位によってしっかりと保証しようとするこの方向に、異論はない。

ただ教員の研究能力についての言及はない。教育能力や研究指導能力の背後には、暗黙裏に、研究能力が想定されているということだろうが、それで十分だろうか。高い研究能力は、それがストレートに教育に反映しないにしても、学生への教育効果は極めて大きい。教育だけや研究だけに専念する教員がいてももちろんよいが、大学である限り、教育と研究の両輪としての一致は、普遍的な在り方として位置づける必要があると考える。教育レベルの向上とエクサレントな人材の育成には、そうした研究者の在り方が、決定的に重要だからである。

教育の質の保証と関連して、コア・カリキュラムの問題が大学評価と結びつけられて提案されている。授業内容のばらつきの是正と全体的な体系化を目指して、教員養成版のコア・カリキュラムも構築され始めた。これは教育内容の均一化や一定水準の確保に必要である。その反面、教育がマニュアル化していく問題も当然出てこよう。とくに、絶えず変化する人間社会のなかで、そのときどきの教育現実に柔軟に対処する能力が求められる、「教員」という仕事を考えたとき、安易なマニュアル化・定式化には慎重になるべきであり、基準の保証と同時に、多様な試みも可能にしておく必要がある。

主専攻と副専攻の提案や、ジョイント・ディグリーも興味深い。ただ、教員養成大学においては、もともと「教科に関する科目」と「教職に関する科目」の二領域をカリキュラムの基軸としており、その意味で、元来、主専攻・副専攻のスタイルを取っていたともいえる。中学校教員には、教科の専門性がより必要だが、小学校に関わることで、子どもとの関わり方、心身の発達、あるいは全人教育的な要素を習得する。その逆もしかりである。実際、教員養成系大学の学生は、「教科」を基軸とした中学校教員の免許と、子どもとの関わり方を基軸にした小学校教員の免許とを併せて所得するケースが多いのである。ドイツでは教養教育の代わりに、この複合的履修の形を取っている。学際的思考の要請に対して、さまざまなこうした試みが今後どのように開けていくのか、大変興味深い。

「より良い教員養成の在り方」と専門職大学院

教員養成については、この中間報告では「より良い教員養成の在り方についても検討していく必要がある」という一般的言及に留まっている。今一つ踏み込んだ考察と展望が求められよう。

情報化消費社会のなかで育った、今までにない新しい個性をもつ子どもの出現、ＬＤ（学習障害）、ＡＤＨＤ（注意欠陥多動性障害）などへの対応など、複雑さを増した学校現場の教育課題へ的確に対応するためには、高度な資質と能力を備えた、実践的指導力のある教員の養成は必須である。『教員養成審議会』は、「使命感に溢れ、得意分野をもち、個性豊かな、現場の課題に適切柔軟に対応できる実践的指導力のある教員」という教師像を示している。そのための施策として、教員免許単位数の教科重視から教職重視への転換、修士課程を活用した教員養成の在り方、教員免許の総合化・弾力化、六年一貫の試行など、さまざまな対応がなされてきた。

専門職学位課程については、「法曹、MBR、MOT、公共政策、教員養成等をはじめとして多様なものの創設・拡充が必要である」と言及されており、教員養成の専門職大学院問題は、すでに『中央教育審議会』で議論が始まっている。ここでの最大の問題は、高度専門職でありながら、教育養成は一つの学問分野を基軸にしにくいことである。専門職大学院は定型化されたものが成功するとすれば、教育科学、教科教育学、専門諸科学から成り立つ教育体系の定型化が課題となろう。

教員養成専門職大学院の二年間を現役学生でつなぐのか、現職教員の専門研修とキャリア形成を主眼にするのか、教授法の高度化なのか、カリキュラムデザイン、マネジメント、カウンセリングなどの付加価値能力か、等々、検討すべき課題は多い。四割の実務家教員の問題は、教育行政担当者との人事交流等の検討も含めて、教育委員会との緊密な連携をさらに必須なものとし、相互の新しい展開を呼び起こそう。

教員養成は、単線より複線の在り方がふさわしい。開放制を堅持しつつ、専門職大学院も含めた多様な養成システムがあることが大切であり、これは規制緩和の議論と矛盾するものではない。既存の修士課程は、研究者養成の第一段階として、高度な学習需要への研究的対応にシフトしつつ、専門職大学院の方は、学士課程との関連を整理しつつ、複線的在り方の実践的な特化として方向づけされるべきものであろう。

抑制か自由化かではなく、計画養成で

教員養成の学生定員については、医師、歯科医師、獣医師、船舶職員と共に「抑制方針で望む」とある。現在、教員養成は一万人体制で推移している。定員管理が行われる一方で、フリーハンドの課程認定行政という矛盾があり、自由化してよいという議論もある。

ただ公教育の担い手である教員養成は、やはり国が責任をもたねばならないだろう。その意味で「抑制方針」が堅持されるべきなのだが、それは「抑制」というより、「計画養成」であり、明確な政策方針が必要と考える。そのためにも教員養成大学は、教員需要見通しなど独自の調査研究を行う必要がある。明確なデータに基づく「計画養成」指針を大学自らも打ち立て、需給見通しによって、柔軟に教育組織を改組しつつ対応する体制をつくらねばならない。

量的な予測の上に立った規制がないと、責任ある人材供給ができない。自由化さるべきは定員枠ではなくて、教員養成システムやカリキュラムである。これまでのスタイルから脱却し、教員養成をリードする「自主的・自立的な」教員養成システムとカリキュラムを作り上げることが、求められる。

新しい公共圏の形成を

「中間報告」のトーンは、グローバル化で彩られ、高等教育はグローバルな観点からの改革が求められている。こ

の観点を敷衍するならば、大学は、国際理解の視点（異文化理解と交流）、個人のキャリア形成との関連（学位取得、資格取得）、国際協力の視点（発展途上国への支援）、学術交流の視点などの、さらに多様な広がりと深化が課題となる。

そして教員養成大学は、教員養成の一環として、短期の海外派遣プログラムを組み込むこと（EUの「エラスムス計画」のようなもの）、アジア諸国の教員留学生の受け入れ（専門職大学院の一コースとなる）、アジアの教員養成大学を中心としたコンソーシアムの立ち上げ、地球規模の環境問題、人権、異文化理解などのグローバルな教育課題についての共同カリキュラム開発、等々の多くの課題に取り組まなければならない。

振り返ってみれば、師範教育と特徴づけられた戦前の教員養成の歴史が、明治以降ほぼ六〇年続き、戦後新しく創設された教育学部の上にも、ほぼそれと同等の時間が流れている。そして現在、新しい教員養成の在り方が、日本の教育や国際交流の在り方の質的転換を要請されつつ、大きく問われる時が、到来しているのだ。グローバル化を見据えたこの「中間報告」には、こうした今後の展開についてさまざまな思考を促す、多くの観点が含まれている。

『臨時教育審議会』が「自由化」と「多様化」を統合した「個性重視の原則」を中核に据えて、高等教育の見直しと再編を提案して、ちょうど二〇年が過ぎた。個性化・高度化・活性化の旗の下、市場原理によるこの方向の実現は、現在、奔流をなしている。

個性化と自立は、しかし、依拠するトポスが在って、初めて真の展開をみるものだろう。市場原理の跋扈は、それゆえわれわれのなかに逆ベクトルの動きを呼び起さざるをえない。共同と計画と合意の新しい公共圏の形成である。高等教育は、そこによりよく位置づけられるべき、新しい段階にきているのではないか。

答申は、今後の四半世紀のプログラムを示そうというものである。自然と歴史の深部は、ゲーテの『ファウスト』ではないが、正反のベクトルが複雑に絡む生成の世界であり、流通観念と状況思考をはるかに超える。最終答申は、以上のような観点も含めて、歴史哲学的洞察に満ち、座右にあって常に新たな思考と構想を触発し、パトスと展望が汲み取れる格調あるものに、仕上げていただきたいと思う。

第二章

知識基盤社会における人間形成

（静岡県・県勢研究会講演、二〇〇八年五月二六日）

はじめに

「教育問題について全体的に話をしてほしい。教育はわかっているようで、わからないことがいろいろ多いから」と石川嘉延静岡県知事からお電話をいただきまして、気軽にお引き受けしたのですが、よくよく考えてみましたら、県庁でお話するということは、静岡県の行政の中枢におられ、第一線の課題に日夜取り組んでおられる皆さんを前にお話しするということだと思い至りまして、果たして皆さんの実践的思考にかっちりと納まる話ができるのだろうかと、不安になりはじめました。

すっかり爪先立ってしまったのですが、今さら背伸びのしようもなく、日ごろ問題と感じていることを率直にお話しするしかない、そう心に決めたところです。教育問題はさまざまに論じられております。おそらく皆さんにとっては、既にご存知のことの確認以上の話にはならないかもしれませんが、ご容赦いただきたいと思います。

お話しする全体の構図ですが、今年（二〇〇八年）四月、教職大学院が始まりました。まず、教職大学院の新しいコンセプトについてお話しします。静岡県からは東京学芸大学の教職大学院に一名の現職教員を派遣して下さいました。土屋和広さんです。教職大学院に学んでの彼の感想も紹介したいと思います。

つづいて今日の教育現場の特徴、抱えている課題、新しく先生に求められている資質などについてお話しします。

現在、先生方が苦労されている教育課題の淵源をたどりますと、一九七〇年代に始まる日本の社会変容に行き着きます。それとの関係でこの頃から顕著になった家庭内暴力、いじめ、不登校、学力低下などの原因とその変遷をたどります。

こうしたなかで、二十一世紀知識基盤社会における学力形成と人間形成をどのように構想するかは、大変重要な課題です。学習面に関わって、学習指導要領の改訂、四十三年振りに行われた全国学力テスト、国際基準の学力調査PISAがあります。これらの関連で日本の子どもたちの学びの状況についてお話しし、PISAで一番よい結果を生んでいるフィンランドの教育についても紹介してみたいと思います。

そして国の教育政策についてですが、中央教育審議会は、教員養成について新しい方針を提示しています。「今後の教員養成・免許制度の在り方について」です。その骨子を紹介し、また、現在の国立大学で教育学部がおかれている状況について、二〇〇四年に法人化されて国立大学が抱え込んだ問題との関係で、お話しします。五年に一度策定される新教育基本法による「教育振興基本計画」についても触れます。

大きく眺めますと、戦後六十年の総括という課題があります。戦後民主主義の到達点と人間形成の在り方をめぐる問題で、その課題を、今後の持続可能な社会における人間形成にどのようにつなげるのかも、考えてみたいと思います。

最後に、教師に求められている在り方について、学生諸君に日頃話していることを何点か紹介して、締めくくりたいと思います。

1　新しいコンセプト「教職大学院」が始まる

スクールリーダーの養成

今年四月から新しい動きが始まりました。

教職大学院が国立一五大学、私立四大学でスタートしたことです。教育学部の大学院といいますと、国語教育専攻、理科教育専攻、美術教育専攻というように、これまでは「教科」を中心としたものでした。しかし、今日の学校現場の課題に的確に応えるためには、マネジメント能力やカウンセリング能力が必要となり、教科をしっかり教えていれば済む時代ではなくなって、「教職」の力が大きく要請されるようになりました。

いじめ、不登校、学級崩壊の問題や、ＬＤ（学習障害）、ＡＤＨＤ（注意欠陥・多動性障害）などの発達障害をもつ子どもたちに対面するなかで、教員には何より「総合的な実践的指導力」が求められます。それは、「教科の力」というより、授業をよく聞いてもらう方法からはじまり、子どもと子どもの間、子どもと先生の間、先生相互や先生と教育委員会の間といった、お互いの関係を豊かにつないでいき、多様な課題に対して的確に対処していく、マネジメントしたり、プロデュースしたりする力です。こうした「教職の力」を養うために構想されたのが、教職大学院です。

教職大学院は、管理職の養成が目的ではありません。「スクールリーダー」の養成を目指します。それは、先生、子ども、地域、教育委員会、等々を豊かに媒介していく「中核的教員」であり、人の繋がりをつくり、改革ビジョンを引き出し、チームの力で学級経営や学校運営のもろもろの課題を解決していくことを目指します。

授業内容は、最新の課題解決型リーダーシップ論、問題発見型の学習スタイル、教育実習と課題研究を一体化させた問題解決のための実践的方法論、等々の研究を行います。今までの教員養成は、「アカデミック」な理論的な側面を重視してきましたが、その不十分性を補って、教職大学院では「プロフェッショナル」な高度実践的な教員を養成していこうとしています。

二つの問題

二つの問題がさしあたり指摘できます。一つは、教職大学院は今日の教育問題に応える先導的なコンセプトであるにもかかわらず、各大学で作るのが容易でないという問題です。

国立大学は、現在、効率化係数と総人件費抑制の枠が課されていて、人員削減が求められています。そのなかで教職大学院のために人員を捻出するのは、各大学にとって容易なことではありません。今年度の発足にあたり、二一大学が応募し、一九大学が許可されました。静岡県では常葉学園大学が四月よりスタートしましたが、静岡大学は来年度を予定していると聞いています。教職大学院を作りたい大学はたくさんあると思いますが、こういう事情で広がりを欠いているのが現状です。

全国の小中学校の先生は一一〇万人います。一九大学の定員はわずか八〇〇名程度で、微々たるものです。大海の一滴にすぎません。教職大学院は、教員の資質の高度化のために、よく考えられたコンセプトであるだけに、残念なことです。

いま一つは、教職大学院に強力に反対する動きがあることです。『規制改革・民間開放推進会議』は、教職大学院に対して、これは「業務独占」にあたり、「参入規制」になるから反対だと主張しております。その基本にあるのは、規制緩和の考え方であり、新自由主義にのっとった自由化路線です。「教員には社会人をもっと登用すべきである」「塾や予備校で教員免許がなくても立派にやっている」「教員免許自体が不要である」という議論です。

社会的な経験を積んだ人が、これまでの専門的技量を生かして教員になることは、大きな意義があります。趣旨はいいのですが、問題は、それで教育現場の課題に的確に応えつつやっていけるのかということです。これまでの実績を見ると、社会人の登用が必ずしもうまくいっていないケースがあり、いま述べた教科の専門性だけではやっていけない事情なども重なって、事柄はそれほど単純ではありません。組織的な研修などの媒介項が必要でしょう。明確にしておかなければならないことは、教師業界の既得権益を守るために教職大学院によって高い壁を作って、新規参入を阻止しようとしている構図では全くない、ということです。

教師バッシングが盛んですが、「授業研究」や「学級経営」といった日本の学校教育の実績と蓄積は、国際的にも高く評価されており、これは専門職としての教員が日夜努力して積み上げてきた成果です。現在、教育の現場で切実に求められているのは、『規制緩和・民間開放推進会議』の考えとは反対に、教員としての深い専門職性であり、その充実強化なのです。

静岡県から本学教職大学院へ

教職大学院は、このように教職の専門職性を強化することを目指した新しい大学院ですが、本学の教職大学院に、先ほど触れたように静岡県から一人、現職教員を派遣して下さいました。

一昨日の土曜日、本学大学院受験希望者たちに「大学院説明会」が開かれました。私は冒頭挨拶をしたのですが、そこに手伝いに来てくれていたのが静岡県派遣の土屋和広さんで、その時に初めてお会いしました。

「教職大学院はどうですか」と聞きますと、「知っていることを改めて勉強する授業が多いのだろうと予想していたのが、予想は全くはずれました。日々、新しい知識、観点が勉強できて大変刺激的です。授業を聞きながら、今まで自分のやっていたことを次々に反省できます」。

「今までは、自分の思いと情熱だけでやってきたのだと痛感しました。やはり裏付ける考え方や知識が大切です。正しいと信じてやってきたことが間違っていたり、不十分だったということも、いろいろわかりました。」

「学習指導要領は、それに沿うこと以上は考えたことはなかったのですが、成立の経緯を学んで、いろいろな要素がぶつかり合うなかで歴史的につくられた事情がよくわかり、事柄を形成的にみられるようになって、視野が開けました。」

「自分の考えをもつことの重要性をどの先生からもいわれます。事態が複雑な分だけ、自分の考えがないとだめだ、切り開けないと、強く自覚するようになりました。」

「不登校の実態やその克服の方途など、専門の先生がおられて、実際のケースにそって研究的に考察でき、大変勉強になります」、等々のことを語ってくれました。初めて出来た大学院ですので、どういう評価を院生諸君がしているのか大変気がかりでしたので、一安心致しました。

土屋さんは、本学の先生方からも、大変高い評価を受けておりまして、「学部から直接来たストレートマスターからの信頼がとても厚い」。

「大学院説明会など土曜日にあって、本当は静岡に帰ろうと思っていたかもしれないのに、〝私、出ますよ〟、と言って助っ人に出てくれる。受験希望者には何よりのアドバイザーで大変ありがたい。」

「ゆったり、おっとりしていて、ギスギスしていない。静岡県に暮らしていると、こういう人格になるのか、あったかい雰囲気がとてもいい」という評価です。

素晴らしい方を派遣していただいて、大変感謝しております。

土屋さんはまた、「常葉学園大学の教職大学院にいっている友人と情報交換してみたい」と希望を語っておられました。私も私立大学と国立大学の交流が大事と考えております。

国立の教員養成系大学・学部の集まりとして五六大学が結集する『日本教育大学協会』というのがあります。国立大学の結集体としては八六大学が加わっている『国立大学協会』があり、これを「国大協」というのに対して、私たちのものは「教大協」といっていますが、「教大協」は、今年から門戸を広げて、私立大学も公立大学も入っていただけるようにしました。玉川大学が早速入って下さいました。

「教大協」のなかに教職大学院の協議会をつくる、あるいはさらに発展させて、新しく『教職大学院協会』をつくることも構想しています。競争的環境が大事だといわれますが、共通課題について協力はもっと大切です。そのなかに院生の交流も位置づけ、刺激しあいつつ資質の向上に努め、連帯を深める活動をしたいと考えています。

2　今日の教育現場 ――「多様化」「複雑化」「高度化」、そして教師の「多忙化」

子どもの変化・親の変化

先生はティーチャーといいますが、もはや、専門教科をティーチしていればよい、という牧歌的な時代ではありません。課外活動の指導はもとより、児童生徒保護者の相談相手、学校・地域・教育委員会の連絡調整、学校組織のマネージメント、カウンセリング、そして安全管理のガードマンのようなことまでやっており、教える以外の職務の多さから、まさに万能人であることが求められています。

子どもをめぐる状況も大きく変化しています。昔と比べて自己主張の強い子は増えていますし、クラスの構成も多様化して、ＬＤ、ＡＤＨＤ、アスペルガー症候群の子も六％程度はおります。

「ＬＤ」は、「学習障害」で、読む、書く、計算する、推論するなどの、ある特定の領域の習得が困難な子どもです。ＡＤＨＤは、「注意欠陥・多動性障害」といって、じっとしていられない、不注意、集中困難、言うことは聞くがすぐ忘れる、やりたいことしかやらない、時間感覚にズレがある、等々の子どもです。「アスペルガー症候群」は、知性の高い自閉症といわれ、他人の気持ちがわからない、冗談が通じない、比喩的表現がわからない、暗に言われることがわからない、特定分野に強いこだわりがあり、好きなことはトコトンやる、真偽のほどはわかりませんが、アインシュタイン、トム・クルーズ、ビル・ゲイツなどはそうだなどといわれています。

昔は変わった子がいる程度の認識で放置されていたのですが、特性に応じ、背景をしっかり捉えて、専門的知識をもって的確に対応することが求められています。教師はこうした多様性のなかで、総合的なマネジメント力が必要で、以前にも増した力量が求められます。

保護者の在り方も変化しました。昔なら「子どもをしっかりしつけて下さい。いくらでも応援しますよ」と、多少不満があっても保護者は先生を支え、そうしたなかで、教師も親もともに成長して、卒業後も、子どものみならず、親とも親交が続いたりするのが当たり前だったのですが、それは今や昔の話になりつつあります。自分の子どものことしか考えないクレームや要求が次々に寄せられます。先生が少しでも気に入らないと「替えてくれ」と校長、教育委員会に直訴する時代です。

そういう親が遂に大学にまで現れました。本学の男子学生が、近くの女子大の学生と交際していた。親が過干渉なので、女子学生がうっとおしいと思ったのか、親に連絡をしなくなった。本学の学生と親しくなったのが原因だと思った親は、本学に「娘と連絡がつかなくなった。うちの娘に、もしものことがあったらどうする」と電話をかけてきて、「学生の住所を教えてほしい」と言うわけです。「そんなことは出来ません。もう大人でしょう」と対応すると、「うちの娘がどこかで死んでいたら責任をとるのか」と延々とやるわけです。相手にしなかったところ、しばらくして文部科学省から電話がありました。「どうなっているか」という問い合わせです。こんなことで文部科学省にまで電話するなど、昔は絶対になかったことです。

教師が自立性・総合性・創造性を発揮できるように

そうした以前とは違った環境のなかで、教師たちは実にさまざまな問題を抱え込むことになります。そのなかで、ベテランの教師が、今までの教え方、スタイル、指導ではやっていけなくなって辞めていく、あるいは、指導力不足になったり、うつになったり、負担過重で体をこわす事態が生まれています。

このように教員は、常に忙しく、課題は多く、不確実のなかにさらされ、結局は自己責任でやらなければならない、という大変な所に身を置いているわけです。

しかし、逆に捉えれば、そういう状況だからこそ、一人ひとりが自立的に自分のコンセプトをもち、多様な仕事を総合的に統御し采配する在り方を身につけ、それを通じて自分の責任で創造的な仕事が展開できるという、「自立性」「総合性」「創造性」という、まさに人間が最も人間らしく自己実現できる、そういう客観的基盤が与えられているのが教員だ、ということもできます。そしてその社会的使命を考えれば、こんなに素晴らしい職業はないと思います。「自立性」「総合性」「創造性」を先生方が十全に発揮して、生き生きと活動できるように考えるのが、私たち大学や教育委員会や文部科学省の仕事です。

コーディネート力・プロデュース力・ディベロッパー力

教員は、今まで以上に、自覚的にさまざまな資質と能力を磨くことを求められていますが、その具体例をいくつか挙げてみます。

まず、「コーディネート能力」ですが、情報化社会のテレビゲームやケータイは、人々の意識や行動を大きく変えました。子どもたちはゲームの世界で、どこまでが現実で、どこまでがバーチャルなのか判然としない、バーチャル・リアリティーの世界におり、客観的現実の重さも、規制も、自覚も失いがちです。「人を殺してもリセットすれば生き返る」というような意識をもちかねません。

ですから先生には、具体的な事柄や物との関わりをどのようにコーディネートしていくか、ということが常に求められています。コーディネートすることによって、「客観的現実」と「意識の中における現実」との区別、および統一のダイナミズムを生き生きと豊かに回復していく、そうした方途を示す必要があります。具体性と身体性がポイントとなります。本学では、たとえば『おもちゃ王国』という企業と連携して、子どもの発達におけるおもちゃのような具体的な物と、それが触発するイメージの相互関係について、身体性と人間性の形成という観点から研究を重ねています。

また、バーチャル体験の蔓延は、子ども同士の関係を希薄にします。直接的な人と人との関わり、働きかけが大変重要になります。「群れて遊ぶこと」や「異年齢で遊ぶこと」の楽しさ、あるいは「合唱や合奏の快さ」を味わうことなども、人間としての成長過程に不可欠なことです。さまざまな討論の場を設定し、友人と自分との違いを知り、異論をもつ他人を理解することも大切でしょう。こうしたことが可能となる学級や学校をどのように作っていくのか。そこではコーディネートする力がカギになります。

あるいは、学びの場を作っていく「プロデューサーの資質」も求められています。「知識の反復記憶型の授業」という従来型にとどまらないで、「推論の実験検証型の授業」をどのように展開していくのか。「総合的学習の時間」は、体験重視型の授業によって、児童生徒の認識の枠組みを転換していく試みですが、教師の側から一方的に教えるのではなく、素材と現実のなかから、問題を探り、探求していくもので、体験、観察、実験を通じた生きた認識を重視して、それを体得していくことが目指されています。これをどうプロデュースしていくか、です。

魚屋さん、パン屋さん、農家の人、自動車工場の人など、地域の人々が、学校にやってきて、あるいは職場で、仕事の内容や腕前を児童生徒に披露し、子どもたちへの期待を語るような授業も必要となっています。このように教師には、子どもたちが学ぶ場をつくるプロデュース力も求められます。もちろんプロデューサーとしての前提には、学ぶことの意義、学んだことの活用など、学習過程・内容・教材の選択への深く本質的な理解があることは、いうまでもありません。

さらに、「開発的な力、ディベロッパーの能力」が求められます。現代的課題にどういうスタンスで対応していくかという、開拓し、創造する資質です。たとえば、国際化時代にあって、国際理解教育や外国語教育への取り組みをどうするのか、ＬＤやＡＤＨＤへの新しい取り組みをどうするかなど、新しく開発していく力が求められています。

いま、競争的原理に基づく教育が広がっています。これは一方では、個性化教育の延長として位置づけられもしますが、他方において、競争する基盤が元々異なっていた場合に、競争的環境が児童生徒にどのような問題を生じさせているかは、解明されるべき大きな課題でしょう。出発時点で、基盤と条件の異なる競争的環境が現在の格差を拡大させる面があり、その点を公教育がどう考えるかなど、開発的に研究し、提言していく力が求められています。

全くの自由は「虚無」である

教室に来ても、「先生の話を落ち着いて聞けない」「友達と騒ぐ」「歩き回る」「すぐパニックになる」という状態で、小学一年生のクラスが成り立っていかない問題が、「小一プロブレム」と呼ばれています。

自由保育のもとで元気に育ったのはいいのですが、野放図でけじめがなく、乱暴なだけの子どもになったりする、そういう話は以前に聞いたことはありましたが、一言でいえば、子どもの自然発生性を自主性と取り違えた放任主義によって、しつけられないまま小学校にやってきて、学校での授業が成り立たなくなる状態です。

「自由」ということを、もっと厳密に考えることが必要でしょう。トルストイがいうように、「全くの自由は虚無」であって、そこからは騒ぐ・歩き回るというような、まさに「虚無」を体現したような子どもばかり出てくることになります。「自由とは必然性の洞察だ」とヘーゲルはいっています。つまり、理《ことわ》りを身につけること、作法やルールを学んでこそ、人間は本当の意味で自由に振舞えるというのです。愛情と厳しさで、その場その場で作法やルールを適切に教えていけばいいことなのですが、どうも、親も保育所も幼稚園も、そのへんの認識がゆるい気がします。選択の自由の下に放任するのではなく、法則を身につけて獲得する自由を、もっと重視すべきだと思います。

しつけの面では、むしろ親に問題があるようです。子どもに「無限にやさしい親」、言い換えれば「子どもの家来になっている親」の問題です。

親からのクレーム

私の大学では、学生が六千人いますが、附属学校にもそれと同じ六千人の児童生徒がおり、「クレーマー・ペアレンツ」も話題になります。いつぞやも、幼稚園の先生がキャンパスを憮然とした顔で歩いているものですから、「どうかしたのですか」と訊ねると、「子どものけんかに親が介入して気が重い」という話なのですね。

子どもは生命力の固まりですし、残虐なところもあります。言い合ったり、意地悪し合ったりするなかで、ルールを学んで成長するのですが、子どもが家に帰ってショボリしていると母親が「どうしたの」と聞きます。「あの子が意地悪した。先生にこういわれた」と子どもが訴えます。昔なら、「先生のおっしゃるとおりでしょ」と親が一カツ励まして終わりなのですが、今の母親は子どもの言うことを鵜呑みにするんですね。「なぜうちの子ばかりが叱られるのか」とお母さんが怒り出し、「学校でうちの子はいじめにあっている。先生の対応も悪い」ということになり、帰宅したお父さんも一緒に怒り出す、というパターンです。

子どもの方は、次の日に幼稚園に行けば、ケロッとして元気一杯、楽しくやっているのに、親がカッカして介入する。幼稚園児ですから、親に何か言えるはずもなく、親の方は自分の理屈を自己回転させて学校に対して怒る。気に入らないと、「先生を辞めさせることぐらい簡単ですからね」などという暴言を平気で吐く。親が過剰反応して、子どもや先生方まで変になってしまいます。

あるいはこういうこともありました。小学校でしたが、「娘が受け持ちの先生からセクハラを受けた」と親が訴えた。学校はすぐ受け持ちからはずします。しかし、いくら調べても、その事実が出てこない。どうも子どもがウソをいったらしい。私の経験からいっても、子どもの頃、そういうウソをついた覚えがあります。いくら探しても事実が出てこないので、先生を元のクラス担任に戻したのですが、保護者から「子どものいうことをそのまま信じて不明でした」くらいの言葉が出てきてもいいのに、謝りもしないのです。先生の人権というものもあるでしょうに。人間が劣化したなあと思います。いろいろな局面を考慮した行動、人と人との間の在り方や倫理をもっと身につけた行動をとれば、遥かに質の高い社会生活ができるのですが。子どもにも決して良い影響を与えないでしょう。

このような釈然としない話が結構多いのです。もちろん、学校に対しては、ものが言いにくい、権威主義的で、官僚主義的で、という指摘もよく受けます。友人の女性弁護士ですが、「娘のことで問題があって相談しに行ったが、私のような弁護士ですら、学校は大きく威圧的に見えるし、対応が隔靴掻痒で、いつまでたっても一番奥には到達できない、カフカの小説の『城』のようだった」といっていました。しかしやはり学校は、誠実に対応していますし、それだけに対応には苦心しています。

日本社会の新しい変容は一九七〇年代に始まった

このように日本の社会は、昔と比べて大きく変わりました。その淵源を探れば、それは一九七〇年代にあったのではないかと思います。当時、高度経済成長のまっただなかで、若者が農村から都市に大量に移動し、そこで仕事をもち、都市の自由な雰囲気のなかで自由な恋愛をし、二人だけで新しい家庭をもちました。これが一九七〇年代の典型的な状況でした。ここから新しい社会変容が始まったと思います。

それは、これまで日本にあった共同体的なもの、家族や農村や地方都市にいろいろな形で息づいていた、共同体的世界からの脱出でもありました。従来の在り方を「封建的」と批判し、日本の歴史上で初めて、「自由な個人」が自由な意思でファミリーを築いた、最初の世代になったわけです。

確かに個人の解放という面では、大きなプラスでした。しかし近代市民としての個の確立ということからすれば、極めて未熟な展開になったと私は思っています。

個人の生活の充実を目指すマイホーム主義は、社会性をもった「市民」の生活というより、「私民」の生活でした。

いわんや「国民」や「公民」の自覚は乏しいものでした。消費社会の到来とともに、ほとんどの家族がこの「私民」として、消費者として、小市民的な生活を始めたのです。

父母の世代、祖父母の世代からの生活文化や知恵は、伝わりにくくなりました。むしろそこから決別したい、そこから断絶した白紙からの出発を、かれらは目指しました。しかし、父母や祖父母のもっていたものを超えるような、新しい何ものかを自分たちでクリエイトしたかというと、そうではありませんでした。家庭の生活原理を、価値観の上で確立できないまま、進んでいったように思います。

結局、外から消費社会の価値観が流れ込み、それに沿った意識形成をしていくことになります。しかしそれは、作られた、見せかけの充実でしかないという意識もどこかにあって、私生活の内側に、常に不確かさ、不安定、不安をずっと内蔵していたのではないでしょうか。

社会が成長発展しているうちはいいのですが、時代が動きを止めて反転しますと、バラバラな私生活主義で生きているわけですから、孤立感と閉塞感に人々は追いやられます。

生活文化の知恵は伝わらない、内在的な確固とした市民原理もない、社会の矛盾と格闘する方法論もない、という小市民的自我は、出口なし状況に陥ります。消費社会と情報社会のなかで私的欲望だけは肥大化していく。みな自己中心的になるばかりです。こうした要素の複雑な組み合わせが、今日の状況を規定しているように思います。

3　一九七〇年代に始まる学校問題の変遷
――家庭内暴力・校内暴力・いじめ・不登校・学力低下

一九七〇年代

学校に現れた特徴的な問題を時代を追って見てみますと、まず「家庭内暴力」「校内暴力」ですが、問題が起こったのは一九七〇年代に入ってからなのです。今では「まさか」と思われるかもしれませんが、子どもが親に暴力をふるった、バットで殴ったなどということは、それまでなかったことなのです。それが初めて起きたのが一九七〇年の初頭で、心理学をやっている友人が、「最近、親に子が暴力を振るう事件がよく起こる。こんなことなかったなあ。珍しい」と言ったのをよく覚えています。

こうした「家庭内暴力」「校内暴力」に関しては、学歴主義や上昇志向の強い親や教師から押しつけられる一元的価値への反抗だ、というようにいわれました。あるいは、社会がある飽和点に達して、柔軟さや、開けた未来や希望が感じられない、そして管理主義が強まる、それへの反発が、こういう形で現れたのだという解釈もありました。

統計で見ますと、この頃ピークだった校内暴力は、次第に減ってきて、一九九五年頃には最も少なくなるのですが、最近また増えてきています。口の悪い人は、かつてのこの世代が親になり、似た問題意識が子どもに転移しているからだ、などといっていますが、社会的なさまざまな分析が必要でしょう。

一九八〇年代

一九八〇年代に入りますと、今度は「いじめ」の問題が表面化し、最も生命力豊かな年代の児童生徒が自殺に追い込まれるという、異常な事態が多発しました。欲求不満を最も身近な弱い者に向けるという陰湿なメンタリティーは、人間はそれぞれに、かけがえのない価値があり、それぞれが主人公である、という民主主義の感覚の欠如を示すものでした。

こういう感覚は日常生活のなかで、常に養っておかないといけません。「そういうものではない。こういうもんなんだ」という「もんだ」の感覚が大切だと思うのですが、それをしっかり定着させないといけません。人を殺してよいかどうか。ドストエフスキーの『罪と罰』で深刻に扱われている問題ですが、殺す理由も、殺してはいけない理由も、どちらも同じ数だけあると思います。大事なことは、「人を殺してはいけない」という、まさに「もんだ」の観点を、生きる命題として、無条件に教え込むことしかないのではないでしょうか。

昔は祖父母や父母から、あるいは近所の人からも、「弱い者いじめはみっともない」「そんなことをすれば人に迷惑でしょう」「された人の立場を考えなさい」「何を馬鹿なことをしているの」というような形で、いろいろな「もんだ」を、その都度、教えられたものです。そういう教育力は、すっかり弱まりました。何を考えてもいい選択の自由も大切ですが、理りを身につけることによって開ける自由に、もっと眼を向けるべきでしょう。

統計によれば、当時一六万件あった「いじめ」は、徐々に減ってきていました。最近では、二万件ぐらいで推移している、ということだったのですが、一昨年また、いじめを苦にした自殺が相次いで、「この数字は変だ」ということになって、しっかり報告させたら、何と一二万件という数字が出ました。実際は六倍もあったわけで、学校の恥だし、軽微だからと思って報告しない例が多かった、という事態が明るみに出ました。的確に対応するには、実態を反映した数字こそ命です。多いからといって決して恥ではない、そういうリアリズムの精神を、失ってはいけないと思います。

一九九〇年代

一九九〇年代に入ると、「不登校」問題が起きます。はじめは抑圧的になった学校に行かないなど、意図的なものもあったのですが、次第に、行く意味が見いだせない、何となく行きたくないなど、主因が特定し難くなってきています。

最近の不登校の数字は、小学校二万人、中学校一〇万人、高校六万人です。特に中学校では増えてきている、という数字があります。高校の場合、不登校は中途退学につながります。中退は八万人という数字があります。

「学級崩壊」がいわれたのも、この時代でした。私語が絶えない、立ち歩きをする、教師を無視するなど、家庭や保育所や幼稚園でしつけられていない状態、他との関係で自己規制することを学んでいないことから起こっています。

二〇〇〇年代

二〇〇〇年代に入り、「学力低下」が問題となりました。この問題は、初等・中等教育だけでなく、大学生にもおよぶものです。「分数ができない大学生」というセンセーショナルな形で、問題提起されました。知的好奇心の退化は、大量情報時代と関係があるのでしょうか。

大学生でこんな症状に陥りますと、専門教育を困難にする一方、教養の崩壊、情報化社会における文化的ギャップの問題にもつながり、社会のメルトダウンを招来してしまいます。

アメリカ型社会

最近では、競争的環境や市場原理主義の称揚によって、あらゆるところに成果主義、能力主義、数値主義がはびこり、弱肉強食の格差社会への傾斜が強まっています。

個々バラバラにされた孤独な人々が、自分を守り、癒すためには、どうするか。行き着く最後の砦は、弁護士と精神カウンセラーである、となると、まさにそれはアメリカ社会です。繁盛するアメリカの病理がだんだん日本に近づいてきた、といえるでしょう。

このところ小林多喜二の『蟹工船』が大変よく売れ、「それって蟹工じゃん」というと、「長時間・過密・低賃金・不安定労働」のことをいうようになっているそうですし、格差社会が強く自覚され、あらためて社会の在り方が問われ始めました。

私はドイツの作家や思想家に関心をもって勉強をしてきましたが、西ドイツと東ドイツという体制の違った国があるということにも、興味をそそられました。私たちの学生時代は、資本主義社会の後に来るのは社会主義社会だといわれました。そういう時代の雰囲気のなかで、マルクスやレーニンのものもいろいろ読んだりしました。しかし実際問題として、社会主義国では党と国家の一致が言われたりしていまして、一つの社会勢力に過ぎない政党が国家と一致するなどということは、変の極みだと考えたりして、結局、東ドイツにはろくに行かないうちに潰れてしまいまして、潰れるのだったら何度も行ってしっかり見ておけばよかったと後悔もしました。理想と現実をめぐる深刻で興味深い問題が、典型的な形で表出していたわけですから、研究するには面白い国であったと思います。

私の個人的解釈ですが、マルクスの思想の根本は、「市民社会の人間は自由である。しかし個人として限りなく孤独である」というところにあると思います。資本の論理や商品の論理は、あらゆる紐帯をばらばらにしてしまって、人間を自由に解放してくれます。その自由のなかから、自分の力と才覚に大きな信をおき、それを駆使してのし上がっていく、いわゆるアメリカン・ドリームも生まれます。

しかし個人として見た時、みんな孤独なのです。アーサー・ミラーの『セールスマンの死』に描かれた世界ですね。そういう索漠たる現実があって、それゆえ、紐帯が解けてバラバラにされた状態はよくない、「社会」の観点や「共同」の観点が必要だ、ということで、社会主義、共同のコンミューン、コミュニズムの考え方が出てきたということだろうと思います。それは至極妥当な考え方です。ただそこにプロレタリア独裁だ、党と国家の一致だと言い出したので、話がややこしくなったわけです。

人と人との新しい結びつきを

一九八七年に西ドイツの西南の町フライブルクに半年滞在し、その後でベルリンに行き、西ベルリンから毎日、国境のベルリンの壁を通って、東ドイツの科学アカデミーに通ったことがありました。西ドイツの大学教授が権威主義的で個人主義的であるのに対して、東ドイツの研究者は、学問は民衆のためにという考えもあってのことなのか、大変親しみやすい人が多く、市民たちも西の人と比べて、人柄のやさしさを感じました。官僚主義や秘密警察など深刻な問題のあった国でしたが、やはり曲がりなりにも友愛が国是になっているというのは、違うのだなあと思ったものです。

個人の観点よりも社会の観点、そして協働の観点、人と人との新しい結びつきをどのようにつくっていくのかの観点は、これからの日本にとって最も大切なテコとなる考え方です。

競争は確かに必要です、しかしその競争は、必然的に交流を含みますし、交流は、共に生きる共生の観点を含みます。石川嘉延知事が「現代は大競争、大交流、大共生の時代である」といわれたのを読んだことがあります。共生の観点から競争を位置づけなおしている点に、強いインパクトを受けました。

教員養成に話を戻せば、多忙化のなかで先生方は自分のことで精一杯で、バラバラになっている。だから同僚性を回復しないとだめだ、ということと一致する考え方です。教職大学院で養成するスクールリーダーは、まさにそういう役割を担うもので、教育の場のコミュニティづくりの中心として、位置づけられるものです。

新しい学習指導要領

子どもたちの学びの面でいいますと、一九九〇年代に「新しい学力観」が主張され、「関心」「意欲」「態度」を含めて「学力」を捉え、児童生徒の主体性を引き出す方向が打ち出されました。

二〇〇〇年代に入ると、知識中心主義に偏らない「ゆとり教育」が主張され、落ちこぼれをなくし、「総合的な学習の時間」によって、「生きる力」の育成が目指されました。学習指導要領はそれが反映したものになったのですが、小・中学校の授業内容を三割削減したため、学力低下が懸念されるようになり、授業時間増の学習指導要領が、二〇一一年度より実施の予定になっています。

このように関心・意欲・態度を含めて学力を捉える「新しい学力観」に始まり、「ゆとり教育」で落ちこぼれをなくし、「生きる力」を育成することを目指したこれまでの指導要領の考え方は、ＰＩＳＡ調査で国際水準からの下落を告げられると、また転換が迫られたのですが、しかし、「ゆとり教育」と「総合的な学習の時間」が学力低下と結びついているかというと、決してそうではない、というデータもあります。ですから、二〇一一年からの学習指導要領は、現行の「生きる力」理念を継承しながら、「知識・技能」をしっかり修得し、そのために授業時間数を若干増やすという形になっています。

時間数さえ増やせば学力は上がるのか、「詰め込み」への逆戻りでないか、という批判もあります。しかし、「ゆとり」か「詰め込み」かという二項対立ではなく、「本当の学び」とは何かを問うことが、大切でしょう。

教師からの知識伝達だけでは、やはり本当の学力は身につきません。反復練習が大事という側面と、学習者みずからが好奇心と探究心をもって、学んだことを基礎に展開する、あるいは、新しく学びながら新しい世界を切り開いていく、この力が大切です。

教えるということは基本ですが、しかし教えたことの範囲を出ない、ということが往々にして起こります。詰め込み教育の弊害はそこにあります。その際に教師の役割が大変重要で、いかに動機付け、探究心や研究心を挑発するかです。それが可能になるためには、教員の側に相当大きな力量が求められます。

今回の指導要領は、内容面で多彩な力点があります。「言語活動の充実」「理数教育の充実」「伝統や文化に関する教育の充実」「道徳教育の充実」「体験活動の充実」「外国語教育の充実」などです。「本当の学びとは何か」ということを常に問いながら、展開していくことが求められています。

4 「全国学力・学習状況調査」と経済協力開発機構の「生徒の国際的学習到達度調査・PISA」

四三年ぶりの実施

昨年四月（二〇〇七年四月二四日）、全国学力テストが四三年ぶりに実施されて話題になりました。小学校六年生と中学校三年生を対象に、国語と算数（数学）について行われ、その分析結果が一〇月に出されました。「遅い」と不評をかった挙句、「知識面でまあまあだが、活用面で問題あり」という分析結果で、これなら以前から予想されたことで、新しい発見はなく、「もっと実のある分析が必要だ」と批判もありました。

根底には、サンプル調査や、各都道府県の特徴の出た調査で十分ではないのか、全国一斉は必要なのか、七〇億円かける意味があるのかという疑問もあったと思います。そしてどこの教育委員会も、結果の公表に関しては慎重でした。序列化や競争激化の危険が強く意識されたからです。

マイナスの実例として、足立区の事件がよく引き合いにだされます。区内で学力調査をやったのですが、「学校選択制」や「予算配分」がかかっているので、ある学校が成績を上げようとして、テスト練習を繰り返し、挙句に試験中に監督官が生徒の誤答を指で示して、注意喚起したというもので、結果はその前の四四位が一位にはね上がったそうですが、後でこういう不正が発覚したという事件です。インセンティブがかかっているだけに、笑えない話です。こうした動きは、他方において、成績を下げないように、足を引っ張る児童、できのわるい児童を排除しようとする動きを誘発しかねません。

学校選択制や、メリハリのついた予算配分という名目で称揚される教育バウチャー制度など、競争原理に基づいた政策が次々に打ち出されると、やはり勝たなければという意識が先立ちます。こうした調査も、「本当の学力とは何か」ということを常に問いつつ、向上を図ることが基本ですが、大道を見失う事態も、容易に起こりかねないという警告の事例です。

変化の激しい時代だからこそ、安定性、持続性、恒常性を軸にした、じっくりした底上げが図られることが大切なのです。学力テストの結果は、もっといろいろに分析されることが必要でしょう。活用の仕方いかんによって、授業改善など、全体の底上げにつながるものであり、創意と工夫が求められています。

学力とハングリー精神

全国学力テストで秋田県は成績が最もよかったというので、NHKが番組を組んでいました。それを見ていましたら三点が指摘されていました。「最先端の機器や技術の駆使」「教師の指導力向上」「児童生徒へのきめの細かい学習と生活指導」です。

つまり、IT機器をつかった教育システムをしっかり構築していること、公開授業や研究授業を通じて組織的に教員の指導力の向上を図っていること、そして、宿題を通じてこまやかな指導を行い、子どもたちのやる気を醸成していることでした。

この番組を見て、これこそ基礎基本を踏まえた取り組みを地道にやってきた成果で、まさに「平凡道を非凡に行った」ということであり、何も大々的な調査を待たなくても、初めからわかっていたことではないか、という感想をもちました。

ただ、指摘されていないことですし、学力調査とはあまり関係ないことかもしれませんが、こうした秋田の成果の根底には、やはりハングリー精神があるのではないかと思います。

フィンランドが世界一だといま注目されていますが、人口は少ない、北国で寒い、不便も多い、いろいろな問題をすべて自分の力と判断で克服しなければならない、そういう厳しい現実のなかで培われた強い思いと姿勢がフィンランドにあって、それが的確な政策と呼応して、よい成績につながっている。秋田県もそうではないかと思いました。

競争ではなく、現実をしっかり見据え、現実と格闘するハングリーな向上心。これこそ大切だと思います。どんなに豊かな社会でも、矛盾はあります。矛盾をしっかり見据え、克服のために奮闘する強いハングリー精神、それが児童生徒たちにも、先生方にも、求められているのだと思います。

全国体力・運動能力・運動習慣等調査

体位は向上しているが、体力に問題があると文部科学省が考えて、公立のみならず、国立や私立も全員参加でデータを取りたいと、今年の三月になってかなり唐突に出てきたのが、「全国体力・運動能力・運動習慣等調査」です。

今年度から小学五年生と中学二年生で八種目を行うというもので、教育委員会がすっかり戸惑ったという話を聞いています。現場の負担が一番問題なのですが、この「全国体力テスト」は、今まで県や市でやっている実績に、ある付加をすれば、十分対応可能のようです。

体力は、一九八五年以降年々低下傾向にあり、グラフなどをみますと、ここしばらくは下げ止まったままです。「五〇メートル走」や「立ち幅跳び」で測ると、現在の男子は、二〇年前の女子の成績にやっと並んでいる程度の体力です。転びやすいし、転んでも咄嗟に手が出ず、骨折しやすい、外で遊ぶ子が少なくなった、等々の指摘があります。生活スタイルの面の分析も含め、結果の活用が求められます。

PISA調査とフィンランド

ＰＩＳＡ（Programme for Internationl Student Assessment）調査という言葉を、最近よく聞くと思います。これは国連の「経済協力開発機構」（ＯＥＣＤ）がやっている、義務教育を終了した一五歳児（高校一年生）を対象とする「学習到達度の国際学力調査」のことです。

この調査で、日本は当初、数学リテラシーがトップ、科学リテラシーも二位とよかったのですが、二〇〇六年度の調査で、科学的リテラシーは二位から四位へ、読解力は八位から一五位へ、数学リテラシーは一位が一〇位へ落ちて、これはゆとり教育のせいだと、学力向上論議にドライブがかかり、二〇一一年から実施される新指導要領での授業時間数の増にも、影響を及ぼしました。

三年ごとの調査の日本の順位をいいますと、次のようになります。

〈科学的リテラシー〉 二〇〇〇年……二位 二〇〇三年……二位 二〇〇六年……六位
〈読解力〉 二〇〇〇年……八位 二〇〇三年……一四位 二〇〇六年……一五位
〈数学的リテラシー〉 二〇〇〇年……一位 二〇〇三年……六位 二〇〇六年……一〇位

そのなかでフィンランドは、一貫して総合的な学力が世界一ということで、一躍、注目が集まりました。

フィンランドは、日本と同じ面積に五三〇万の人が住んでおり、歴史上フン族のヨーロッパ侵入という出来事がありましたが、その末裔で、東洋系の国です。スウェーデンに長く支配され、ついでソ連の支配を受けました。他国に支配されましたので、母国語を大切にする気風が強く、それが読書人口の多さにもなっているようですが、外国語の習得も熱心で、スウェーデン語も公用語で、小学校から英語をやり、高校生からはドイツ語やフランス語やスペイン語も学べる、とのことです。

ＰＩＳＡ型学力ということがいわれます。これは暗記型受験学力ではなく、日常生活を社会の担い手として豊かに生きるための力であって、総合知・洞察力・科学性をもったよき市民のための学力をいいます。フィンランドの教育についてふれておきます。

5　フィンランドの教育

教師、教師、そして教師

フィンランドのヘイノネン文部大臣は、「人間の成長と資質の発展に集中すれば、経済的成功は後からついて来る」といっています。また「人は学校のために学ぶのではなく、人生のために学ぶ」といっています。日本のように、当面の必要や経済成長にすべてを従属させ、効率性ばかり追うスタイルへの大きな警告です。

教え込むというより、自ら学ぶ力を大切にして、自分を信じ、自分で学び、自分で考え、自分で答えを探し、自分で行動するという、主体的な学びと成長発展に何よりも信をおき、人間能力の全面的な発展を目指しているといえます。ですから、読書人口が大変多いし、図書館もきめ細かく充実しています。このためには何より、資質の高い教員が必要です。フィンランドでは、教員全員が大学の修士課程を出ています。

教育方法の面でも、ツボにはまった指導をしていると思ったことがあります。最近、日本でも「コミュニケーション能力」の必要性が説かれますが、コミュニケーション能力といっても、ディベートなどの技術的な訓練で養われるものではありません。まず何より、話したいこと、訴えたいことがたくさんあるのが前提でしょう。フィンランド・メソッドでは、「発想力・論理力・表現力・批判力・コミュニケーション能力」のサイクルで考えています。

循環論ですが、「発想力」を最初に置いている所が、なるほどと思いました。どうして、なぜ、これでいいの、こうしたい、といった疑問や問題意識や、言いたいことがたくさんあるのが、まず前提だからです。そして、自分の考えを人にわかってもらうために、秩序だてて展開する「論理力」、さらにわかりやすさや関心をもって聞いてもらうための「表現力」が必要です。次いで自分や対象を相対化し客観視しないと的確さや広がりを欠きますから、「批判力」が必要。そして最後に、それらの力の総体的な現われとしての「コミュニケーション能力」というわけで、また最初に戻っていく。この考え方に、大変な叡智を感じました。そしてそれが最終的には、よき市民のための教育や、奥行きのある社会生活につながっていくわけです。

学校の規模が小さいというのも、驚きでした。一つの小学校で六〇～七〇名。校長を含めて先生が三～四人。中学高校が一五〇人くらいで、教員が一〇～一二名といいます。日本なら、直ちに統廃合の対象でしょう。

教え方も、一斉授業から、プロジェクト型や共同学習の形をとりいれて成果をあげているといいますし、複式学級による質の高い学びというのも驚異でした。複式はいろいろ問題があると思いがちで、確かに二度教えるのは効率が悪いともいえますが、学びの質はかえって高度化するということで、逆転の発想で成果をあげているといいます。繰り返しとわかりやすさの相乗で、ボーダーラインにいる生徒へも手厚い指導がされています。

ヤッピネン文部事務次官は、かつてイギリスのブレア首相がいった「教育、教育、そして教育」という演説言葉をもじって、「フィンランド教育の成功の鍵は、教師、教師、そして教師である」といったそうです。学識と見識に満ちた質の高い教師こそ、フィンランドの原動力です。ヤッピネン次官の言葉は、二一世紀「知識基盤社会」のポイントを的確に表現しています。

質の高さと平等性の同時追求

学力水準が高いと同時に、学力格差が少ないことも、フィンランドの特徴といわれます。普通、高い質を追求すると、平等が足かせになる、平等を追求すると、今度は質の高さが保障されなくなると考えがちです。しかしそれは違うということを、実績で示しています。質と平等が対立するものでなく、相互に補いあって高い質を完成している。これは素晴らしいことで、この在り方を徹底的に学ぶ必要があるでしょう。

家族の共同生活が充実していることも、重要な点だろうと思います。両親とも夕方五時には帰宅して、親子のコミュニケーションをしっかりとっているといいます。

ヨーロッパではそういう生活スタイルが定着していると思います。私が西南ドイツの町・フライブルクで初めてドイツの生活を体験した時に、大変新鮮だったのは、五時にはみんな職場から離れて、家族、友人同士、恋人同士、同好の人たちが町の喫茶店などに集まる、そして議論したり、ワイン一杯でゆったり話したり、催しのプランを立てたりしている、そういう街の市民生活の生き生きした表情でした。本当にアフター・ファイブがもう一つの人生で、音楽会や劇場にも人はたくさんいますし、観劇の後のアフタートークも、独特の知的世界をつくっていました。

こうした楽しさや喜びは人生の基本です。生活のなかでの人々の交流から生まれる思いやり、生活の知恵、共同作業、町の伝統への感覚など、このような落ち着いた基盤こそ、新しい意欲と学びへの跳躍台でしょう。内実豊かに市民生活が息づいていると実感しました。日本はアメリカより、ヨーロッパから学ぶべきだと思います。

人間の包括感覚をもとに行う学習

もう半世紀も前の話になりますが、私が受験勉強をしていた時、現代文の問題集に芥川龍之介の『戯作三昧』からの出題がありました。滝沢馬琴が小説を書いている様子の描写で、馬琴が次第に興に乗り、イメージが次々に沸いてきて、どんどん筆が進んでいくという場面の描写でした。問題解説に「インスピレーションが次々に沸いてくる状態」とありまして、田舎育ちの私はインスピレーションなどという言葉を知りませんでしたので、人間はこういう状態になることがあるのかと、大変強く印象に残った描写でした。残念ながらそういう幸せな境地は体験しないまま来てしまいましたが、子どもには、このように熱中する局面は多々あります。

フィンランドでは、いろいろな学習の方法が探求されていますが、こうした熱中した状態と学びとを結びつけようとするのも、新しい模索です。「全人的に行為に没入している時に人が感ずる包括感覚」を「フローの状態」というのだそうですが、ここに焦点を当てて、児童生徒の好奇心や探究心をさまざまに引き出し、包括感覚に導き、深い学びを体験するやり方です。

全人的に行為に没入しているとき、人は千手観音のようにあらゆる側面に全感覚でもって触手をのばしています、と同時にその感覚は無意識に統合されて深く対象に迫ります。普段と違った高い状態に移行したこの全体感覚によって、対象は初めてその本質の姿を示します。まさに実相観入の学びになりますし、新しいアイディアや発見は、こうした主体的な学びから生まれます。教師による関心の持たせ方や示唆や指導の力がやはり重要なポイントとなりますが、こうした学習スタイルが身につけば、本当の学力がついていくと思います。大変興味深い実践です。

また、中学校、高等学校の技術教育や芸術教育のレベルの高さについても、感銘を受けました。技術・芸術というものは、知識とは違い、「身体性」と関わります。この「身体性」は非常に大事なのですが、情報と知識があふれている現代では、「身体性」が軽視されています。それが今の日本の歪みを生んでいると思います。

具体的な対象を変えていこうとすれば、自分自身も変革されなければなりません。「自己変革と対象変革」の具体的対応のプロセスにおいて、知識だけでなく、知恵や技能が確証されていく技術や芸術は、人間形成にとって最も大切であるのに、日本では受験科目でないせいか、非常に軽視されています。

全国一斉の大学センター入試がありますが、あれは廃止してドイツのアピトゥアのように、高校卒業試験に変えるべきで、技術や芸術やスポーツの科目を含め、すべての科目で一定レベル以上を卒業要件とした方が、全人教育もできるし、学力保証もできると思います。生涯学習社会に関係が深いのは芸術・技術・スポーツの分野です。それを学校教育で軽視しているのは問題でしょう。本学では二年後に始まる六年計画のなかで、「ものづくり専修」を立ち上げ、「ものづくり」の観点を強く押し出そうとしています。これはフィンランドに共通する観点です。

また、ボーダーラインにいる生徒への手厚い指導、あるいは心理カウンセリングにとどまらない、さらに広い観点の社会カウンセリングの相談員の配置も、フィンランドの特徴だといいます。

国の姿勢

フィンランドは地方分権が徹底しています。しかし公教育にかかる費用は三分の二が国庫負担です。ソ連から自立した一九九〇年代は、大変な時代だったと聞きます。経済不況のため、失業者はベルリンの壁の崩れた東ドイツのように、二〇%を越えていたといいます。驚いたことは、その救済のために、国家公務員を増やしたという点です。日本の逆です。そして知識基盤社会の到来を見据えて、教育に大きな投資を行い、改革を進めました。そして見違えるような今日の実績を作りました。

フィンランドの経験は教訓的でしょう。徹底した底上げによる平等主義と、フロー理論に象徴されるような主体性と個性に徹底して依拠した学びによる飛躍的な学力向上と、そしてそこで果たす教師の大きな力と。

日本では、競争的環境が称揚されていますが、競争すれば学力は本当に伸びるのでしょうか。伸びた学力は、受験力、テスト力だとすれば、本当の学力とは一体何なのか、深く研究する必要があります。

学習について考えると、ついつい自分の経験から推論してしまいます。高校時代の受験勉強、傾向と対策、過去問練習、点取り学習と、私なども学力とは知識の量、と思ってしまうところがあります。他方、小学校・中学校時代は、農家育ちでしたから、農作業の手伝いや、自然と遊んだ徹底した生活体験の世界で、毎日がいわば総合学習の時間とでもいうような生活でした。おそらく両者のはざまに、問題を解く鍵があるのだろうと思います。

教育の世界に、数値主義、成果主義、ＰＤＣＡ（Plan・Do・Check・Act）サイクルが入っています。大学における総合的業績評価などにおいてもそうですが、今まで数字やデータに基づく総括や検証が不十分だったことから、こうした形によって、一定の合理性を示す必要はあるのかもしれません。しかしこれは、明らかに企業社会における労働者管理モデルです。人間のもつ可能性を考えると、明らかに狭いと思います。

本当の学力とは何か。たくさん調べて真理に到る。たくさん議論して真実に到る。たくさん経験して知恵に到る。そしてそこから生まれた応用の力といっていいと思いますが、こうした新しい学力の姿を、フィンランドの例などを参考にしながら、私たちは十分に議論して作り上げる必要があります。

6　中央教育審議会答申「今後の教員養成・免許制度の在り方について」

「教職実践演習」の創設

二〇〇六年七月に出されたこの中教審答申は、今後の教員養成政策の基軸を示した大変重要なもので、三つの柱から成っています。第一の柱は「教職課程の質的水準の向上」、第二の柱が「教職大学院制度の創設」、そして第三の柱は「教員免許更新制の導入」です。

まず第一の柱の「教職課程の質的水準の向上」に関しては、二つの問題がありました。一つは、文学部や理学部と異なって、先生になることを目指す教育学部の特色は、「教育科学」「教科教育学」「専門諸科学」の三つの学問領域をしっかり学ぶことですが、しかしこれまで、学生の主体的受容に任されて、三者の結びつきは自覚的に追求されてこなかった、という問題です。

これに対しては、教員養成における「予定調和論と縄張り無責任」という批判がずっとありました。「予定調和論」とは、「教えておけば、後は学生が自分の内部で統合し、教師としての力量に転化してくれるに違いない」という他人任せの態度で、「縄張り無責任」はそれと表裏の関係にあり、「他の分野は知らないが、私の教えられることはこのことだけ。あとは知らない」というものです。教授する側がこんな無責任なことでは、質の高い教員は養成できない、三者は結合価の高い形で教授されなければならない、という批判です。

この批判にこたえて、今回の答申で「教職実践演習」が新設必修化され、そこで点検することになりました。画期的なのですが、これまで実践的に解決していくことがなかなか難しかった問題だけに、どう実体化していくかは、やはり大きな課題です。授業形式から達成度確認まで、解決すべき問題はたくさんあります。

専門性と適格性のはざまで

もう一つの問題は、教員養成の質保証に関わる問題です。大学は教員になる学生をしっかり質保証をしてから出せ、つまり適格性を大学が判断して卒業させよ、という要請ですが、これは当たり前のことのようで、微妙な問題を含みます。

教員としての「専門性」は保証するが、「適格性」は判断しない、という立場を大学はこれまでとってきました。しかし『中教審』では、「大学に教員としての適格性を認定する機関を」と考えました。私は中教審の委員ではあったのですが、『日本教育大学協会』の立場から「適格性は現場でみるべきで、人格的要素に踏み込む選別を大学の責任で行うことはやはり問題が残る」という意見を述べました。適格性は、採用する教育委員会で見るものだという考えです。

『中教審』の委員の方からは、「教育は人格の陶冶のために行うものではないか。その適格性が見られないとは一体大学は何をしているのか」という疑問が出されました。これに対して、もちろん「大学が教員としての人間性などに関わる教育責任があることは否定するものではない」、しかし「教育の現場は複雑多様で、ある学校で優れた指導力が発揮できても、別の学校では必ずしもうまく対応できない場合があり、学校現場がもっている多様な性質を養成段階でどこまで判断できるか、やはり慎重にならざるをえない」と述べました。

これは斟酌されまして、「適格性の判定」ではなくて、「専門性の基準を多様化するカリキュラム」とスタンスを変えた叙述になりました。つまり経済学部の学生に、銀行に向いている・いないの判断を大学でする話と似ていて、個人的に相談に来た学生に先生がコメントするのはいいのですが、大学として判断するとなると、やはり問題が残るだろうと思います。

授業や実習ではもちろん適格性を目指して教えていますし、キャリア形成に関する授業などで、自分の適性をめぐって指導はあるわけで、そこで学生自らが自分の適性をどう判断すべきかが重要です。ただ「教育実践演習」では、そうした点も含んだ、大変微妙な判断が求められることは確かです。大学の力量が試されるところです。

教職大学院・管理職とリーダー

中教審答申の「教職大学院制度の創設」ですが、教員の構成に特徴があります。「実務家教員を四割以上」となっており、現場経験のある人を入れることによって、実践的力量、実践的指導力の強化を図ろうとしています。最初に申し上げたように、教職大学院は管理職を養成するのではなく、スクールリーダーを養成します。「スクールリーダー」は、新しい概念です。人をつなぐ中核的教員ということですが、教職大学院を作る過程で先生方と議論した時に、「管理職でなくてスクールリーダーだということだが、一体、管理職とリーダーの違いは何だ」という話になり、研究した先生が、以下のように定式化してくれました。なかなか面白いと思いますので紹介しますと、

リーダーは「人」に依拠するが、管理職は「組織」に依拠する。

リーダーは「信頼」に依拠するが、管理職は「統制」がポイントである。

リーダーは「方向とビジョン」を示すが、管理職は「計画と実行と管理」を行う。

リーダーは「質を創造」するが、管理職は「結果をチェック」する。

リーダーは「未来」に向かって語るが、管理職は「現在」の対応に専心する。

リーダーは「解き放つ」ことが求められるが、管理職は「管理する」ことが要請される。

リーダーは「現状にチャレンジ」するが、管理職は「現状を肯定」する。

リーダーは「常に新しく素材を構成する」が、管理職は「既にもっているものを使う」。


という整理なのですが、さしずめヘーゲルなら、感性・悟性・理性との連関で、リーダーは理性を代表し、管理職は悟性を代表するというでしょうし、マックス・ウェーバーなら、リーダーは政治的資質であり、管理職は行政的資質であるというと思います。

どちらも大切な資質です。どちらの役回りもできないといけないでしょう。楕円の二つの焦点のようなものですが、学校現場の複雑化と高度化のなかで、そのコンビネーションは今後ますます大切になります。

しまいました。

免許更新講習

中教審答申の三番目の柱は「教員免許更新制の導入」です。しかし、これは『中教審』の議論では慎重論が強く、一〇年研修制度もあるのになぜやるのか、という意見が大勢だったのですが、安倍内閣が強行して、法案が成立してしまいました。

全国都道府県教育長協議会は、一貫してその問題点を指摘していたのですが、一切無視され、法案が成立した後にも、遠藤亮平静岡県教育長は教育長協議会を代表してわざわざ『中教審』の会議に来られ、意見書を提出されたくらいです。遠藤さんの言い方を借りれば「現場は、また上から一方的にやらされるという意識ですよ」「天下の悪法といいたいくらいですね」、と憮然、憤然とされていました。

社会の変化が速く、「資質能力の刷新」という趣旨はいいのですが、それをどうやるのか。一〇年研修との関係はどうなるのか。大学が中心になって更新講習をといわれても、人員削減を課せられて全く余裕がなく、東京学芸大学の場合には、東京都で一万人と想定される受講者のうち、五千人くらいは引き受けなければならないのかどうなのか、予想も立てられず、大変厳しい局面にあります。遠藤さんのみならず、大学も憤然としています。

しかし法案は成立しました。やるしかありません。折角やるなら、「知識技能の確認と刷新」という消極的姿勢ではパトスが沸きません。教員としてのキャリア形成のなかで、「次の一〇年に向けてどういう夢をはぐくむのか」、新しい希望と構想を主体的につかんでいく格好の機会と捉える必要があります。その上で、大学でやる意義をしっかりさせ、水準の高いものにしなければなりません。東京学芸大学では、大学院レベルの授業と考えています。

更新講習を大学で学ぶ意義を挙げてみます。

・研究者は常に最前線の知の地平で格闘しており、そこにおける生きた情報や最先端の成果を学ぶことができる。
・教育科学・教科教育・教科専門において国際的にどのような問題が議論され、社会観や自然観におけるパラダイムチェンジがどのような動向になっているのかなど、国際レベルの認識を得る。
・こうした最新の考え方や理論を学ぶことによって、個々の事柄の背後にあるものへの研究意欲を高め、同時に実践をより確かなものにする。
・自己を客観化して見つめる機会をもつことによって、物事を研究的に捉える姿勢を学ぶ。
以上のような意義があると思います。逆に大学教員は、現場の先生に教えることによって、現場の問題の所在をリアルに知り、現場の先生の胸に届くよう、知見を教授し、共有する仕方を学ぶことで、問題意識の把握・質の高い講習・適切な評価のサイクルが、ここから生まれてくると思います。大変厳しい状況のなかでも積極的に捉え、大学は頑張っていきますので、期待していただきたいと思います。

7　国立大学の法人化、教育振興基本計画など

効率化係数と大学の疲弊

二〇〇四年に国立大学が法人化されて、四年が経ちました。目指されているのは、①世界水準の教育研究をめざ

す個性豊かな大学、②国民や社会への説明責任を果たし、競争原理を導入する、③経営責任を明確化して機動的・戦略的大学運営を行う、④競争的環境のなかで自律性を高める、ということで、法人格を得ることによって、国立大学として国の管理の下にあるよりも自由な活動が可能になる、という触れ込みでした。

実際はどうだったでしょうか。八六の国立大学のうち、元気なのは旧七帝大のみで、他は大変厳しい経営を迫られています。その原因は、「効率化係数」による運営費交付金の削減と人件費抑制です。旧七帝大ですと、外部資金も取りやすく、運営費交付金に基礎づけられた教員なのか、外部資金による教員なのか判然としないほど、人員確保も可能になっているといいます。

東京学芸大学の場合、私の任期中に三億五千万円削減しなければなりませんが、外部資金などは、教員養成の大学・学部の場合は取りにくく、結局人員を削減するしか手はなくなり、大学教員を一割削減するということになります。それに加えて今年二月の『経済財政諮問会議』では、「一県一大学は必要ない」という考え方が示されたりしています。主要の数大学があれば十分、という考え方なのでしょうか。

読売新聞（本書第一章第四節）にも書きましたが、効率化係数による削減によって、教育研究体制の不均衡と弱体化は決定的になっています。人員削減によって、主要教科の専攻はかろうじて保持されるものの、芸術、環境、国際、文化遺産、表現コミュニケーションなどの専攻分野の保持は困難になってくる、これでは教員の現代的教養と底力を形成する領域が消滅してしまう、と書いて深刻さを訴えました。

危機的な高等教育

政策動向を見ていますと、競争力の弱い専攻や学科は切り捨てよという路線ですが、弱いから価値がないわけでは決してありません。人類が築き上げた文化遺産の継承にも関わってきます。

市場原理による大学改革を行ったニュージーランドでは、「天文台が次々に売りに出された」という話がありました。確かに天文学科を出ても就職口はなかなかないかもしれません。しかし天文学という学問は、宇宙の生成を解明し、わたしたちがどこからきてどこへ行くのかを考える、人類にとって必須の学問でしょう。

大学が社会の需要に応えるのは当然のことですが、他方、当面の役に立たなくても、人類が築き上げた知的遺産・財産を保持し発展させることも、大学の重要な機能です。私立大学の場合、経営上、どうしても当面の社会需要に沿いつつ、学科や専攻を作って学生を確保していく必要があるでしょう。これに対して、国立大学法人に公費が投入されている意味は、当面の必要から自由になって、基礎的学問をしっかり保証する、ということであると思います。しかしもはやその機能も保持できなくなります。由々しき事態です。

教員養成大学・学部も人件費比率が高いことなどから、危機に直面しています。しかし国立大学においてまず、質の高い教員養成を行い、かくあるべき教育的力量を形成し、先導的に示さないと、これからの日本の初等中等教育は危うくなります。「高等教育の危機は社会の危機」というのは、決して独りよがりの危機意識ではないと思います。

現在、高等教育政策は極めて問題が多く、とりわけ効率化係数は、大学の「体質改善」の役割を超えて、「無意味な生体解剖」になってしまっており、廃止が強く求められます。

教育振興基本計画と数値目標

新しい教育基本法（二〇〇八年）には、「教育振興基本計画」が織り込まれていまして、今回政府が初めて策定し、今後五年間の教育の政策目標を定めます。この問題をめぐって、ここに数値目標を入れたい文部科学省と、歳出削減を図りたい財務省とが対立し、今月はとりわけ、激しい批判合戦が行われています。

『教育再生懇談会』の座長を務め、『中教審』の大学分科会の分科会長でもある慶応大学塾長の安西裕一郎さんは、かねてから「教育関連の財政基盤強化のために、ＧＤＰに占める教育支出を三・五％から五％に引き上げる」ことを主張していましたが、五月二〇日、記者会見して改めて数値目標の明確化を求めました。

文部科学大臣の渡海紀三朗さんも、「数値目標を入れないと計画たりえない」と述べていますが、財務省は、「投入量だけを目的化すると、教育の改善が望めない。成果指標が不明確だと、評価も検証も不能」として、投入量ではなくて、成果目標にすべきだと反撃しています。

道路はもう十分。教育に投資を

財務省のブレーン団体である『財政審議会』では、国の財政を健全化するために、「国立大学の授業料を私立大並みにせよ。そうすれば五〇〇〇億円浮く」という見解を表明しました。こうして一兆二〇〇〇億円の国立大学予算を半減できるという提案です。

福田首相は、道路特定財源の一般財源化を行うことを表明しました。しかし一〇年間に六〇兆円の計画はそのままです。これ以上道路をつくる必要があるのか、という問いはあると思います。ＧＤＰに占める教育支出を「三・五％

から五％に引き上げる」となると、七兆円の金が必要となります。この辺をどう考えるのか。国民的議論にしていく必要があります。

文部科学省と財務省の対立も、そろそろ「撃ち方、止め！」で、六月に入ると二〇〇八年の骨太方針をめぐって、どう政治決着していくかということになるでしょう。しかし、日本の学力水準や教育研究水準を向上させ、国際的フロントランナーとして発信力を高めていくのに、大幅な資金投入は必須です。道路か教育か、日本の進路をめぐる二つの道の岐路に立っています。

8　戦後民主主義の成果と落とし穴

二つの自由

少し歴史的に振り返ってみますと、戦後六〇年が経ちました。星のめぐりが一巡したわけで、戦後というものを、今日いろいろ生起している諸問題に照らしつつ、総括して考える時を迎えています。

戦後民主主義の成果は、何といっても個人を解放したことでしょう。私たちは帝国臣民から日本国民へ、主権在君から主権在民になり、国の主人公になりました。男女は平等になり、職業選択の自由、思想信条の自由など、さまざまな自由が保証されるなかで、個性の尊重と発揮が最大の実現すべき価値となりました。大きく歴史は進んだと思います。しかし他面において、最近とみに顕著ですが、この民主主義が、〝自分さえよければ主義〟を生んでしまったことも事実です。

戦後民主主義を支える自由概念は「選択の自由」でしょう。しかし私は、先ほどもいいましたように、ヘーゲルのいう「必然性の洞察」という自由の方が、より本質的な自由だと思っています。

「自由とは何か」と学生に聞くと、束縛のないこと、好きに選べること、などの答えが返ってきます。みんな選択可能性を語ります。では「自由に英語が話せる」といった場合の「自由」とは何かと聞くと、明確な答えは返ってきません。

教室内の立ち歩きを指摘されて「それが私の子どもの個性ですから」と主張する親に象徴される自由の次元から、私たちはやはり、もう一歩抜け出る必要があると思います。

自由に英語が話せるためには、発音、文法など英語の法則を一心に学ばなければなりません。対象の必然的な在り方を身につければ、自由に英語が話せるようになります。自然の法則を発見し、それに即したからこそ、人類は自由に宇宙までロケットを飛ばせるようになりました。このように私たちは、自然の世界のみならず、社会や人間の世界にあっても、その法則性をコモンセンスとして身につけ、そのことによって、社会を発展させてきました。

たとえば、孟子は「仁・義・礼・智・信」といいます。二宮尊徳は「勤・倹・譲」といいます。ベンジャミン・フランクリンは『自伝』のなかで一三の徳をピューリタン的価値として語っています。これらは先人たちが社会の矛盾ときしみのなかから、苦闘の末に獲得した貴重な価値なのです。

「伝統と革新」といいますが、これら先人が発見した理りを、今日的観点からしっかり咀嚼し、体得し、私たちの日常を構成する大切な要素として活性化していくことが、現在、とりわけ求められているのではないでしょうか。こうした自覚的な自由の上に、人と人との間の新しい結びつき、連帯をつくっていくことが、喫緊の課題です。モダンの問題性が指摘され、ポストモダンの思想が語られますが、ポストモダンの思想は、プレモダンの思想を、今日の必要からあらためて捉え直し、生かし直すことなのではないかと考えています。

小市民性と自己中心主義

この問題は、戦後民主主義によって解放された私たちが、その実、国民にも市民にもなれず、小市民、私民にとどまっているところから由来している、と言い換えることもできます。

小市民性とは何か。その特性として、「自己絶対化」「パブリックな視野なし」「世間に流通している考え方を出ない」「偏狭」「陳腐」「創造性の欠如」などが挙げられます。しかし考えてみれば、どれも自分のなかに巣くっているもので、思い当たることばかりです。

批判的に指摘した私自身もその一人ということですが、しかしこの小市民的世界観から、小一プロブレムやクレーマーペアレンツ問題が生まれていることは、容易にわかります。一九世紀のロシア社会にもこの問題はあったのでしょうか、劇作家チェーホフは、「あらゆる観点からみて小市民は、大いなる害悪であり、流れの中の堰のように、常に停滞にのみ役立ってきた」と述べています。ですから、「よき市民とは何か」、その模索がヨーロッパでは「市民性の教育」を通じて行われようとしています。

小市民性の特徴は、自己中心性です。教育学者の諸富祥彦さんの本を読んでいましたら、「松田聖子世代から親の崩壊がはじまった」と指摘していました。

一九七〇年代は、まだ高度経済成長的な価値観が多く残り、「男は根性、女は忍耐」といったある抑制的な倫理観があり、根性ものがよく読まれ、『巨人の星』『赤いシリーズ』などが人気で、これを諸富さんは、山口百恵世代と呼び、「まじめでガンバリズム」の時代としています。

ところが一九八〇年代に、ライトで都会的な快楽的気分がひろがり、自分らしい生き方を追求する気質に変わり、松田聖子の出現によって、一挙にシンボル化したといいます。夢を次々にかなえていく彼女の生き方への憧れ、その世代が親になっても、「まず自分の自己実現」を考えてしまっている、という分析です。これは「自己解放」ではあるのですが、実は「自分勝手」を強く内包しています。公のものに合わせる感覚がゆるくて、学校や教師に合わせようというより、まずは「わが子」というわけです。

親から叱られたことがなく、傷つきやすく、内面はそれほど豊かでないのに、プライドだけ高い傾向が目につきます。「謝ってきなさい」―「私のプライドはどうなるのでしょう」。「これにチャレンジしてみたら」―「負け戦はしたくない」。こんな会話が時に大学で教員と学生の間に起こります。

普通の幸せな家庭に潜む闇

おとなしい子やいい子がなぜあんな事件を起こしたのか、という話がよくあります。礼儀正しく、聞き分けもよく、どこからみても理想的とみえる家庭から、意外に恐ろしい事件が起きたりします。

一〇年近く前になりますが、酒鬼薔薇事件といって、一四歳の少年が、二人の子どもを殺した事件がありました。

両親の『「少年A」この子を生んで』という本を読んだのですが、そこにはびっくりするほど何も変わったところのない、おだやかな家族の姿、一九七〇年代に始まった核家族の幸せな風景が展開していました。

最近、岩村暢子さんという方が『普通の家族がいちばん怖い』という本を書かれて、これはクリスマスと正月の食卓分析を通じて、現代の主婦たちの気質を分析したものです。顕著な傾向として、「好きなことをする」「無理をしない」「楽しければよい」という生き方です。押し付けを嫌い、だから子どもにも押し付けるのはよくないと考える。家族のためと考えてしているのだが、その実、自分としか出会っていない。まさに小市民の快適な幸せを演出した生き方ですが、しかしこの状態は、どうみても、最近のはやり言葉でいえば、「偽装」家族なのではないでしょうか。

最近よく思うのですが、普通の子が問題を起こした場合、カウンセラーなどが出てきて、内面的な問題をあれこれ解説しますが、内在的な問題よりも、その外の大きな枠組みが問題だと考えます。

一番大きな問題は、家族が大状況としっかり対峙していないことなのではないかと思います。お父さんやお母さんの仕事を通じて伝わる社会のこと、政治や経済のつながり、社会の矛盾や社会正義のこと、これらの話題は、小市民的家族からはほとんど出て来ないのではないでしょうか。生きて暮らしている人々の実相や社会の不条理、それにめげずに奮闘している人々の姿は登場しないのです。

私の経験ですが、夕飯の時に父と母が、近所の困った話、可笑しい話、感心な話などから始まって、政治の話にもなり、首相や大臣のエピソードなどを聞きながら、人間と社会を見る目が自然とできてきて、こんな行動や判断をするとまずいことになる、といったことを学んだ気がします。世間を具体的に知るということは大切です。やはりこうした社会へのまなざしを、もっと子どもたちと共有し、培うべきでしょう。

また家族は、大変なことも抱え込んで、一緒に一心に考えるところです。不条理を共有するのが家族といってもいいでしょう。矛盾や問題を見つめ、そこに本当のぶつかり合いがあれば、事柄の本質も見えてくるでしょうし、思慮深さも培われるでしょう。人間は翳の部分を深く自覚すればこそ、大きく成長するもので、そこに愛情さえしっかりあれば、まっとうな子どもが育っていくものだと思います。

日本の子どもたち

子どもの幸福度調査というのがあって、一五歳の子どもたちですが、「のけ者感」「気詰り・場違い感」「孤独感」を調べたものでした。先進国のなかで「のけ者感」は似たような数字でしたが、「気詰り・場違い感」「孤独感」は日本がダントツで、他の国の二倍ありました。

また、「激しい競争社会と感じているか」という質問に対して、日本は、韓国や中国と比べると半分以下、しかし「努力すれば報われる社会か」と聞くと、韓国と中国は日本の倍、イギリスとアメリカも日本の倍の子どもたちが「そうだ」と答えています。

この調査から、こぢんまりとした小市民的生活のなかに住み、息苦しさと孤独感を感じてはいるものの、しかしそこからは出ず、社会の激動や厳しさや面白さには目が向いていない、子どもたちの姿が浮かび上ります。

一九世紀から二〇世紀の世紀転換期のヨーロッパ市民社会は、その枠組みのもっている力を使い果たして、展望をなくしていました。その状況をドイツの作家トーマス・マンは、『魔の山』の最初の所で「時代が希望も見込みもなく、途方にくれている。一切の努力や活動の究極的で超個人的・絶対的な意味如何という問いに虚ろな沈黙を守っている」と述べています。それと相似た社会状況が私たちのところに今あって、何に向かって自分が生成していったらいいのかわからない、どう大人になっていったらいいのかわからないという状況があり、それが思春期の長期化になったり、ひきこもりになったり、自分を不要と思うリストラ型人間になったりするのだろうと思います。ですから、社会それ自体の枠組みの変革ということも、大きな課題なのです。

こうしたことに鈍感で、何の行動もせず、大人たちが自分中心主義の価値観に生き、自らに自己完結していれば、子どもたちが「自分たちのことをわかってくれない」と苛立ち、異変を起こすのは当然でしょう。そのマグマが、事件として暴発します。

やはり私たちはさまざまな人間を通じて社会と出会うこと、このことを通じて社会に参加し、社会の形成、歴史の形成に立ち会うことが肝心で、そのことを通じてよき市民になっていく、そういう多様なプロセスを、自覚的に作っていく必要があります。

9　持続可能な未来のための新しいコミュニティの形成

食育のもつ社会的な視界

ここでいくつか、新しい人と人とのつながりの形成の実例を紹介してみたいと思います。いずれも私の郷里の掛川で身近に経験したことです。まず食育のことですが、消費社会、情報化社会の進展のなかで、児童生徒の食生活や生活習慣が乱れて、「偏食」や「夜更かし」の問題がクローズアップされています。

食育を通じてこれをどう改善するか。町の学校給食センターと小学校・中学校が協力し、地元農家に呼びかけ、地場の食材による給食を提供することから、新しい活動が始まりました。

地元で取れる安全で信頼できる食材の供給によって、顔の見える生産者と消費者の関係が生まれました。そこの農家で作ったお米、あそこの農家でつくった野菜というように、子どもたちが地元の農家を知るようになり、新しい人と人とのつながりが生まれました。

また、栄養士を中心に食育指導が行われました。「偏食」や「孤食」が次第になくなり、「早寝・早起き・朝ごはん」の生活習慣も根付いてきました。このことによって、保健室に相談に来る児童生徒の数は激減したといいます。

学校、給食センター、地域住民のネットワークができて、保護者や住民が学校に自由に親しく来られるようになりました。このことによって学校も変わり、学校でシェフを招いた料理教室を開く、農家の仕事の話を聞く、商店主から流通の話を聞く、等々の活動もできるようになりました。

「食事は自分のためだけにするものではなく、しっかり料理をして、家族や仲間のためにするもの」という気風も生まれたといいます。「今日の食事は野菜が少ない、たんぱく質が少ない」、等々、子どもたちも親に意見をいうようになり、家庭の食生活も変わりました。

食が変わることによって、子どもたちが変わり、家庭が変わり、地域が変わります。この実践は、新しい教育コミュニティを創っていくプロセスの、一つの典型を示しています。

歌劇を通じた大学生・小中学生・住民の芸術受容のコミュニティ

これは、東京学芸大学の音楽専攻の学生によって、宮沢賢治の『セロ弾きのゴーシュ』の音楽劇を、地域で公演した経験の例です。三つの小学校合同で観劇する企画が立てられ、大きな成功を収めました。

『セロ弾きのゴーシュ』の公演（『さァ　弾くよ』）

児童生徒にとって、大学生による公演は大変大きな意味があります。なぜなら、お兄さん、お姉さんにあたる大学生の公演は、芸術的完成度の高さによる感動とともに、大きな親近感をもって観ることができるので、自分たちの努力への具体的な刺激が大きく、何年か後に自分もあのようになれるだろうかと想像しつつ見て、教育効果が絶大だからです。

また、学生たちにとっては、自分たちの芸術活動の何よりの評価と検証の場にもなりました。子どもたちの感想の分析を通じて、公演活動の意義を確認し、さらに作品受容の在り方の研究への意欲なども触発されました。指導した加藤富美子教授が、それを『さァ　弾くよ』というパンフレットにまとめたところ、全国から大きな反響があったといっておりました。

この企画は実行委員会によって行われました。そこには学校の先生、農協や役場や郵便局の職員、音楽に関心のある地域住民、年金生活の市民などが参画しました。一年後には、この実行委員会が、再度、東京学芸大学の学生に公演を依頼し、モーツァルトの歌劇『コシ・ファン・トゥッテ』をやるこ

初の学外公演 力強く

菊川で東京学芸大「おでん座」

本格オペラで観客魅了

東京学芸大の音楽科学生有志でつくる「おでん座」は十七日、オペラ「コシ・ファン・トゥッテ—女とはみんなこんなものさ—」を菊川市中央公民館で上演した。イタリア語の本格オペラに日本語と管弦楽団の演奏を重ね、力強く温かな歌声を菊川市民に届けた。

学外デビューを飾った総勢20人の学生オペラ＝菊川市中央公民館

掛川市出身で同大の鷲山恭彦学長をはじめ、地域の住民の支援で、初の学外公演が実現した。

モーツァルトが作曲するオペラは、男女の四角関係を描いた喜劇。身近なオペラを目指すおでん座は、物語の舞台を現代の高校に置き換えて演出した。イタリア語の歌に軽妙な日本語のせりふを交えてテンポ良く展開し、観客を引き込んだ。

フィナーレで地元の岳洋中の生徒から花束を受け取った山崎智代さん（一八）と小田聡子副代表（二〇）は「大成功」「お客さまの笑顔と優しいまなざしがうれしかった」と感激した様子だった。

『コシ・ファン・トゥッテ』の公演

（『中日新聞』2005年12月19日）

とになりました。

これは市民ホールで一般市民向けに公演されました。内容を現代的に翻案し、劇の部分は日本語で演じ、歌はイタリア語で歌いました。

「舞台に引き込まれた」「水準が高い」「学生がここまでやることに感銘」「おっかけになって支援したい」、そして中学生からは「イタリア語はぜんぜんわからなかったのに、内容が全部わかった」、等々の感想がよせられました。

これらの活動で特徴的なことは、実行委員会を通じて、地域に新しい風を呼び込もうとする活動家が生まれたことです。学生も交えた活動は、さらに、地域住民の芸術要求や、それに沿った作品・翻案・公演・受容の在り方をめぐる議論に発展し、新しい教育コミュニティの形成の萌芽を示すものとなりました。

掛川ひかりのオブジェ展・花の香楽会

「ひかりのオブジェ展」は、二〇〇〇年より掛川の「おかみさん会」が始めたもので、冬に掛川駅から掛川城までの通りを、ひかりのオブジェ作品で飾るものです。小学校から高校まで、そして市民も参加し、東京学芸大学も協力を求められて、美術科の先生と学生が参画しています。この縁で、夏には絵画工作教室の指導も学生がするようになりました。最近では、静岡大学や静岡文化芸術大学も参加するようになり、市民のイベントとして定着してきています。

「花の香楽会」は、明治期に消えた地元酒「花の香」の復活プロジェクトで、ネット社会の活用もあって、静岡県下から三〇〇人の会員が集まり、田植え、稲刈り、ぐい飲み作りなどを通して、親交を深めつつ、酒を復活させました。毎年、田植えから始め、今年で三年目です。実は昨日、一〇〇名の参加で田植えをやってきたところです。酒文化を知り、労働を体験するだけでなく、出会い・ふれあい・ホットなニュースといいますが、いろいろな仕事の人が集まり、情報交換や誘い合いの場になっており、こうしたつながりが地域を活性化させていくのは確実で、新しく里山再生のグループなどとの交流も始まっています。

新しい人との繋がりは、新しい学びと体験の場をつくります。とりわけ、こうした活動への学生の参加は、学生の教育にも最適です。具体的な体験から学ぶものは多く、リアルな問題意識や、問題解決の新しい力の育成などを通じて、大学教育を補完し、今求められている実践的指導力の育成に資すると同時に、地域を活性化し、新しい学びの共同体形成に寄与しています。

地域の新しい教育コミュニティの形成にあたっては、それまでの地域の枠組みを越えるものを学び、受容しなければなりません。外来者は、新しい文化を持ち込み、新しい実践への刺激を与えてくれます。民俗学者の柳田国男は、「漂泊者が新しい文化をもたらす」という言い方をしています。地域にとって大学の活用は、これからの新しい課題です。大学生は格好の「よき外来者」でしょう。こうした刺激が新しい変化を地域にもたらします。ベクトルの多彩な交錯は、新しい文化や生き方を確実に生み出します。

花の香楽会の稲刈り（「花の香通信」Vol. 2）

新しいパブリシティーの形成者としての活動家

以上、地域における活動をいくつか紹介しました。食育の新しい展開は、役場や学校や農家の自覚的な皆さんの想いと活動によって可能になりました。歌劇を通じて大学生と小学生や地域の皆さんとの出会いを設定したのは、農協や役場や郵便局や会社に勤めている皆さんでした。光のオブジェ展や花の香楽会を引っ張っているのは、商店街の皆さんや、生産と消費の新しい関係を通じて文化的交流を考えたい地域の皆さんでした。このように自分の関心に従って、今までとは違ったさまざまな活動が、展開し始めています。ここから新しい世界が広がっていく予感を多くの方がもっています。

「官」と「民」しかなく、「公」といえばそれは「官」でしかないという日本の社会の未成熟は、変革されなければなりません。それを揺り動かしていくのは、今までの話であきらかなように、活動家の存在です。他の人たちとつながっていこうとする志向は誰もがもっています。自分の関心でモーターを回しながら、お互いにうまくコーディネートしあうことで、私たちは大きく成長しなければなりません。それは官でもなく民でもない新しいパブリシティーの形成につながり、これこそこれからの成熟社会を動かすコミュニティのダイナモとなるものです。

10　教師に求められる在り方

「教師になるにあたっての心構えを教えて下さい」といわれることがあります。「〃先生のような人になりたい〃と憧れられることが一番のポイント。そのためにはあなた自身が憧れをもつこと」と答えています。あの先生のようになりたい、あの人のように生きたい、あのことをもっと知りたい、そう触発させるのが、教育の本質です。そのために先生にはいろいろな力量が求められますが、何よりも大事なことは、先生自身がしっかり信念をもち、憧れをもっていること。人は憧れに憧れるのです。

「山のあなたの空遠く、幸い住むと人の言う……」という憧れをうたったカール・ブッセの詩があります。探求の途上でたとえくず折れることがあっても、「山のあなたに、なお遠く」と憧れる、強靭さ、遥けさ、遠さの感覚。このロマンティシズムこそ、人を育てる基盤でしょう。さらに具体的に何点か、教師に求められる在り方について、ドイツの作家や思想家から探ってみました。

存在の豊かさ
―― viel haben ではなく、viel sein であれ ――（エーリッヒ・フロム）

まず「viel haben」ではなくて、「viel sein」であれというのは、これは哲学者エーリッヒ・フロムの言葉です。英語でいえば「much have」ではなく「much be」であれということですが、英語で「存在」を現す言葉は be で座りが悪いのですが、ドイツ語の「存在」を表す「Sein」（ザイン）は大変に重みのある言葉です。ハイデガーの有名な『存在と時間』は「Sein und Zeit」（ザイン　ウント　ツァイト）で、この「Sein」の語がよく利いています。財産や知識をたくさんもっているよりも、ザインすなわち存在そのものが豊かであることが大切だという意味です。

教師にはもちろんたくさんの知識が必要ですが、一番大切なのは、やはり人間としての存在の魅力でしょう。子どもたちの人間形成には決定的です。「存在感のある人になりたい」とよくいいますが、しかし存在が豊かであるということは大変難しいことです。いくら知識を得ても人格と結びつかない、情報化社会で知識や情報はたくさんあるのに、人間存在は却って薄く、ペラペラになっていっている、そうした事態が現在あります。

いかに自分の存在を豊かにしていくか。道はさまざまにあると思いますが、重要な問題提起です。

共感能力の深さ
――自分にとどまりつつ、他に無限に赴ける存在――（ヘーゲル）

子どもたちの気持ちのなかへさっと入っていけることは、教師の必須の条件です。ヘーゲルは人間の在り方を、即自存在→対自存在→即かつ対自存在と発展すると考えました。最高の境地である「即かつ対自存在」を私は、「自分にとどまりつつ、他に無限に赴ける存在」と言い換えてみました。

これは自己同一性を失うことなく、自分以外の立場にすっと立てるという自在さを現す境地で、「共感能力の深さ」を示しています。人の立場にも、物の様態にも、すっと入っていける力です。「先生ならわかってくれる」と子どもたちは直観的に見抜きます。このような態度が絶大な信頼の源泉となります。

どんな人にでもすっと懐に入っていけるためには、豊かな知識が必要です。高いコミュニケーション能力も求められます。心も深く豊かに耕されていなければなりません。この三つが肝腎です。修養などという言葉は現代ではもはやりませんが、こういう姿をめざして「身を修める」ということは大切だと、学生たちによくいいます。

共感能力の深さは、孤立化が進む今日のような現代社会のなかで、子どもたちに対する姿勢であるのみならず、私たち自らが新しい人と人との関係を豊かに作っていく際に、最も基本となる姿勢です。

本質直感するセンス、生きた言葉
――特殊的なものを感受すると、私は逆らいがたく即興詩に駆り立てられる――（ゲーテ）

ドイツ最大の作家といえばゲーテです。「特殊的なものを感受する」という創作に関わるゲーテの言葉は、ずっと気になっていました。事柄の本質を掴んで、そこから生まれた表現が人々の心に届き、しかも永遠の言葉になっていくメカニズムを語っている、と思ったからです。教師の言葉は、このように生きた言葉であることが求められます。

「特殊」とゲーテがいうとき、必然的にそこには「個別」と「普遍」の関係がふくまれています。その相互関係を考えてみますと、たとえば「科学的認識」は、普遍性を軸にして個別性と特殊性をそこに結集させて、真理を発見します。対して「芸術的認識」は、ゲーテに即して考えれば、特殊性を軸にして、そこに普遍的なものと個別的なものが結集するものだということになります。

確かに、詩のような高い水準といかなくても、私たちは日々、自分自身で感じたいわば特殊なことを、個別の事柄と関連させつつ、どう一般化するかという形で探りながら生きています。

私たちの日常的認識は、ゲーテ流にいうと、自分が特殊に感じたことを軸にして、個別を含みつつ、普遍化するところから生まれるもので、ゲーテのいう特殊性の感受は、そのダイナミズムを示唆した言葉といえます。

一般的なことを一般的に語っても、人は感動しません。個別的なことを個別的に語っても、訴える力は弱いでしょう。昔、友人と「プロパガンダ」と「アジテーション」の違いについて議論したことがありました。プロパガンダは一般的なことを一般的に語るだけです。スローガンを語るだけです。しかしアジテーションは心に訴えてきます。この違いのメカニズムはどこにあるのかと。

「創知協働」「富国有徳」という静岡県のスローガンを訴えるとき、それを一般的に語っても、あるいは個別的な例を話しても、なかなか人の心には届かないでしょう。しかしこのスローガンの内容について、自分の経験のなかから切実に感じたことを、つまり特殊個人的に感じたことを普遍化しつつ具体的に語れば、それは確実に訴える力をもちます。

自分の考えた切り口が、鮮やかであればあるほど、生きた言葉になり、説得力が増します。それはプロパガンダではなくアジテーションになって、心を打つ話になっていきます。つまりそこには、自然な形で、ゲーテのいう特殊性・個別性・普遍性のダイナミックな構造が組み入れられているのだと思います。

教師は、子どもたちの心に訴える話をしなければなりません。say でもなく、explain でもなく、inspire すること。そのためには自分のセンスを常に鍛え、特殊と感じたことを、心に届くように普遍化する——ゲーテの示唆には魅力的な語りの方法論が示されていると思います。

創造的であること
――受苦的人間は、情熱的な人間である――（マルクス）

体中傷だらけという意味の「満身創痍」の「創」は刀傷のことですが、それが新しいものをクリエイトする創造の「創」に使われているという「この深い意味を常に思ってほしい」と、卒業していく学生諸君にはよくいいます。古人は、切られた創《きず》が見事に癒えていく、この不思議な力を見て、「創」に反対の意味を内在させ、「創造」という言葉をつくりました。受けた傷は、必ずその反対物の肯定的価値を生み出す。マイナスは実はプラスなのです。

生きていく限り、辛いこと、深く傷つくこと、挫折は多々あります。しかし心のなかの深い力によって、これらの傷はたくさんの素晴らしい価値に転換させられます。深い失恋の体験からゲーテは、永遠の作品『若きヴェルテルの悩み』を生み出しました。地獄の体験をゲーテが珠玉の作品に転化させたように、人間は誰しもマイナスの体験を恨みつらみの次元を超えて、人間讃歌に昇華できるのです。苦難を克服した体験の多さが、人としての魅力を形成します。

子どもたちも多くの傷を受けています。教師はそれに最高度に敏感でなければなりません。いじめに気がつかなかったというのでは教師失格です。子どもたちの心の傷に敏感で、それに寄り添い、癒し、克服の助言をし、新しい価値の発見につなげる。これは、勉強よりも子どもたちを大きく成長させるでしょう。

同じことをマルクスは、「受苦的人間は、情熱的な人間である」という言い方で表現しています。ドイツ語で「Der leidendliche Mensch ist ein leidenschaftlicher Mensch」といって、悩み、苦悩の「Leiden」を掛け言葉的に使っています。英語の「パッション」という言葉にも、「受難」という意味と「情熱」という意味があります。

心の傷をトラウマとしてその次元に滞留させるのではなく、受苦を情熱に捉え返す人間の在り方にこそ、深く思いをこらさなくてはいけません。

実践的指導力
――人間愛の深さ、思索の深さ、これが実践力の強さになる――（下村湖人）

ドイツの思想家や作家からの発言ばかり取り上げましたが、日本人で締めくくります。下村湖人は、教育者であり、青年団運動の指導者で、教養小説『次郎物語』の作者でもあります。中学時代に私はこの小説を読んで感銘を受けました。同級生の幾人もが感銘を受け、その人たちの多くは静岡大学の教育学部に進んで、みんな立派な先生になりました。『次郎物語』は静岡県とも関係があって、清水の杉山報徳部落を次郎たちが訪問する場面があり、そこでの実践を讃えるところで小説は終わっています。

中教審の答申や教育委員会の文書を読んでいますと、たとえば実践的指導力として、「指導内容に関する知識・技能」「指導技術に関する知識・技能」「子ども理解のための知識・技能」、「この三つを総合する知識・技能」、それに加えて、「使命感・熱意・愛情・社会性」をもつことなどと書かれています。よく考えられ、工夫され、すべてが書かれているのですが、訴える力がなく、心にひっかかってきませんし、印象にも残りません。

下村湖人が、戦前、青年団運動を指導して活動した浴恩館は、東京学芸大学と同じ武蔵小金井にあります。そこを訪問したのをきっかけに湖人の本を読み返していましたら、「人間愛の深さ、思索の深さ、これが実践力の強さになる」という言葉に出会いました。はっとさせられました。

「人間愛の深さ」という表現は、今の私たちですと照れもあって、なかなか言わないのですが、大正リベラリズムの人格主義の色濃い時代に自己形成した下村湖人には、自然な言葉で、確かに実践的指導力の源泉です。それを「思索の深さ」で重層化し高めていく。そしてそれが「実践力の強さ」になる、この内在的なダイナミズムのもつ真理性がぴったり胸に収まりました。これほど実践的指導力の内実を的確に表現した言葉はないと思います。内に秘めつつ日々を律していく、最高の指針だと思います。

学生たちに日ごろ話していることを最後に申し上げました。ご静聴ありがとうございました。

（静岡県・県勢研究会講演、二〇〇八年五月二六日）

遠藤亮平静岡県教育長，著者，石川嘉延静岡県知事

第三章

環境教育のなかの自然・人間・社会

環境マインドを持った次世代リーダーの育成のために

（東京学芸大学×コカ・コーラ教育・環境財団公開シンポジウム、二〇〇八年八月二十四日）

はじめに

ご紹介いただきました鷲山です。今回、この札幌の地でコカ・コーラ教育・環境財団と東京学芸大学と共催で「環境マインドを持った次世代リーダーの育成」という公開シンポジウムを開くことができました。初めての試みで、大変うれしく思っております。

さらにうれしいことは、「特別講演」として倉本聰先生のお話が聞けることです。富良野を舞台にした『北の国から』は、かつて感銘深く拝見したことがありましたし、今年の一〇月からは『風のガーデン』が同じくフジテレビで始まると聞いております。先生は「富良野自然塾」も主催されております。今回はそのお話が聞けるのを楽しみにしております。

また後半のパネルディスカッションには、文部科学省からスポーツ青少年総括官の野家彰さんに来ていただきました。行政の取り組みをお話しして下さいます。コカ・コーラ教育・環境財団からは環境計画の専門家でおられる米村洋一さんが加わって下さり、活動の経験をお話しくださいます。学生の皆さんも参加し、司会は八木亜希子アナウンサーにお願いしてあります。このようなセッティングにご尽力下さった財団の皆さんに、心からお礼申し上げます。

1　生活内容の豊富さ

つないでいく力

「基調報告」をということですが、課題を網羅的にお話しするよりも、最近思っていることや、私の体験からいえることをコメント的にお話しするなかで、問題の所在が明らかになればと思います。

立場上、まず教員養成に関わって次世代リーダー育成の観点から申しますと、今年の四月より「教職大学院」がスタートしました。

教育学部の大学院は、これまで「教科」中心に構成されていましたが、今回の教職大学院は、子どもの生活指導、クラス運営、学校経営といった文字通り「教職」を深く研究する、しかも、アカデミックに研究するより、そこに基盤をおきつつもプロフェッショナルに研究する必要から、実践的な指導力に力点をおいた大学院です。

「スクールリーダー」の養成をうたっておりますが、これは、生徒と先生、先生相互、先生と教育委員会や、地域の人々とをつないで教育課題に的確に対応できる、媒介的な力に習熟した「中核的教員」を指しており、現在、最も求められている資質力量です。このことは形をかえて、「環境マインドを持った次世代リーダーの育成」にも関係してくる問題でしょう。求められているのは、単にアカデミックに学んだ専門の知識ではなく、実践に媒介され、進行する事態に対して総合的に、的確に絡み、介入していく知の在り方です。

このところずっと大きな問題だと思っていますことは、「教員採用試験は大変よい成績をとった。面接も的確に答え、印象も上々だった。しかしさて、教育現場に立ち、クラスを受け持ったら、そのクラスが学級崩壊に陥った」というような事態です。実は昨日、私は郷里の静岡県におりまして、教育委員会の方や高校校長をされた方と話をしていたのですが、大変優秀だといわれた新人教員がまだ三ヵ月も経たないのに何人かやめていった、という話を聞いたばかりです。

思い描いていたことと現実との落差が大きかった、ということでしょうか。児童生徒たちの心に入っていけなかった、ということでしょうか。問題や悩みを職場の先輩に相談しなかったのでしょうか。短期間のうちに深い挫折感を抱いてやめていくのは、どういうことなのだろうかと思います。

知識から知恵へ

こういう事例を見て思うことは、教育現場の厳しさということもあると思いますが、やはり現代の若者が頭でっかちで、自己意識が強いわりに脆弱な精神しかもっていないのではないか、ということです。根本的なところで昔と違った面がある。それはどこから来るのでしょうか。端的にいって、生活体験の乏しさなのだと私は思っています。

私は外国語の教員免許をもっていまして、英語もドイツ語も教えられますが、昔だと、「教育原理」と「教育心理」を取り、英語やドイツ語の「専門科目」を勉強すると、後はどれだけ面白く教えられるか、どれだけ生徒や学生の心をつかむかが問題でした。その辺のところは、生活体験が豊富であるということは、人の気持ちに通じているということでもあり、面白いエピソードにも事欠かないわけで、それを授業内容と結びつけ、英語や英米文学や英米事情な

どの知識を生徒の身の丈に合った形で咀嚼しつつ授業展開するという、その辺の勘所は、何となくわかっていたように思います。

ところが今は、知識はあるけれど、具体的局面で具体的に対応していく当意即妙の勘や知恵、まさに実践的指導力の基盤が極めて乏しいのではないでしょうか。私たちの世代だと、学んだことも無意識のうちに自分の生活体験と突き合わせていた、無意識にそういう学びをしていたように思います。しかし生活体験がないと、それがありません。知識中心主義ですから、現実に直面すると、それが上滑りする。実践的に媒介したり、つなげたりする力が決定的に弱くなっていると思います。

私も臨機応変の対応力や適応力がない方ですが、まだ私たちの世代は、適当にといっては語弊がありますが、それでもうまくこなす能力があったのは、この生活体験と関わっていると思います。

今日のように、個性化とか、自分らしさとかを称揚して、個別化の論理を推し進める社会だと、他者と出会わない人間、客観世界と出会って格闘しない人間、要するに自分としか出会っていない人間を大量生産します。

ぶちのめされたり、叩きなおされたりしながら、自然や人間や世間の凄さや面白さと対面しないまま自己形成すると、どうしても「自己チュウ」人間になってしまいます。個性というものは、自己中心と自己愛などから生まれるものでは決してありません。客観世界との大いなる格闘のドラマの結果として、生まれてくるものでしょう。しかし現代人はみんなそうしないで、薄っペラな「自分らしさの隘路」に落ち込んでしまっています。

農村での原体験

振り返って考えますと、私は農村に育ったものですから、随分いろいろな体験をしたのだと思います。ヤギも飼ったし、ウサギも飼っていました。家の手伝いで、麦踏み、お茶摘み、さつまいもの苗を挿し、ミカンの摘果、稲刈り、山に木を植えたり、枝打ちをしたり、あるいは、モグラ退治をしたり、鶏の卵を取りに来た青大将を捕まえたりと、日々生きるための労働と結びついた生活でした。それだけにいろいろなことを体験的に学んだと思います。

ニワトリを飼っていましたが、雌鳥だけでなく、雄鶏を一羽飼っていました。ですから卵は有精卵です。雌鳥が「鳥屋《とや》に就《つ》く」と、卵を抱かせます。二一日経つと雛がかえります。卵を一二〜三個抱かせるのですが、生まれてくる雛が雄だと卵を産みませんから、できたら全部雌鳥が生まれるといいと願うのですが、卵を見ただけではわかりません。丸い卵より長めの卵の方が雌らしい、いや逆かもしれないと、いろいろ考え悩んで選んで抱かせるのですが、どう選んでも、大体、雄と雌が半々なんですね。生まれたばかりの雛はわかりませんが、二〜三ヵ月たって雄の特徴が現れて、がっかりするわけです。しかし親鳥の後について庭を自由に闊歩する雛たちの様子は、本当にかわいらしい。まさに典型的な農村の風物詩のひとつでした。

こうした面白い経験もありましたが、田植えにしても、お茶摘みにしても、一日中やっているわけです。子どもはすぐあきます。子ども心に、「大人になるのは大変だなあ」「大人になって果たして一日中お茶摘みをやることができるだろうか」と、心配になったりしたものです。振り返ってみますと、そうしたなかで草や木や家畜や動物についての生きた知識を身につけ、生活を知り、生きる意味を考えたのだと思います。

現実との格闘

それはまさに、具体的な現実と対峙し格闘する毎日だったといえます。水道などというものはありませんで、夕食の前には台所に井戸から水を運ぶのが日課でした。倉本先生の『北の国から』のように、一キロも離れた川から運ぶ、ということはありませんでしたが、下げて運んだり、天秤棒で担いだり、工夫して運んだものです。

下水道などありませんから、便所の汲み取りも重要な仕事でした。汲み取ったそのままを野菜にかけると、強すぎて枯れてしまいます。肥え溜めに一度運んで、そこで十分腐らせる。それをかけると、素晴らしい野菜が取れるわけですが、いずれにしても下肥を運ばなければならない。妹と組んでかついで運んだり、一人で天秤棒をあやつって運ぶのですが、重いし、技術がいります。それこそやりそこなったら悲惨なことになりますから、必死です。

このように労働が中心の生活でした。労働などという言葉は最近流行らないですが、労働することを通じて人は真に学ぶのだと思います。労働は人間性形成の中心をなす重要カテゴリーだと思っています。

土を耕す——それは目的にそって対象を変革することです。土の性質や耕す目的によって鍬も違います。そして耕すことで筋肉が鍛えられる、畝をどう造るかなど考えて頭も鍛えられる。つまり耕すことで自分自身も変革されます。対象変革と自己変革。ここから知識にとどまらない知恵を学ぶわけです。

取っ組み合いの喧嘩などもよくあって、生身の痛さは知っている。ここまでしたら怪我をする、土の上ならいいが、コンクリートの出たところは危ない、等々、無意識に本能的に「限度」を学びます。

こうした経験の総体から「勘」が生まれ、「判断力」が育ちます。それが「危機管理能力」につながります。当然こうして体験的に得たことが、「応用力」の基礎になります。知識も無意識のうちに実践的思考とどこかで結びつき、知恵に転化させるメカニズムが働きます。

個人の危機管理能力は、「勘」であり、社会の危機管理能力は、「モラル」でしょう。個に閉じこもっていては、どちらも育ちません。

2　情報化社会の問題

「見るとはイメージを殺すこと」

現代社会は、このような具体的対象との格闘ということの対極にあります。しかも情報化社会と消費社会の進展は、知識と情報の疑似体験に拍車をかけます。

知識と情報だけ、とりわけ情報だけともなると、これはもう流れゆく水みたいなものですから、そこから必要なものを汲み上げて、いかに構成していくかだけが問題になり、客観的現実との関係はあやふやになるばかりです。知識から知恵へというプロセスが働かず、理屈ばかりで実践的にはひどく無力なものになる可能性があります。そういう力学が現在強く働いており、人間形成に大きな問いを投げかけているのではないでしょうか。この辺の問題をどう解いていくかが、大変重要だと思います。

知の身体性をどのように復権させるか。養老猛さんが都市と農村の参勤交代が必要だといったのは、こうした問題をも突いての発言だと思いますが、現状で考えれば、こうした身体性をとりもどすには、スポーツしかないのかなあと思ったりします。

客観的現実と意識のなかの現実との関係や、認識の仕方と人間形成をめぐっても、消費社会、情報化社会はさまざまな問題を生じさせています。虚と実の関係は、文学作品のリアリズムをめぐる論争があるように、大変興味深い問題をたくさん含んでいますが、ビジュアル文化やテレビゲームなどのバーチャル・リアリティの出現によって、客観的現実との関係が定かでなくなる問題が、生じています。仮想現実のゲームの世界に馴らされてしまうと、実際、リセットすれば人間は生き返るなどと思ってしまうといいます。

東ドイツの劇作家にハイナー・ミュラーという人がいました。「私はハムレットだった」と、近代の権化である「ハムレット」を過去形にすることによって現代を問う、極小劇『ハムレットマシーン』で西側世界にも衝撃デビューをした人ですが、気になることをいう人で、彼の発言のなかに「見るとはイメージを殺すこと」というのがありました。

違う、その逆だろう。見ることで、イメージは多様化され豊かになる、普通そう考えます。しかしよく考えてみると、ミュラーのいうとおりなのですね。見ることで確かに情報は増えるでしょう。しかし問題はその内実です。映像が直接にインプットされるだけなのです。それは思考や想像の回路は通りません。理性の回路を通りませんから、反芻され、思索されることはない。人間の本当のイメージ力、想像力は育たないし、大局観なども生まれてこない。見ることによって、思う力、想像する力を却って萎縮させているのです。

想像力を育む

倉本先生の書かれたものを拝見していましたら、視覚、聴覚、臭覚、味覚、触覚の五感のうちの、目をつぶって視覚をさえぎって、四感で生きてみることの大切さを指摘されておりました。今述べたことと同じ問題を指摘されているのではないかと思いました。富良野自然塾の「闇の教室」は、視覚をさえぎることによって想像する世界の奥深さを自覚させるものだということです。ビジュアル全盛の現代社会への大きな警告です。

「切れる人」というのは、かつては褒め言葉でした。物事の全体がよく見え、的確に判断できる人のことをそう呼びました。しかし今や、インプットとアウトプットの回路の切れた短絡人間、異常人の呼び名になっています。この変化は何を意味しているのでしょうか。目の前の視覚の印象段階で止まったままの人間が増えた、想像の回路や思考の回路が機能しなくなった、まさに切れた状態が生じているということです。テレビゲームばかりやっていると、精神活動を司る前頭葉機能を低下させ、認知症になるという指摘もあります。目をつぶって想像すること、思いをめぐらすことの大切さを、常に自覚していなければならない時代です。

人間の想像力は、「書く」「読む」「聞く」「見る」の順で明らかに低下していきます。想像力をどのように養うのか。環境問題は、目に見えません。目に見え出した時は、もう間に合いません。私たちは現在、あまりにも目の前の、当面の必要に身を任せ、縛られすぎて生きています。この現状を打破する、人間・自然・社会をめぐるリアルで壮大な想像力が、まさに今、求められています。

現代を特徴づけるこうした問題性を常に自覚化しておくことが、大切だと思います。

3 指導者の大切さ

栗山保司先生

今日の主題は、「次世代の環境リーダーの育成」です。やはりいい指導者、これが決定的だと思います。小学校や中学校の素晴らしい可能性に満ちた時代に、好奇心を触発し、知的関心を挑発する教育がいかに大事か、皆さんもそれぞれ経験をおもちだと思います。

小学校五年のときに、庭の大木に洞穴があって、フクロウがいるのを見つけて、先生にいうと「観察してみると面白いよ」といわれました。まず、先生がこういうか、いわないかが決定的でしょう。

栗山保司先生という方でしたが、職員会議の時に蝶が入ってくると、「ちょっと失礼」といって捕まえるような先生でした。先生にそういわれて、早速、フクロウの観察をはじめました。五月頃に一羽来て、そのうちにお嫁さんを見つけて二羽になり、一ヵ月くらいで雛が生まれるのですが、それが親のように「ホッホッ」と鳴かずに「ヒリヒリなります。

ヒリー」と鳴くんですね。これは発見でした。飛んでくる虫を上手に空中で捕って餌にします。九月ごろにはいなくなります。

先生にまたそのことを報告すると、「フクロウにも種類がある」といって鳥類図鑑を教えて下さいました。ド田舎の小学生ですから、図鑑なんてあることも知りませんでした。綺麗な図鑑をわくわくしながら調べたことを、ついこの間のように思い出します。すると、どうもフクロウではないらしいことがわかりました。「アオバズク」らしい、ボルネオ島やセレベス（スラウェシ）島からやってくる渡り鳥だ、という説明には驚きました。図鑑にはいろいろなことが載っていました。フクロウは、「ホッホッ」と鳴かずに「ゴロスケホホ」となくとか、「ブッポウソー」と鳴くのは仏法僧という鳥ではなくて、コノハズクだという話なども知りました。

結局、中学校になっても、夏休みの宿題というと、ひとつ覚えのようにアオバズクの観察をやりました。こうしたことがきっかけとなって、他にもいろいろな観察をするようになります。蝶に関心をもち、食草から卵を探して羽化まで観察したりしました。

豆博士へ

私の村を囲んでいる山の向こうに「鷺山がある」というので、探検に出かけたことがありました。辿り着くと全山がシラサギで真っ白なんですね、何千羽と営巣している。胸をおどらせて山の中に入っていくと、糞でくさいし、驚いて逃げるときゲロしていくものですから、ピシャと顔にかかったりする。カエルやヘビの死骸が枝に引っかかっていたりして大変なのですが、どの木にも巣があります。胸をドキドキさせながらよじ登って中を見ると、淡青色の卵が幾つもある。雛鳥や幼鳥もいて、捕まえようとすると逃げるものですから、下に降りて、木を揺って落として捕まえるんですね。シラサギとゴイサギを五～六羽、風呂敷につつんで持って帰ったのですが、帰りの山道はうれしくて足がガクガク震えた覚えがあります。飼い始めると生餌が必要で、毎日川に魚とりで大変でしたが。

一緒に行った青野恒君という親友も捕まえたシラサギを飼っていたのですが、それを知った理科の先生が彼に観察記録を書くようにすすめ、それで彼は郡の研究発表会に出場しました。先生が子どもたちの関心をどのように上手にフォローするか、ここが一番の問題です。子どもの認識水準を察知して、それを一歩引き上げるコメントをする。アプローチの仕方を教える。あるいはそれに関する本を紹介する。こういう関心のもたせ方をすると、子どもは知的好奇心が旺盛ですから、いろいろ調べてそのことに関してたちまち「豆博士」になるんですね。そうなるだけの力を子どもたちはみんなもっています。こうした体験は、人生の基礎を形成していく最も重要な滋養源です。

人は大人になって小学生と語るとき、自分の小学生時代の経験でしか語りませんし、中学生と語るときもそうでしょう。椎の実を拾って炒って食べたことのない人は、椎の実のあの黒いつやつやした魅力や味について語ることは一生ないでしょう。体験は大切です。小学校や中学校で授業を頼まれたとして、私は鳥や蝶の話はできても、星の観察をしたことがないので、天文の話は生き生きとは話せません。夢中で話す、そのためには豊かな体験と知的探求がなければなりません。その魅力が、子どもたちの魂を打つのです。子どもは本物か嘘かを鋭く見抜きますから。

そういう触発の仕方、豆博士をつくるそういう導き方が大切で、そういうセンスと知識をもった教員をいかに養成していくのかが課題です。体験と追体験教育を体系的に行って、それぞれが心のアルバムを多く深くし、それを理論的に高め、活用していく力の育成です。

生命尊重と昆虫採集

最近は昆虫採集はやらないのでしょうか。カエルや魚の解剖実験などはどうなのでしょう。昆虫採集は是か非かという話があるようですが、生命尊重という以前に、子どもたちの好奇心をどう満足させるかが基本ではないかと思います。それを経ないと、本当の学びにはならないと思います。

蝶や昆虫にホルマリンを注射したら死んでいくのが面白い、という段階だって子どもにはあるのです。人間はそうした好奇心と残虐な面をもっていて、それが満たされて初めて、次の段階に成長するのだと思います。

私は魚とりが好きで、川でハヤやフナをとっては食べたのですが、小学校三年の頃だったと思いますが、はらわたを取るのに魚の腹を割く、自分がおなかを割かれたら痛いだろうなあと思ってからは、魚を食べたいという気持ちが失せてきて、もっぱら魚を飼うことに関心が移ったことがありました。子どもは好奇心があったり残忍なことを平気でしたりするのですが、ある時からやらなくなる。残忍だと気づくのですね。体験をつうじてそういう気づきと成長をすることが大切だと思います。

飼っていたニワトリを料理して食べるときに、首をちょん切って血抜きをするのですが、暴れて逃げて、首を切られたまま、ニワトリは一〇メートルぐらい駆けるんですね。ああ生きたかったんだろうなあ、と思う。

あるいは、「キィー、キィー」という凄まじい悲鳴が聞こえる。子どもたちはそれが何か知っているんですね。「おい、豚のキンタマを抜いているぞ。それ、見に行け」とみんなその方向に駆けて行く。あの頃の農家は二～三頭の豚を飼っている家が結構あったのですが、肉をやわらかくするために、雄豚にそういう去勢の処置をするのです。取り押さえて切り取って赤チンかけて終わりという荒療治なのですが、怖いもの見たさで見に行った後、こちらまで大事なものをとられたような気になって足をひきずって帰ってくる道すがら、いろんなことを考えます。痛い思いをさせられた挙句、食べるために殺される豚の運命をしみじみ考えたりするわけです。残忍な心も消えてしまいます。そうしたプロセスを経て、人間は陶冶され、成長していくのだと思います。

鳥を捕まえた、魚を捕まえた、今だと、可哀想だからすぐ放してあげましょうとなる。優しくて結構なのですけれども、やっぱり自分で飼ってみて、だけど上手くいかなくて、死なせてしまった、そこであれこれ想う、こうしたことがすごく大切です。そうした経験はずっと残ります。

そうした経験をもたないと、死に対するイメージの形成も貧困になります。触っちゃいけませんよ、汚い、危ないっていわれてしまうと、本当の体験はできません。だからそれをテレビゲームのなかに求めるしかなくなる。ゲームのなかでの体験は、本当の人間感覚にはなりません。ですから人を簡単に殺したりする。残忍な心が小さい時にカタルシスされないまま強く残っているからかもしれません。

自分の食べているものは、生命を殺すことで成り立っている。ですからご飯の前には「いただきます」と粛然と感謝の念を現す。これは自然なこととして身につきます。「給食費を払っているのだから、〝いただきます〟という必要はない」などと、今の市場原理社会に頭を直撃されて、道を踏み外したことをいう愚かな保護者がいるといいます。人間の営みの根本を見誤っています。そうした人たちは、命が食べ物となるまでのプロセスを想像できず、お金の流れしか頭にないのでしょう。

「ことわり」を教える

「そういうもんだよ」と、「ことわり」を教える、「もんだ」を教える人が今は少なくなりました。本当の意味での教養小説、自己形成ロマンがなくなっていると思います。倉本先生の『北の国から』は、自然と社会の掟のなかでの自己形成物語で、そのリアルな厳しさが大変大きな魅力となっています。

馬の本能的探知力によって雪にうずもれた車が救い出されます。あるいは大滝秀二の扮する老人がいろいろ経験を語ります。そこから人生や生死に関わるいろいろな「もんだ」が教えられます。生と生活の全体とまともに向き合う経験のないところでは、人間は思慮深くも、ふところ深くもならず、未成熟なままです。

昆虫採集がダメという以前に、いくらでも昆虫採集できる環境をふやしていくことです。魚やカエルの解剖もしっかりやって、いろいろ体験させることです。そのためには、先生の方も知識と経験と技量が求められます。そうした教育をするためには備品や設備も必要で、そのための財政的基礎も求められます。教員養成学部における生物教育とは何かということも問われるでしょう。

先生になる学生には、動物や昆虫や植物と人間の関係、人間が植物を育て動物を飼うことの意味、といった基本から始まって、飼い方や愛情と交流の体験など、大学でしっかり教え経験させせないと、学ぶ機会がないまま先生になって、校内に飼われているウサギやニワトリなどの世話もできない、ということになりかねません。何の経験もなければどうしていいかわからないわけで、そうした教育をどうしていくかも、課題です。

4　大自然と作家・思想家たち

自然観察へのいざない

大自然をあつかった記録やドキュメント、文学作品などに少年少女時代に出会うということは大切です。『シートン動物記』や『ファーブル昆虫記』がよく挙げられますが、私の場合、子どものころは外国のものは何かベールがかかったような気がして、すっとは入れませんでした。もっぱら石沢慈鳥の鳥の本、加藤正世の昆虫の本、古川晴男の図鑑などに親しみました。

とりわけ中西悟堂の『野鳥の生態と観察』と横山光夫の『原色日本蝶類図鑑』はバイブルでした。鳥への関心をいや増しにさせてくれましたし、自分の村で採れる蝶など知れていますから、「ナガサキアゲハの命名者はシーボルトで、産卵に訪れる柑橘類の周辺を静かに舞っている姿は、悠々として南国の夢のようである」などという横山解説に、まだ出会ったことのない蝶への夢をふくらませたものです。こうした本を通じて「憧れ」という心性も育まれたように思います。温暖化の影響でナガサキアゲハが北上し、「岡山で採れた」などという報道には、今でも心がときめきます。

中西悟堂『野鳥の生態と観察』（ポプラ社，1956年）

春夏秋冬の自分の田舎のよさは知ってはいるのですが、高校時代にヘルマン・ヘッセのものを読んで、自然の美しい描写に感激しました。

『車輪の下』は、もちろん物語として面白かったのですが、自然描写がとりわけ印象に残りました。受験勉強から解放されたハンスが「夏休みはこうでなければならない。山々の上にはリンドウのように青い空が広がり……」と、草原、干草の匂い、川の青さ、岸辺の野の草や花や昆虫たち、釣りの楽しさなど、私が感ずる以上に鋭敏に深く感じて描き上げているヘッセの世界に感嘆したものでした。

『郷愁』という作品では、ペーター少年や土地の人たちの自然との行き交いが描かれています。「いつも冬の終わりには、南風が低いうなり声を立ててやってきた」と春の訪れを告げる「南風」を、人々が予感し、恐れ、期待し、そしてこの南風と共に、大自然が生命力あふれる春へと大きく変身していく、素晴らしい描写があります。あるいは「広い世界に、私より雲を多く知り、私以上に雲を愛する人がいたら、会いたいものだ」と語って、雲を、戯れ、慰め、祝福、怒り、悲しみ、さすらい、探求などを象徴するものとして、愛着をこめて描いています。このようにみごとに雲を描いた文学作品は、他にないのではないでしょうか。こうした出会いは、自分の世界を広く深くしてくれますし、自然認識を豊かにしてくれます。

南方熊楠、レーチェル・カーソン、今月亡くなった福岡正信などの自然思想家を知ったのは、ずっと後になってからでした。

福岡さんの『わら一本の革命』で不耕起・無肥料・無除草・無農薬の農業を知りますが、私の父は農業改良普及員をしていて、機械も農薬も化学肥料も合理的に使う指導をしていましたので、そういう影響は自然と受けるもので、私は福岡さんのように徹底はできないなあと思いました。ただそのように作られた自分の枠組みを、いろいろな考え方に出会って客観化してみることは、新しい可能性を生む契機となるもので大変大切です。

天・地・人の徳

今になって振り返って、新しい発見がいろいろあります。たとえば、私の郷里の静岡県の掛川地方は、二宮尊徳の実践思想である報徳思想が脈々としてあるところで、父も祖父もその信奉者でした。しかしどうも生真面目な説教くささに違和感があって私自身はずっと距離をおいていたのですが、最近勉強してみて、今の時代にまさに必要な考え方だと思いました。

たとえば、「天と地と人にはそれぞれ徳がある」「その徳を引き出し、応えあうのが人の道」とあります。「田を深くよく耕して養えば、祈らずとても米は実のらん」と、自然の徳をいかに引き出すのか、そしてそれをいかに生かし合いつつ生きるかが大切だと説かれると、天と地を征服と利用の対象にしてきた近代発想とはまさに対蹠的で、田を耕すことは人の心を耕すことにも通じて、天・地・人が見事に融合した新鮮かつインパクトのある思想と思い至ります。

また、「勤労」「倹約」「推譲」を説いています。勤勉の大切さはいうまでもないことですが、倹約はケチではなく異変に備えるものだ、そして推譲とは、限度を大切にし、そこから生まれた余剰を社会に譲ることで、「親戚にも朋友にも譲らずばあるべからず、村里にも譲らずばあるべからず、国家に譲らずばあるべからず」として、社会的行為として推譲を位置付けています。

ここには、勤労すること、生産することを軸に、自然と人間と社会の関係を明らかにした日常性の哲学があります。そのなかでプライベートとパブリックの関係、共生の関係がしっかり位置付けられていますし、「仕法」という村の建て直しの方法論もあります。今日の成長至上主義、消費生活主義、個人中心主義とは別の生き方が提示されています。いま最も必要とされている観点が、たくさん提示されていると思いました。

実は北海道にも報徳社の運動があったのですね。石狩平野に最初の鍬を入れたのは尊徳の晩年の弟子の大友亀太郎です。十勝平野も盛んで、尊徳の孫・二宮尊親の豊頃開拓、依田勉三の晩成社開拓、関寛斉の陸別開拓があったと聞いていています。昭和に入って黒沢酉三、小林恭一、安藤隆俊という三人の報徳実践家は、それぞれ、雪印乳業を創立し、農協を組織し、漁協を発展させたといいます。自然の力と人間の力を組み合わせ、しっかり社会に貢献していく循環型の発想で業を起こした、といえましょう。

今日の問題を構造的に分析すること、その課題を歴史的にたどって分析すること、それらを基盤に未来を構想していくこと、こうした姿勢が大切です。そのためには、文学者や思想家や実践家の残したものをしっかり学び、反芻し、多くの知恵を吸収して、今日の課題と対決することが大切でしょう。自然に対する態度も、社会の在り方も、二一世紀にふさわしい転換が求められているだけに、過去の文学的・思想的・実践的な遺産を豊かに捉え返せば捉え返す分だけ、未来は豊かに広がっていくのだと思います。

5　里山の思想

動的均衡

東京学芸大学のキャンパスには、先輩たちが植えた木・桜や欅《ケヤキ》や松の並木などがあってなかなか壮観なのですが、六〇年前に植えたままなので、鬱蒼として暗く、木漏れ日も差さないようになっていて、植物も多様に育ってはいません。

そこで、「学芸の森プロジェクト」というのをつくって、教員職員学生の有志で活動を始めました。消えた柳の並木を復活させよう、楮《コウゾ》・三椏《ミツマタ》・雁皮《ガンピ》などの紙の原料となる木を植えておこう、ウマノスズクサ・ギジョラン・ミカンなど、せめて関東地方に住む蝶の食草は全部あるようにしよう、等々、教育的にも、研究的にも充実したキャンパスにしていくように活動しています。

樹木も伐採の必要があります。しかし他方で、自然のままがいい、少しでも木を切るのは反対、CO_2削減がそれだけできなくなる、木にも先住権がある、等々といった主張があります。私のような農家育ちですと、木を切ったり、草をとったり、山の下刈りをしたり、という循環の考え方を自然にするのですが、都会育ちの環境原理主義とは、その点で対立してしまいます。

それはしかし、結局は自由放任主義であり、弱肉強食の世界を放置することなのだと思います。大きな木だけがはびこります。あるがままを是とする環境絶対主義は、アメリカとロシアと中国だけが幅をきかせる帝国主義的政策を鼓吹することと同じなのだぞ、などと大袈裟に議論したことがあります。原生林の保護ならわかりますが、限られた面積で、教育的・学術的意義を与えるためには、どうしてもある意識性が必要です。

そこで中心になる考え方は、里山の思想だろうと思います。ただの自然保護ではない、「動的な均衡」という考え方です。

櫟《クヌギ》や楢《ナラ》は二〇年くらい経つと、手ごろな大きさになり、切って、薪にしたり、炭にしたり、しいたけ木にしたりします。その跡は草地になり、小さい木が育ってきます。野の草花が四季折々に顔を出します。片栗《カタクリ》の花にギフチョウが飛来し、灌木林にはカブトムシやゴマダラチョウが樹液を吸いにきます。木陰や日陰ができて鳥が巣を作り、木が次第に大きくなって、そして二〇年経ってまた切って…。これは人間と自然の英知に満ちた共存の在り方です。

小金井の桜

玉川上水の土手の近くに昔、下宿していたことがありました。最近、その近くに出掛けることがあったのですが、自生して小さかった榎《エノキ》やケヤキが三〇年も経つと大きくなって群生していました。これが武蔵野の自然だという考え方もあるでしょうが、根っこが水路を崩しそうな勢いになっています。

小金井は昔から桜で知られたところです。名奉行で知られる大岡越前守の提案で植えられたといわれていますが、一五年前は八〇〇本あったのが今は六〇〇本に減り、毎年一〇本ほどは枯れているといいます。ケヤキはやめて桜並木にした方がいいと思うのですが、環境原理主義からいえば、絶対まかりならんということのようで、ずっとそのままになっているようです。それでいいのかと思います。

山の下刈りをしたり、春夏秋冬、種まきをしたり、育てたり、といった経験は大切で、本で学んだり、原理的に考えることも大切ですが、体験的に知ったことを基礎におかないと、良い方針にもならないし、良い実践にもなりません。知識や理論は学ぼうとすればいくらでも学べますが、具体的状況を具体的に分析するしなやかな知となるためには、体験が不可欠です。

知識よりもセンスを——この辺のところは難しい課題です。「学芸の森プロジェクト」に来る学生諸君は、環境への思いはあるのですが、何をどうしていいのか、具体的にはまったくわからない。学びつつ実践しつつやっていくのですが、「環境マインドをもった」と一口にいっても、理論知とともに実践知をどう習得していくか、これからの大きな課題です。

歌川広重「江戸近郊八景之内　小金井橋夕照」

6　東京学芸大学と環境教育

多摩バイオリージョンの活動など

東京学芸大学の研究活動を少し紹介しておきます。本学には「環境教育専攻」があります。環境教育実践施設と農場をもっていまして、この施設の先生方を中心に、地理学、生物学、経済学の先生方と力を合わせてこの専攻を担っております。

また、教養と専門をつなぐ教育として「プロジェクト学習科目」があり、いろいろなテーマで先生方が組んで学生の関心に応えていくものですが、環境問題プロジェクトもあって、二年前にその教育プログラムが文部科学省「現代的教育ニーズ取組支援プログラム」（現代GP）に選ばれ、「持続可能な社会づくりのための環境学習活動――多摩川バイオリージョンにおけるエコ・ミュージアムの展開」に、現在取り組んでいます。

「生活科教育専攻」には、環境教育学会の会長をされ「環境教育の母」といわれている小沢紀美子先生が三月までおられまして、ご奮闘いただきました。名誉教授として、今日この会場にも来ておられます。

国際的には、ユネスコによる「アジア太平洋地域教育開発計画セミナー」（APEID）を毎年、本学において開催しております。中国、韓国、台湾、フィジー、オーストラリア、タイ、インド、バングラディシュ、ウガンダなどが参加して、環境教育における現職教員の継続教育などの課題で意見交換を行い、環境教育プログラムをデザインしています。

また「グローブ」の活動にも参画しています。これは一九九四年にアメリカのゴア副大統領の提案で始まったもので、「環境のための地球学習観測プログラム」（GLOBE）のことですが、児童生徒が、身近な自然環境を調べ、世界各地からのデータを集め、科学者の分析に役立てる活動です。児童生徒自身も科学者となって、自分たちの環境を調べ、新しい発見をなし、環境改善に寄与するという活動で、一〇九ヵ国が参加しています。子どもたちの国内での研究発表、国際大会への出席、指導する先生方の経験交流など、多彩な活動をグローバルかつローカルに展開しています。

このように、それぞれ貴重な研究と実践を展開しているのですが、多摩川に焦点を当てた、今お話しした現代ＧＰ「持続可能な社会づくりのための環境学習活動——多摩川バイオリージョンにおけるエコ・ミュージアムの展開」も、この二年間の活動で、多様な広がりを示しています。「プロジェクト学習科目」と組み合わせた調査研究の成果の発表会を聞いたのですが、「高齢者・障害児・障害者と地域」「植物と人々の博物館づくり」「町のモザイク——住む・学ぶ・生きる」「地域における今時の子供」「地域探索と環境教育プログラムの作成」「多摩川流域の自然史」等々、多摩川をめぐって、実に多彩なテーマで問題を掘り起こし、解決方法やそのための連携を考えています。

こうした連携のなかから、多摩川源流の山梨県小菅村と大学が協定を結び、

キャンパスの自然のなかで遊ぶ子どもたち

ここでの体験を通じた学校教育の人材育成が考えられ、さらに進んで、地域文化産業の育成、生涯学習のあり方、植物を軸にしたエコミュージアムづくりが検討され、そこから雑穀の栽培と製品の開発、洋菓子・和菓子・ビール造り、あるいは他の大学と協力した多摩川源流大学づくり、等々の構想まで生まれています。

環境問題における等身大の実践性

最初に、既設の大学院と比べた教職大学院の実践性についてお話ししました。教科を研究するというより、教職を研究する、しかも座学ではなく、教育現場との強い連携のもとで実践的に研究することが目指される、と申しました。実践性と総合的知の探求と研鑽です。

私の世代ですと、大学に入るとまず、教養科目として人文科学・社会科学・自然科学の各分野を学び、その上に枝分かれした専門を学ぶ、しかも知識としての学問を学びました。しかし、今日ではこうした個別の学問では現実の課題は解明しきれません。とりわけ環境問題はそうです。複合的であり、境界領域的であり、総合的で、しかも課題解決のための実践性がポイントとなっています。

先ほどから情報化社会、消費社会の問題点をいくつか挙げましたが、そこで問題とされた、知識だけ、情報だけ、バーチャルな世界だけ、利用するだけ、等々といった事柄は、環境問題を考え、実際に取り組んでいけば、その多くは解消されていきます。環境問題の実践性と等身大性がそれを可能にするからです。

こうして、現代社会のなかでこうむった人間発達の歪みも、環境問題の取り組みを通じて、実践的に本来の在り方を取り戻し、人間の全体性回復に寄与していくと考えています。

新しく文部科学大臣になった鈴木恒夫さんにお会いしましたら、「環境を授業科目としてしっかり位置づけたい」といっておられました。ジャーナリズムのご出身で、かねがねその見識は存じ上げていたのですが、今期限りで引退されるとのことで、是非それを実らせていただきたいと思いました。

ＰＩＳＡ型学力は、日本でいう学力とは違って生活活用型だといわれます。環境を軸にしますと、知識中心主義の今日の学校教育に対して、生活活用型というか、学力における身体性の回復というか、こうした実践性が担保されますし、環境問題は人類の命運に関わるわけですから、学び自体が社会的になり、私的にとどまらないパブリックな性格を帯び、こうした自覚は、これからどのような分野であれ、学んだり、研究したりする姿勢にも、生産的な示唆を与えるものだと思います。

学芸の森プロジェクト

教育の場で実際にどうするのか。これまでの事例からもわかるように、環境に関する「凝縮したフィールド」を設定し、そこで学び実践し研究する体制をまずつくることでしょう。

東京学芸大学では「学芸の森プロジェクト」として教員、職員、学生、地域の人たちの活動があることは、先ほど申しました。

春の七草、秋の七草はそろってあるようにする、木々には名札をつける、万葉集に出てくる木にはそこに和歌をそえる、菜の花・秋桜《コスモス》・向日葵《ヒマワリ》・蓮華《レンゲ》など季節を象徴する花は群落にする、実のなる木、香りのする木を植える、等々の活動を徐々にやっています。

間伐材をテーブルとイスに

間伐材のチップ化

こうした活動のなかから、大学内に水車を寄付して下さる方が現れて、空き地に水車を設置し、小川を作り、池を作ることにまで発展し、そこが現在、近隣の子どもたちの絶好の遊び場になっています。まさに凝縮されたフィールドが動き始めています。

附属幼稚園では、ここ数年「心が動く、体が動く」というテーマで、小学校や大学や地域との連携のなかで、子どもたちの心身の発達を実践研究していますが、学内環境の活用が決定的な位置を占め、小さい田を耕し、稲を植え、収穫し、餅つきもする、その後はレンゲ畑にする、どんぐりや椎の実拾いをし、落ち葉で押し花をつくる、干し柿を作る、等々の活動を通じて、連携の在り方、子どもの表現活動の在り方、科学的認識や美意識の育成の課題に取り組んでいます。

附属小学校では、生活科の時間や、総合学習の時間で、作った池に住み始めたヤゴ、ミズスマシなどの生態調べなど、キャンパス内の自然を活用して体験重視の授業を展開しています。

本学に自然に詳しい先生方がおられることは大変な強みです。キャンパス内の池の上の木の枝に産み付けられたモリアオガエルの卵、温暖化で奄美大島に多いアカボシゴマダラが学内のクヌギで樹液を吸っているところなど、最新の自然の変化を敏感にお知らせ下さり、それだけにインパクトの強い、生きた勉強になります。

大学生たちも、生物学専攻の学生たちが植物、昆虫、芋虫、モグラなど学内自然を活用した研究をしていますし、学園祭の際のゴミ処理や割り箸プロジェクトの活動、放置自転車の活用など、いろいろな広がりを見せています。

池では鴨が子育てをするようになり、シラサギやカワセミもやってくるようになったのですが、増えたカラスによって追われたり、カラスによって自然の多様性が潰されていて、これへの対策はお手上げなのですが、学内に捨てられて住み着いた猫の方は、職員のグループが避妊させ、無分別に餌を与えないような最低限の世話をするシステムをつくっています。

探鳥会、桜をめでる会、紅葉をめでる会といった行事を地域の方たちにも呼びかけて行っていますし、木の枝は砕いてチップにして学内に撒いて小道にしたり、落葉は堆肥に、伐採した檜《ヒノキ》は椅子やテーブルに、公孫樹《イチョウ》はまな板にといった活動も始まりました。

有志の教職員、執行部、施設課などいろいろなところが担っていますが、一番活動してもらいたい学生諸君は、環境問題への関心や活動したい気持ちはあっても、具体的に草花や樹木、昆虫や鳥への知識がないと、なかなか主体的な行動にはなりません。園芸クラブ、生物クラブといった活動と連携できればいいのですが、それがないので、どう育成していくかが重要な課題です。

7　次世代リーダーの育成

凝縮されたフィールド

今月はじめ、掛川「花鳥園」を訪問しました。加茂元照さんという本学の客員教授もお願いしている方が経営しているものです。たんに見るだけでなく、子どもたちが実際に鳥たちと遊べるようにと、花と鳥と人間の関係を新しく作り上げた極めて独創的なテーマパークです。

ここには、新しい形の自然と人間の関係の構築があります。学生諸君がここで働けば、鳥や花の世話の仕方から、見学者の応対まで、まさに「凝縮されたフィールド」としていろいろなことが学べます。私たちの世代だと、ニワトリやウサギの世話は自然にできますが、最近の学生はそんな経験もありません。学校に勤めても、動物の世話の仕方もわからないのでは困ります。理論的に学ぶという座学は絶対に必要ですが、環境マインドをもった学生の育成のポイントは、やはりこのように植物や鳥の生態を観察し、実際に世話をすることでしょう。単に見学しただけでは意味がありません。こういう所と大学がどう連携していくかは、大変面白い重要な課題でもあります。

あるいは私の村で、昔あった「花の香」という酒を復活させようと、「花の香プロジェクト」というのが始まりました。会社や農協や郵便局に勤めている人たちが核となって、田植えからはじめたのですが、会員は三〇〇人も集まり、田植えや稲刈りにはいつも一〇〇人くらい集まります。登り窯をもっている会員がいて、ぐい飲み茶碗をみんなで作ったり、仕事の後の食事のバーベキュー用の炭を焼こうと炭焼き小屋を作ったり、里山再生のグループとの交流も生まれて多彩な活動に広がっています。

本学の学生や卒業生もたくさん参加しています。音楽科の学生などは、田植えや稲刈りの時に田んぼで季節の歌を歌い、交流会では中学生のグループがよさこいサンバをやる、というように、共同作業のなかで自分のパートを位置づけ、自然体験、農作業体験のみならず、活動のなかに芸術的要素も取り込んでいます。また催しを切り回すマネジメントも、さまざまな食材の準備から料理まで、自主的な活動のなかから自然に学んでいきます。

いもこじ

体験的に学びながら、自分の今までに植えつけられた思考パターンや生活スタイルをほぐしていくことが、必要なのです。昔は、皆が集まっては徹底的に議論し合うことを「いもこじ」といったそうです。芋がお互いにこじりあうように、それぞれが意見を言って武骨に議論し合うのです。こうした合宿、あるいは塾的生活というのが今求められているのではないでしょうか。徹底して話し合うことによって、大きな自己変革の契機が与えられます。またさまざまな職種の人の経験談や、土地の人の話などは、生活に根ざしたふくよかな認識に満ちています。

私が小学校の時に観察したアオバズクは、昔は「蚊吹き鳥」といわれていたと父から聞いたことがあります。ちょうど五月の蚊の出る頃にやってきて、「ホッホッ、ホッホッ」と鳴くからで、まるで口から蚊を吹き出しているようだから、そういう名前を昔の人はつけたのだと思います。蚊の出る季節とアオバズクの特徴ある鳴き声とが融合してできたこの名前は、アオバズクが渡り鳥であることをも示唆して、何と素晴らしい命名をしたのだろうと、古人の自然観察の確かさと感性の鋭さに感心したものです。

フクロウは、昔はもっと人里に多く生息していました。顔が正面を向いていて人間の顔に近いので、現世と来世の間をつなぐ鳥と考えられていたそうです。他界した人たちがあの山の向こうに住んでいて、フクロウはその間をつなぐ使者だと思われていた、というような話を聞くと、懐かしいあの人、この人を改めて思い出します。こうした想いの深い感性豊かな自然観を、古来、私たちはたくさんもっていたのです。

昔は田んぼに「タニシ」がいました。しかしいつの頃からか、冬に田から水を落とすようになり、いなくなってしまいました。しかし田に水を張っておけば、稲の切り株が栄養になり、いろいろな微生物がわき、さまざまな昆虫、ゲンゴロウやヤゴが成育し、そしてヒル、ザリガニ、フナなどが住むようになり、生態系が復活してきます。そうした生態系の頂点に立つのがタカで、食物連鎖の頂点に猛禽類がいるということは、それだけ下の生物層が豊かである、というような話も聞いたこともありました。素晴らしい自然認識だと思います。

そういう実際の話を聞き、それを自然と人間を考える契機にしていく、理論的知識と共に、こうした実感的な自然観を体得していって初めて、自然に即した環境問題への取り組みが可能になるのだと思います。

現在、近代《モダン》の意味が問われています。そしてポストモダンの思想が求められています。しかしポストモダンの思想のポイントは、新しいことを考えることではないと思います。むしろプレモダンの思想をどれだけ豊かに現代のモダンのなかに取り入れて生かすか、その受容の仕方の高さによって評価されるものではないでしょうか。奥行きのある社会生活は、このようなプロセスのなかで生まれるのだと思います。

23　12版　2008年(平成20年)9月25日(木曜日)　読　売　新　聞

コカ・コーラ環境フォーラム

「第15回コカ・コーラ環境教育賞」（コカ・コーラ教育・環境財団主催、読売新聞社協力、文部科学省、環境省後援）と連動するイベントとして、「環境マインドを持った次世代リーダーの育成」をテーマにした公開シンポジウムが8月24日、札幌市内の道新ホールで開かれた。富良野自然塾塾長の倉本聰さんらの講演や、大学生も交えたパネル討論に約250人が耳を傾けた。公開シンポはコカ・コーラ教育・環境財団による東京学芸大での寄付講義開講を記念し、両者で共催した。

◆パネリスト
鷲山　恭彦　東京学芸大学長
野家　彰　文部科学省スポーツ・青少年総括官
米村　洋一　コカ・コーラ教育・環境財団理事
遠藤　友章　東京学芸大教育学部3年
岩田めぐみ　東海大教養学部4年
今井　絢　同志社大法学部2年
◆コーディネーター
八木亜希子　フリーアナウンサー
（文中敬称略）

知識でなく 五感で学ぼう

特別講演　倉本　聰氏

25年前、役者と脚本家を育てる塾を始め、富良野の谷間で塾生と暮らし始めた。環境問題に入り込んだのは、使っていたわき水が枯れ、上流の大規模伐採が原因と考えたのがきっかけだった。

近くのゴルフ場跡地を森にかえす運動を、2005年から始めている。酸素と水を供給してくれる葉っぱを作るためだ。そこでは、五感を使った環境教育に取り組んでいる。鳥の声、風の音と、指を折って数えてもらう。目を閉じると、もっといっぱい数えられる。視覚を封じると、ほかの感覚が出てくる。

ドラマ「北の国から」は景色のきれいさや家族のきずなとか、いろいろな受け止め方をされたが、一番書きたかったのは1960年代の生活のままでも幸せに暮らせるということだった。

今、やらないといけないのは、金から自然へ思考をチェンジすること。これから先生になる人が担うべき責任だ。同時に、知識ではなく五感で学んでほしいというのが僕の願いだ。

子どもの好奇心満たそう

基調講演　鷲山　恭彦氏

現在の若者は頭でっかちで自意識は強いが、打たれ強くないのが昔と根本的に違う。原因は生活体験の乏しさ。私は農村で育ち、日々生きるための生活からいろいろ学んだ。等身大の体験からカンが生まれて判断力の基礎となり、本当の応用力が生まれてくる。

環境問題は複合的で、課題解決のための実践性が否応なしに要求される。本で読んだだけでは不十分だし、ピント外れの知識を押し付けても駄目。現実に沿いつつ克服するセンスをどうやって身につけていくかが大切だ。

小中学校時代を振り返ると、庭の大木の穴に来たフクロウを「観察すると面白いよ」と、関心を持たせてくれた先生がいた。先生の触発力は決定的だ。みんな「豆博士」になり、世界が広がる。

昆虫採集の是非の議論もあるが、それ以前に子どもの知的好奇心をどう満たすかだ。鳥や魚を捕まえて「かわいそうだから逃がしましょう」も結構だが、自分で飼ってみて死なせてしまったという気持ちがすごく大切。ずっと後に残る経験のないまま「命を大切にしましょう」では駄目だろう。

リーダー育てる自然体験

身近にもフィールド／交流拠点欲しい

——環境マインドを持った次世代リーダーが活躍していくためには、何が求められているのか。

野家　自然と親しむ、自然を大切にする、環境保全に寄与するという態度や自覚が大きな要素になってきている。小中学校の学校教育、学校外の様々な活動を通じて環境へのルールを身につけさせ、それを基に社会で活躍できる青少年を育てたい。

米村　全国各地の多くの団体が、日常的に地域の自然、環境とかかわり、学んでいるが、レベルが上がっている。最初は珍しい魚やホタルといった生き物の保護、放流が多かったが、最近は住民と一緒に地域の環境改善に取り組んでいる。

——日本の若者の自然体験は。

野家　国立青少年教育振興機構の調査によると、自然体験をしたことのある青少年の割合は減少している。海や川で泳ぐ、魚を釣る、昆虫を捕まえる、木に登る、星を見るなど、どれも特別なことではない。重要と言いつつ、身近な自然体験もなくなってきているのが現状だ。

遠藤　地域住民と一緒に地域教育や環境教育を考えるイベントに参加し、横浜市の担当者を講師に招いて行政の取り組みについても勉強した。近所の小川に魚がいる、虫がいるといった身近なことから環境への思いを広げ、地球環境問題につなげていくことが大切だと学んだ。

鷲山　大学の「多摩川エコモーション」の授業では、学生が多摩地域の自然や文化を住民と連携しながら体験し、新しい魅力を掘り起こしている。「学芸の森プロジェクト」では、キャンパスにいろんな植物を植えることで昆虫も集まり、小学生の理科の授業や幼稚園児の遊び場として活用されている。

米村　今の環境問題は複雑で、解決するには深く広く知ることが重要。電気自動車を今の発電システムで使って、本当に環境に優しいのかというとらえ方でないと、かえって悪化する面もある。いろんな専門家が共同作業する必要があり、リーダーにはコーディネート能力が求められる。

岩田　NPOと一緒に地元の川で小学生対象の生き物観察会を開いている。参加する子どもたちは川にすむ生き物には詳しいが、クワガタをスーパーで買ったと聞いてショックを受けた。事故を恐れて川に遊びに行かせない保護者も結構いて、身近に川があっても簡単に遊べない時代になっていることを知った。

今井　今年6月、世界学生環境サミットが京都で開かれ、世界の学生が環境について議論し、意見書を北海道洞爺湖サミットに提出した。日本代表として参加したが、いろんな国の学生がそれぞれの専門分野から語ってくれ、新しい視点からの環境問題が見えてきた。

——今後期待することは。

野家　自然体験は教育的効果が非常に高いことが実証されているが、非日常的な経験として単発的に終わってしまうのは良くない。特別な自然だけでなく、身近なフィールドも目の付け方によっては教育的な効果が出る。プログラムの開発、実施する指導者の育成、身の回りにあるフィールドに気付くことが大事だ。

米村　環境活動に取り組んでいる人たちで交流すると、いろんな団体のアイデアを得ることができる。交流拠点もつくりたい。

鷲山　どう実践していくか、具体的な体験活動をどう構築していくかがポイント。専門知識があるだけでは駄目。お互いを「つなぐ力」は実際にやる中で身についてくる。大学での訓練のあり方をどうしていくかが課題だ。

（右から）米村洋一氏、野家彰氏、八木亜希子氏

パネル討論に参加した3人の大学生。（右から）＊＊さん、＊＊さん、＊＊さん

コカ・コーラ環境フォーラム2008は、①第15回コカ・コーラ環境教育賞表彰式②受賞者による自然体験学習③公開シンポジウム——の3本柱からなる。

来春「コカ・コーラ環境ハウス」開設

コカ・コーラ教育・環境財団（東京都港区）と北海道栗山町、NPO法人「雨煙別学校」は来年4月、自然環境を学ぶ宿泊型施設「雨煙別小学校 コカ・コーラ環境ハウス」＝写真＝を同町に開設する。

1998年に廃校となった町立雨煙別小の校舎を改築し、再生する。開設後は約100人が宿泊できる。全国の青少年に木工作業や動植物の野外観察会、農業体験などを盛り込んだ環境学習や自然体験のプログラムを提供する。

8月23日には、一足早く自然体験学習が行われ、「第15回コカ・コーラ環境教育賞」を受賞した全国10団体の児童生徒ら約60人が、施設内に設置する新小屋づくりにも挑んだ。

初めのうちは恐る恐るノコギリを引いていた児童らも、慣れてくると目を輝かせた。神奈川県藤沢市、小学6年青木沙代さん(11)は「木の小屋を作るなんて初めて。すごく楽しい」と話していた。

新小屋作りに挑戦する児童たち

（『読売新聞』2008年9月25日朝刊23面，一部加工）

教養としての環境問題

環境マインドを持った次世代リーダーの育成ということを本学に即していうならば、一番の課題は、環境教育専攻の学生だけでなく、これから小学校や中学校などの学校現場に出ていく学生諸君や、公共団体や博物館やスポーツ施設など生涯学習社会関係に出ていく学生、企業やジャーナリズムなど一般社会に出ていく学生の皆さんにも、共通の教養として、環境問題について関心をもってもらい、体験的に身につまされるものとして受け止めてもらう、そのような仕組みをどれだけ豊かに提示できるかということだと思います。

そして将来、そういう教養をもって卒業した人たちがそれぞれの仕事を通じて、あるいはアフターファイブに、フットワーク軽く動

いていく実践家、活動家になっていってもらえたらと思います。

今回、コカ・コーラ教育・環境財団のご協力でこのようなシンポジウムができましたのは、そうした、より自覚的な活動に向かって、さらなる励ましを与えるものです。財団では「コカ・コーラ環境教育賞」を設けられて、先進的で組織的な環境活動を表彰しておられます。受賞者の活動紹介を拝見しましたが、どれも示唆に満ちています。こうした活動からも、どれだけ具体的に実践的に学べるのかということだと思います。

こうした先駆的な事業に大きな敬意を払い、そして今回のシンポジウムの開催に多大の努力を傾注して下さった皆さんに厚くお礼を申し上げて、基調講演とさせていただきます。

（東京学芸大学×コカ・コーラ教育・環境財団公開シンポジウム、二〇〇八年八月二十四日）

第四章 いくつかの対話

1　白鳥蘆花に入る

文部科学事務次官　銭谷眞美氏との対談
（二〇〇九年五月二四日）

汝、何のためにそこに在りや

鷲山　以前、事務次官室に伺ったとき、次官が秋田高校出身だったことを思い出し、「鈴木健次郎という方をご存知ですか」とお聞きしたところ「そこを見てください」といわれまして、衝立に貼ってある紙を見ましたら、何と鈴木健次郎の式辞でした。これにには驚きました。

銭谷　一年生と二年生の時の校長でした。一九六七年に退官されたのですが、その際に在校生全員に『離任演説』がソノシートで配られ、それを友人が起こしてくれたので、ここに張りました。

鷲山　後で知ったのですが、「次官就任の挨拶」で銭谷さんは鈴木健次郎に触れておられました。

「鈴木校長は、私ども高校生に対して、いついかなる時に誰かに『汝何の為に其処に在り也』とこう問われても、たちどころに返事ができる自覚的な生活をしなさい、といつもおっしゃっておられました。この言葉を私の人生のモットーとして今日まで仕事をしてまいりました」と。

鈴木健次郎の式辞をもって

銭谷　普通、挨拶というと口語調の挨拶が多いのですが、鈴木校長は格調の高い演説調で、甲高い声で痩身の全身を震わせて、熱弁をふるわれたのが印象に残っています。

鷲山　鈴木健次郎は、戦前、下村湖人と青年団運動に携わり、戦後は社会教育の要として公民館を位置付け、「公民館運動の父」といわれた方です。自分が今いる場所において、その存在の意義を常に自覚すること、そして献身的に働くことを説かれたわけですね。

銭谷　戦後、公民館を「社会教育法」に基づいて全国に設置することになりましたが、鈴木先生は文部省社会教育課課長補佐として、全国を行脚し、住民たちと膝を突き合わせて、その意義を説いて回られました。いわゆる「鈴木塾」です。公民館の必要性を理解し、設置を了解したということも当然あるでしょうが、一晩、二晩と先生と付き合って、先生の人柄に感化されて、公民館の意義を深く理解し、その後ずっと公民館活動に邁進したという方も、たくさんいたと聞いています。

白鳥蘆花に入る

鷲山　次官就任挨拶で銭谷さんはもう一つ「白鳥蘆花《ろか》に入る」話をされました。

「教育、科学技術というのは成果が非常に目に見えにくい、すぐに現れないという面もあります。『白鳥蘆花に入る』という言葉があります。白い蘆《あし》の花が咲いている水面に白鳥が降り立つと、白い花のなかに隠れて白鳥の姿は見えなくなる。けれど水面には静かに波紋が広がっていくということでありまして、静かに人の行動というのは伝わっていく、まさに我々の仕事はそういう仕事ではないか、という風に思っております」と。

銭谷　この言葉も鈴木校長はよく引かれましたが、実はこれは、下村湖人の教養小説『次郎物語』に出てくる言葉です。鈴木先生は下村湖人と深い親交を結んでおられました。

鷲山　私も『次郎物語』は中学時代に読みました。小さい頃に里子に出された本田次郎という少年の魂の発展物語ですね。次郎がいろいろな人と出会って成長していく姿が描かれていて、今でもいろいろな場面を思い出します。身につまされて読んだものでした。当時、同級生たちも皆読んでいました。愛とか、運命とか、永遠といったことへの洞察も面白かったですね。

銭谷　中学に入って次郎は、朝倉先生と出会います。友人と先生のお宅に伺うと、床の間に額があって、それが「白鳥蘆花に入る」なんですね。最初、次郎はよく意味がわからなかったけれど、朝倉先生の「白鳥会」に加わってから、友人たちとの議論のなかで、次第に理解するようになります。

鷲山　「和光同塵」は、光を和らげて人々のなかに入っていくという意味ですが、似ていますね。白い蘆原に白鳥が降り立つ自然さが。白鳥の姿は見えなくなるが、蘆の花が波打つことで、何かが新しく変わっていく。

　声高に改革を叫んだりするのでなく、議を練って計画の実現を誓うが、各々できることから自然な形で黙々と実行し、茶飲み話のなかで角を立てないように考え方を説いていく、そうした積み重ねがおのずと周りを変えていく、そういう思想ですね。

人の「風」

銭谷　鈴木校長は、『次郎物語』のこの言葉を自分の信念にされていました。感化力の大変ある方でした。戦前、下村湖人と一緒にやった青年団運動が自由主義的だと解散させられた経験がありましたから、戦後になって新しい社会の建設期に、戦前のような「臣民」ではなく、新しく「公民」として出発することの重要性を、鈴木先生は強く意識されたのだと思います。ですから地域の自由な気風と自治の中核として、公民館運動の発展に尽力されました。まさに「白鳥蘆花に入る」形で。

鷲山　「白鳥蘆花に入る」は、教育とか文化を考える上でも大変示唆的です。知識がある、情報をたくさんもっているからといって、その人の文化水準が高いというわけでは決してありません。「生活スタイルに転化したもののみを文化といい、文化水準という」といわれますが、知識も情報も、人間の存在のなかに浸透して初めて、生きたものになるし、知恵になっていく。そしてそれがその人の魅力を作っていくんですね。

秋田高校校長時代の鈴木健次郎
（『鈴木健次郎著作集Ⅰ』秋田県青年会館，昭和49年より）

銭谷　波紋となって浸透していって初めて、新しい質が形成されます。

鷲山　その辺のところが、知識社会や情報社会では、意外と欠落しています。知識や情報が大量に流れていて、そのなかで必要なものだけひろい上げる。しかしそれが存在の魅力や豊かさにつながらない。インターネットでいくらでも知識を得ることができるのに、人間存在の方は却って、薄く、軽く、ペラペラになっている。

銭谷　鈴木校長には、人格というものを強く感じました。人としての「風」ですね。戦後、個人は解放されましたが、個人主義がだんだん利己主義に近づいてきました。本当の個人主義は個を大切にしつつ公けとつながっています。いろいろな形で公共的なものとつながって自己形成することが大切ですね。自分に閉じこもるのでなく。そういうなかから魅力ある人格が生まれるのだと思います。

『次郎物語』に戻りますと、良寛の「いかにして、まことのみちに、かなわなむ、ちとせのなかの、ひとひなりとも」という歌も、小説の導きの糸ですね。ここでは「まことのみち」といっていますが、こうした悠々とした自己反省の積み重ねが大切なのだと思います。

下村湖人の『次郎物語』第五部

鷲山　東京学芸大学は武蔵小金井にあるのですが、ここに「浴恩館」がありまして、戦前、下村湖人は青年団運動の講習所長を務め、『次郎物語』もこの浴恩館で執筆されています。

『次郎物語』「第五部」の「旅行」の章に出てくる、軍国主義教育に抗する、気骨あるリベラルな文部省の役人の「杉山悦男」が、鈴木健次郎をモデルにしているといわれています。

銭谷　私は次郎を導く「朝倉先生」が、鈴木健次郎ではないかと思っています。もちろんそこには下村湖人自身の姿も投影されていると思いますが、鈴木校長を彷彿とさせるものがあります。

血判状の場面がありますね。そうした行動に走る次郎に対し、朝倉先生は、理由はどうあれ、暴力的な行為を自分は好まない、と諭す場面がありますが、こうした姿勢は鈴木校長と重なります。

鷲山　そもそも次郎が朝倉先生と出会ったのは、たしか、中学に入学した次郎が理不尽な上級生と喧嘩で対峙しているところでした。

朝倉先生は、上級生に「何が恥ずかしいことか。無慈悲なことをするほど、恥ずかしいことはない。強いように見えて、一番弱い人間のすることだ」と諭します。

小刀で対抗しようとした次郎に対しては「そんなものを使っても、本当の勝ちにはならん。心で勝つ。恐れさせるのでなく、慕わせる。それが最上の勝ちだ。殴られる覚悟があれば何でもない」と。

『次郎物語 第五部』
（小山書店，昭和29年）

剣の達人の山岡鉄舟は、幕末の血なまぐさい時代に生きながら、江戸無血開城への道を開き、一度も人を殺したことがない人で、このように修行して得た自分の優れた力を人を生かすことに使う「活人剣」の話もありました。

銭谷　鈴木校長は、自分中心の気持ちや、人を屈服させるような態度を、不純で邪念に満ちたものと考えておられ、そうしたことを押し通すのは民主主義ではない、とよくいわれました。

鷲山　軍国主義を賛美する勢力によって、朝倉先生の塾が解散させられる『第五部』の最後の場面は、抵抗するより、再起を期して地方に散る、という形になっています。

協同の塾風生活

銭谷　鈴木校長は、生徒にも絶大な人気があり、運動部を精力的に視察されていました。キーワードは、文武両道、フェアプレイ、協調性、忍耐力です。鈴木校長の在職中は、生徒会活動も大変盛んで、夏には宿を借り切って合宿をしました。

鷲山　合宿のような生活は大切ですね。私も大学で寮に入り、六人一部屋で、四ヵ月ごとに人は入れ替わりましたが、二年間の寮生活をしたことがあります。自分を知る上でも、人を知る上でも、一緒に生活することによって、本当に自分が陶冶されたと思います。

銭谷　「人生で必要なことは全て砂場で学んだ」（ロバート・フルガム）という話があります。こういう経験ですね。大人は子どもたちに、そういった多くの経験をさせる責任があると思います。

鷲山　学校教育では収まりきれない、人生を模索する人間教育なのですね。

銭谷　十和田湖の畔りでしたが、私たちは合宿して、テーマを決めてグループ討論をしたり、キャンプファイヤーを囲みました。

鷲山　「朝倉先生」は、「人間には本来、創造の欲望と調和の欲望がある。それを塾生相互の間に守り育てつつ、何の規則もなく、誰の命令もなしに、各々の内部の力によって、共同の組織を生み出し、生活の実体を築きあげていくような在り方を作っていきたい」と語っています。

銭谷　それが満州事変以降、強権的な鍛錬一点張りになっていく。「命令一下、いつでも死ねる青年を作ってもらいたい。自由主義では日本はどうにもならない」と。それで解散させられるわけです。

鷲山　自由主義は、好き勝手をすることではなく、真理を探究するためにあるのに。しかし軍部にとってそれがよくなかった。

　昨年、日本青年館で博士課程の院生と教員との「合同ゼミナール」をやったのですが、入口には、田澤義輔《よしはる》と後藤文夫の像がありました。田澤義輔は戦前の自由主義的な青年団運動の指導者で、『次郎物語』には「田沼先生」として描かれていますし、後藤文夫は農村問題にくわしく、農林大臣をされた方で、小説では「湯浅内大臣」でしょうか。

　そこでちょうど、秋田高校の同窓会もやっていましたので、私どもの「合同ゼミナール」の挨拶で、私は田澤義輔と後藤文夫と鈴木健次郎の話をしました。

　秋田高校は日本青年館をよく使うのですか？

銭谷　専務理事の佐々木さんという方が秋田高校の

左から，「第五部」の次郎のモデルといわれる五百蔵《いおろい》辛碌《しんろく》，田澤義鋪《よしはる》，下村湖人（小沼廣和氏提供）

出身です。

鷲山　佐々木英雄さんのことですか。『田澤会通信』に「白鳥音もなく翔つ」と題して鈴木健次郎のことを書いておられたのを読んだことがあります。

この「合同ゼミナール」に出席されていた千葉大学の社会教育の長澤成次先生は、こちらの懇親会の合間に、同じフロアーの秋田高校の同期会の参加者に声をかけ、鈴木健次郎のことを話したところ、「こちらに来い」と同期会の方の会場に連れ込まれて、大いに盛り上がり、「挨拶させられてしまった」といっておられました。

銭谷　鈴木校長は今だに慕われています。感化力のある方でしたから、皆さんの心に残っているのだと思います。

鷲山　そういう方に薫陶を受けると、個性的で魅力的な人格が生まれるのでしょうね。いつでしたか、教員養成はいろいろ課題をかかえていて、問題の所在をしっかり知っていただきたいと、当時、参議院自民党幹事長だった片山虎之助さんにお会いして陳情した時に、銭谷次官のことが話題になりました。「飄々として憎めないというか、つい話を聞いてやりたくなる、独特の魅力の人だねえ」といっておられました。鈴木校長から何かを受け継いでおられるのだろうと思います。

銭谷　鈴木校長は、「青少年の足を洗う」「平凡道を非凡に行け」「地下水のごとく」ということもよくいわれました。そうありたいと常に思っています。

高等教育の質保証

鷲山　六月一五日（二〇〇九年）には『中長期的な大学教育の在り方に関する第一次報告―大学教育の構造転換に向けて』が出されました。

銭谷　産業構造、社会構造、人口構造が大きく変わるなかで、いま、大学教育が問われています。「社会や学生からの多様なニーズにどうこたえるか」「グローバル化の進展にどう対応するか」「人口減少期においてどう対応するのか」。この三つの柱を軸に問題が提起されています。

その根底にある課題は、「質保証のシステム」をどう作っていくのか、そして「量的規模の在り方」をどうしたらいいのか、ということです。

大学がそれぞれ多様化し個性化していく「機能分化」のなかで、教育研究の質を向上させ、適正規模を検討し、経営基盤の安定を図らなければなりません。

鷲山　高等教育について振り返ってみますと、中央教育審議会からは系統的に答申が出されています。

二〇〇五（平成一七）年に『我が国の高等教育の将来像』と『新時代の大学院教育』が出され、二〇〇八（平成二〇）年に『学士課程教育の構築に向けて』が出されています。

その間の二〇〇六（平成一八）年に、私たち教員養成系大学には一番関係の深い『今後の教員養成・免許制度の在り方について』が出されました。

銭谷　高等教育についての問題の所在は、これらの答申によってほぼカバーされつつあります。私たちの求めるのは、世界最高水準の教育研究の環境づくりです。

しかし何をやるにも、財政が伴わないと達成困難です。日本の高等教育にかける予算は、欧米諸国と比べ驚くほど少ないです。「高等教育の危機は社会の危機」といわれます。ここにしっかり取り組むのが私たちの最大の課題です。教育立国を掲げて、必要な公財政措置がしっかり確保されなければなりません。

大学の建物も外国と比べると見劣りします。魅力あるキャンパスを我が国にも整備したいと思います。

体験活動・読書活動

鷲山　二〇〇六（平成一八）年に教育基本法が改正され、新しい教育基本法ができました。

銭谷さんが事務次官になられたのが二〇〇七（平成一九）年の七月ですね。その後、「教育振興基本計画」が策定され、教育力の強化、質保証、卓越した教育研究拠点形成、国際化の推進、等々、次の五年間に取り組むべき方針が決められました。

学習指導要領もほぼ一〇年ごとに改訂されていますが、今回大きく改訂されました。

銭谷　「幼稚園教育要領」、そして「小学校学習指導要領」と「中学校学習指導要領」の改訂が告示され、今年に入って「高等学校学習指導要領」と「特別支援学校学習指導要領」の改訂告示がされました。これで全部揃ったわけです。

そして新学習指導要領にそって小学校・中学校の算数・数学・理科は、前倒しで今年度より先行実施します。

鷲山　いろいろポイントがあると思いますが、何より強調されたいことは何でしょう。

銭谷　体験活動と読書活動の強化ですね。バーチャルな情報中心の社会ですから、心に残る体験活動を多くの子どもたちにしてもらいたいし、子どもたちだけでなく、子どもを指導する学生たちにも、多くの経験を積んでほしいと思います。

それに思春期に出会う本は、その後の人間形成に決定的な影響を及ぼします。今回の学習指導要領の改訂においては、小・中・高校の言語力向上に主眼が置かれています。コミュニケーション能力を考えた際にも、言語力が決定的ですから。

伝記の魅力

鷲山　読書の思い出は？

銭谷　父が出張の帰りに『物の始まり物語』という本を買ってきてくれたことがありました。蒸気機関車を発明するまでのワットの苦労話だったり、いろいろな発明家や創始者の苦難のドキュメントですね。面白くてそれが愛読書となりました。それをきっかけに偉人伝を多く読むようになりました。最初に『リンカーン』で、次が『野口英世』だったでしょうか。

鷲山　私も小学校五年頃からだったと思いますが、ポプラ社や偕成社の偉人伝記をよく読みました。『上杉謙信』とか、『織田信長』とか、歴史伝記から入った記憶があります。多彩な人生、たくさんの可能性と失敗、その波瀾万丈が面白かったですね。

今思うと、ちょうどあの頃、尊敬できる人を求めていたし、道しるべになるものを求めていたのだと思います。かくあるべき模範を求める年頃で、自覚的に自己形成を始める時期なんですね。偉人の伝記もそうですし、実際にいい先生や指導者に出会って、しっかりと指導を受けたいと思う一番いい時かもしれません。「はい」「いいえ」「すみません」「ありがとう」の基本が社会性のなかでしっかりいえるようになるなど、本当の人格形成が始まる時だと思います。

銭谷　小学校五〜六年は、そういう時期の始まりでしょうね。生きにくい時代であり、未来への展望をもちにくい時代だといわれますが、考えてみれば、どの時代もそういう側面はあるわけで、人生に自信と誇りをもって生きていくために、さまざまな人生に触れることは、伝記を通じても、体験を通じても、小学校から中学校にかけて、決定的に大切な時期なのだと思います。

温故知新

鷲山　二年前にお会いして鈴木健次郎の話をした際、「今年は鈴木健次郎生誕一〇〇年です」といわれたでしょう。あれには驚きました。自分の学校の校長先生をそのように思ったことはありませんでしたから。こういう思いの深さは大切だと思いました。

銭谷　振り返ること、反芻すること、反省することは大切だと思います。しかし、振り返って話をしてみようと思っても、共通の基盤で話せるということは、最近だんだん難しくなってきたように思います。

いつでしたか、各府省の入省者の研修の際に、下村湖人の『次郎物語』を素材にいろいろ話し始めたのですが、どうも反応が変なので、「下村湖人を知っているか」と聞いたところ、湖人はもとより、次郎物語も、誰も知らない。前提がないと、話をしても発展しませんよね。共感も批判も生まれない。大変戸惑ったのを思い出します。

鷲山　昔はゲーテの『若きヴェルテルの悩み』の話をすると、学生は皆知っていた。読んでいなくても、ロッテとの三角関係の失恋物語くらいのことは知識がありましたので、どんどん話をふくらませられた。しかし、今ではゲーテの名前も覚束ないですから。何か話そうとしても、前提から話さないと通じないのは困りますね。

銭谷　当然といえば当然ですが、共通となる教養みたいなものは、時代によって変わるんですね。今は、ハリーポッターなら誰でも知っている。このことをどう考えたらいいのか。

鷲山　私の受け持ちの「欧米研究専攻」の学生と話していて、「ドイツの作家に関心がある。ドルトムント何とか」というものですから、ヘッセの小説に『ナルシスとゴルトムント』といって、日本では『知と愛』と訳されていますが、精神に仕える修行僧と美に仕える芸術家をめぐる面白い小説がありますので、それに関心があるのかと思い、「ヘッセ?」と聞くと「違う」という。「トーマスマン?」「ハイネ?」と聞くと、学生は妙な顔をしている。

僕の方の一方的な思い込みなのですね。それは「ドイツの作家」ではなくて、「ドイツのサッカー」だった。文化ギャップです。スポーツも文化として立派な研究対象ですが、思いが及ばない。そういうズレを感じて、いよいよ自分が化石動物のシーラカンスになりつつあるのかなあと。

銭谷　共通の前提がシェアーしにくくなりました。普遍的教養をどうやって設定していったらいいのかは、大きな課題だと思います。外国の作家や思想家も、誰もが知っていていいという規準はあると思います。我が国の伝統と文化を尊重するといっても、それぞれが個性に応じた受容をすることの大切さと、皆共通に知っていてしかるべきことと、二つの側面があると思います。

鷲山　「荒城の月」や「赤とんぼ」などが、小学校の音楽の時間で教えられないとしたら寂しいですね。ドイツ歌曲でいうと「野バラ」は教えられているようですが、昔習った「菩提樹」や「ローレライ」は、今は教えられていないと聞いています。

銭谷　『次郎物語』も、読んでもらいたいですね。

鷲山　次郎たちが全国行脚の旅に出るのが最終場面ですが、訪れるところが、静岡県の清水にある報徳の村で、貧乏な村を二宮尊徳の報徳思想によって近代的な産業組合をもつ豊かな村に生まれ変わらせたところです。

「天道と人道」「すべてには徳がある」「徳で以て徳に応えよ」など、天と地の恵みに人間の労働を位置付けた二宮尊徳の思想も、あらためて読むとなかなか示唆的です。

志を高くもち、志を深く耕す

銭谷　現在、自然と人間、人間相互、個人と社会、社会と国家、国際関係と、関係の豊かな作り方が大きな課題となっています。

そうした際に、先人たちの成果を学んで、考える、今日に生かすことは、絶対に必要です。二宮尊徳の考え方も現代において新しく受容することも大切ですし、鈴木健次郎も、下村湖人も学んでほしいですね。

鷲山　基本にあるのは関係の作り方ですね。倫理とは、倫《とも》の理《ことわ》りですよね。二一世紀にふさわしい人と人との関係の作り方をどうしていくのか。持続可能な社会、男女共同参画、バリアフリー、等々、いろいろな観点が入ったものが求められています。その際に今いわれたように、過去の思想や文化をしっかり捉えなおして、現代に生かすことが大切だと思います。伝統と革新の問題ですね。

東京学芸大学では、今年から五年計画で「総合的道徳教育プログラム」を研究してみようと考えています。道徳を説くということも必要かもしれませんが、二一世紀にふさわしい形で人と人との関係をどう作っていくのか。それを地域や学校と連携を取りつつ明らかにしていきたいと思います。

銭谷　一〇〇年に一度の不況など、大きな転換期に差し掛かっています。学校も、大学も、社会も、新しい形が求められています。

鷲山　本学の学生に向けて、一言お願いします。

銭谷　「教育こそ人間社会の存立基盤である」とは、二一世紀の入口に立った時の『教育改革国民会議』の報告書の一節です。高校時代に限らず、小学校、中学校で教えを受けた先生の印象は、一生心に残ります。教師という崇高な職業を選択した皆さんには、是非、志を高くもち、志を深く耕して、子どもたちの心に残る先生に成長してほしいと思います。そのためにも、読書やさまざまな体験を通じ、日本や世界の文化芸術、先人の考え方、生き方を学び、感得することに努められたら、と思います。

鷲山　本日は、大変参考になるお話と学生への力強いメッセージをありがとうございました。

今後とも、我が国の教育の基盤である優秀な教員の養成・輩出に、全学を挙げて取り組みますので、ご支援とご協力をよろしくお願いします。

2　自然・花鳥・人間を考える

花鳥園社長・東京学芸大学客員教授　加茂元照氏との対談
（二〇〇九年十一月二十三日）

菖蒲園

鷲山　先生は、現在、「松江フォーゲルパーク」や神戸・掛川・富士の「花鳥園」を経営されています。そして本学の客員教授として講義していただいたり、花鳥園に学生が伺ったおりには、いろいろご指導をいただいています。先生は、人間と自然、花や植物や鳥について独自の哲学をもっておられます。今日はそれについてお聞きすると共に、先生の経営哲学についてもお話を伺えたらと思います。

最初、先生は「花菖蒲園」から始められたのですね。

加茂　菖蒲はもともと薬草で、邪気を払うとされており、私の家でも、門前に植えられていました。菖蒲は端午の節句と結びつけられますね。端午の節句の五月五日は、古代中国の憂国の詩人、屈原《くつげん》が汨羅《べきら》に身を投げたのを供養することで始まったとされますが、五月頃というのは、急に暑くなり体調を崩す季節で、そこで厄よけの菖蒲が飾られるようになりました。菖蒲には芳香油が含まれ、葉を手で揉むと汚れが落ち、よい香りが漂うところからそうなったようです。

鷲山　小さい頃、五月五日には菖蒲の葉をお腹に巻いてお風呂にはいりました。葉の香がいいですね。こうすると、一年中元気で健康でいられるといわれました。また「菖蒲」は「尚武」を連想します。

加茂　端午の節句は中国からもたらされ、飛鳥、奈良の頃に始まったといいます。花菖蒲は平安時代に甲冑の文様に使われ、これを着用すると矢玉を避けるとされました。後に「尚武」に通ずるとされ、武家文化に入っていきます。

伊達政宗が岩出山城下にノハナショウブの自然変異株を収集、増殖したのが「花菖蒲園の始まり」で、これが伊達の江戸屋敷に移植され、市中に出回って江戸花菖蒲が誕生しました。

江戸の「堀切菖蒲園」は、天保の頃に豪農が開いた花菖蒲園ですが、花を愛でつつお料理が食べられるということで、天下の名所になりました。弘化、嘉永には旗本の松平菖翁《しょうおう》が多数の新品種をつくり、『花菖蒲培養録』を表し、これらが熊本の武士たちに受け継がれて一〇〇〇品種を越える銘花を生み、明治以後、世界に広まりました。

加茂花菖蒲園

鷲山　「加茂花菖蒲園」はそういう伝統の上にもあるのですね。

加茂　戦後の農地解放で生活のすべを変える必要がありました。身の周りにあるいろいろな可能性を探ったのですが、家の前に咲く江戸時代からの花菖蒲を見に来る人がたくさんあり、喜んで帰っていく。それで花菖蒲園として拡大整備しました。「厄よけ」が「経営」になったわけです。

鷲山　先生の事業を拝見していますと、確固とした美意識が貫かれていると同時に、学問性を強く感じます。

加茂　学生の頃、郷土史に興味をもち、学長の御祖父さんの鷲山恭平先生の所へ何度もお伺いし、特に二宮尊徳の報徳社のことについてお教え頂きました。このときに、自分の足元にある文化を大切にすることを学び、それが花菖蒲園を始めることにつながりました。

園芸文化には力がある

加茂　花菖蒲は大好きな花ですので、次第に日本はもとより、世界にも広げたいと思うようになり、日本花菖蒲協会をはじめ、アメリカンアイリスソサイエティーにも入りました。そうしますと情報がどんどん入ってきます。国際コンベンションなどにもずいぶん関係し、園芸文化には大きな力があるということを知りました。

鷲山　「園芸文化には大きな力がある」というのは素敵な言葉です。

加茂　園芸のこの大きな力を、単に自分の暮らしの手段としてだけではなく、もっと何かに役立てられないか、と思うようになりました。イギリスの王立園芸協会（Royal Horticultural Society：RHS）にも入り、ヨーロッパとの園芸交流を始めました。

鷲山　情報交換以上に、人と人の交流の意義は大きいのでしょうね。

加茂　第一次オイルショックの時でしたが、ベルギーのカルムタウト樹木園で数名の方々と知り合いました。一緒にお茶を飲んだ折、その方々の園芸レベルの高さに圧倒されました。後でその方々はＥＣの役員であり、私の相手をして下さったのはイギリスの閣僚であったことを知りました。
ＥＣとしてのオイルショック対策、特に産油国連合のオランダに対する輸出禁止措置に対する下相談を樹木園で行い、翌日の決議案を作っていたのです。
その後、ヨーロッパ統合通貨ユーロの誕生、拡大を見ましたが、多くの難問は、花の下の「ガーデンパーティー」の席で解決されたといいます。

鷲山　「ロイヤル」という言葉がつく団体は、「言葉によらず」をモットーにしていると聞いたことがあります。権威によりかかるのではなく、事実に即した科学的精神を貫き、実行に移すということですね。そこで園芸の力と共に、ソサイエティーの力を実感されたわけでしょうか。

加茂　イギリス王立園芸協会のガーデンに花菖蒲園を作ったとき、日本の歴史的品種群を寄贈したところ、そこから世界最高のコリウスコレクションを頂きました。これを元に掛川花鳥園の園長の大塚淳一君が育種を行い、品種数を倍加させました。

こうした交流で気がつくことは、社会が進んでくるにつれて、人と人との関係が切り離され、薄くなってきているのです。それを和らげ、失わないようにすることが求められていて、園芸がその役割の一つを受け持っていることです。それはジェネレーションを超えた教育でもあるわけです。国境を越えた人と人の直接の関係も強められます。

冷戦時代に、西ヨーロッパ諸国に花菖蒲を普及すると同時に、仮想敵国とされていたソ連のモスクワ、レニングラードの植物園、北朝鮮の平壌中央植物園にも花菖蒲を植え、講演もしました。おかげで広く植物探索する許可が得られ、ノハナショウブの原産地である東部シベリア、北朝鮮での分布状態、変異を自分の足で見る機会も得ました。花チャンネルは世界中に通じているのです。

ソサイエティーにおける学び

鷲山　学校での教育は、知識を教えるということですが、ソサイエティーの活動は、学びであり、研究であり、実生活の必要から生まれた交流ですから、本当の意味で文化の伝播にもなるのですね。「花チャンネルは世界中に通じている」というのも至言です。

加茂　まさしく本当のエデュケーションですよ。実感的に学ぶことができました。特にアメリカは広い国で、ばらばらになりやすいから、親密さを求め、コミュニティーを固めるために、いろんな花のソサイエティーがたくさんあります。椿、デイリリー（萱草《かんぞう》）、シャクナゲ、フクシアなどの協会にも入り、その道に熱心な友人がたくさん出来ました。

鷲山　花と国際的なソサイエティー。先生の新たな修業時代、遍歴時代ということですね。

加茂　花菖蒲は五月から六月の一ヵ月ほどです。しかしソサエティー活動なら花菖蒲だけでも一年中いつでもお付き合いができました。

鷲山　先生は富士に「国際花園」をつくられました。あそこはたしかベゴニアでした。花菖蒲から一歩出られました。

加茂　人との出会いは大きいですね。先生もご存知の辰野の吉江清郎先生は、球根ベゴニアの草分けですが、花菖蒲の研究もされていました。アメリカのアイリスソサイエティーで知り合った花友達が、当時世界一といわれたライネルト園の球根ベゴニアカタログを送ってきたので、吉江先生と話し合い、ライネルトから球根ベゴニアをたくさん輸入しました。

この流れで、朝霧高原に一年中満開のベコニア園を作り、頭上一面の満開が実現し、新しい空間・花鳥へと進むことになります。

生活文化のなかのふくろう

鷲山　ベゴニア園には世界のフクロウがいます。フクロウとの縁は？

加茂　小さい頃に裏山で、「ホー、ホー」と鳴く鳥がいて、「あれはフクロウですよ」と教えられ、それ以来ですね。むずかったり、いたずらが過ぎたりすると、「言うことを聞かない子は、フクロウさんに連れて行ってもらいますよ」と脅かされるのです。夕方、暗くなると寂しげにホーホーと鳴くでしょう。怖かったですね。人の顔をしたフクロウが暗闇になると悪い子どもを捕まえにぬっと出てくる。すごい脅しでした。

鷲山　加茂先生の所は原田村で、私の所は土方村で、二〇キロくらいしか離れていないのですが、私はフクロウのそういう話は聞いたことがありません。先生の村の方が山深くて日常的にフクロウと接することが多くて、そんな民間信仰というか、言い伝えが生まれたのでしょうね。

加茂　小学生の頃、巣から落ちたフクロウの子を山で拾い育てました。助けて育て、山に帰すと良いことがあるといわれますが、うまく育たなかったですね。肉食ですからカエルやミミズを捕まえて食べさせたりしましたが、子どもには荷が重過ぎました。

鷲山　私も中学校の時に「鷺山」に行って、シラサギとゴイサギを捕まえてきて飼ったことがありますが、生き餌でないと食べないでしょう。毎日、川に行って魚を取るのが大変でした。肉食の鳥を飼うのは難しいですね。

加茂　鷲山先生もフクロウを飼ったことがあると聞いておりますが。

鷲山　私の村に住んでいる友人が巣から落ちた雛を育てたのですが、飼いきれなくなって困っていた。野に放しても、人の手で育っていますから、自分では生きてはいけません。決心して引き受けました。一〇年ほど飼ったのですが、餌はいまではドックフードがありますから楽でした。

加茂　一九六〇年代後半にヤマハの川上源一社長の所で、コンサルタント的な仕事をしていましたが、川上さんは鳥が好きで、私が山で拾ったフクロウの雛を自室で飼っていました。奥さんが嫌がって外に追い出したのですが、馴れていて庭から離れず、餌を持って行くと木から降りてくるのです。フクロウを檻の中でなく、外庭で飼うことができたのは素晴らしい経験でしたが、餌をやり過ぎて肥り、飛べなくなったところを猫にやられてしまいました。

鷲山　フクロウと一緒にいる楽しさを味わわれたわけですね。何か事を進めるときに、かつての体験から暗示される力は大きいですね。

加茂　そう思います。富士のベゴニア園の経営が軌道に乗った頃、長女の連れ合いがメンフクロウを飼い始めたのを見て、「フクロウはいいなあ、じゃ、また飼うか」と思い立ち、世界のフクロウを集め始めました。

花と鳥が好きなドイツの友人に、ハノーバーの近くの「フォーゲルパーク・ワルスローデ」を紹介され、そこでたくさんのフクロウを分譲していただき、一挙に多くの種類が揃い、今では各園合計四三種類、四〇〇羽ほどに増えたわけです。

ドイツ人はヘーゲルの残した「ミネルヴァのフクロウは宵闇に飛び立つ」という言葉に想いを寄せているように見えます。

鷲山　ヘーゲルの『法哲学』にある言葉ですね。知恵を司るフクロウは、これまでの世界が古びて黄昏れ時を迎えると、それを見計らって飛び立って行く。新しい認識への強い希求を表した言葉です。

掛川花鳥園の開園の時にはフクロウをデザインしたビールをいただきました。そのラベルに、ヘーゲルの言葉が「Die Eule der Minerva beginnt erst mit der einbrechenden Dämmerung ihren Flug.」と書かれてあって、流石だなと思いました。

アフリカオオコノハズク

花鳥という概念

鷲山　その後、松江にフォーゲルパークを創られますね。ドイツ流だと思いますが、その後に、掛川と神戸にも花鳥園をつくられました。

加茂　九年前、松江フォーゲルパークを計画した頃、ドイツのフォーゲルパークが経営難で、買い取ってほしい、といってきました。六〇〇種の鳥が五〇〇〇羽もいる鳥園です。

世界一の鳥園でも、経営が行き詰まったのはなぜかというと、「Ｚｏｏ（動物園）の概念」が間違っているんですね。鳥を檻に入れた動物園形式を主とした園だったから、だめだったのです。人と鳥が網で隔たれていたからです。「Ｚｏｏ」は、博物館的であり、動物を集め、檻に飼い、外から観察するスタイルなので、来園者と動物が檻で隔たれ、仲良く遊べません、良い経営もできないのです。

このスタイルを変えることが無理だとわかったので買収は断念し、自前の園を作ることに決めました。動物園的な要素を少なくし、檻で隔てず、鳥と人が同じ空間で触れ合える形を目指したのです。

鷲山　そこで「花鳥」の考え方に思いが至ったのですね。

加茂　アジアには古くから花鳥の概念があります。身の周りに花と鳥を置いて、大自然と人間の関係を密にする。大都市に暮らしても自然を身近に置く工夫です。

鷲山　東洋らしい自然と人間の関わり方ですね。

加茂　そうです。人間と自然を分離し、後で足し算をやってもダメです。花鳥の考えは古代中国に発し、日本で熟成された概念で、これを園の経営に取り入れました。

花鳥画と庭園様式を、中国・韓国（朝鮮）・日本の流れでみて研究し、日本庭園については、重森三玲先生とご子息の完途さんに教えて頂きました。お二人ともに、ミレーとカントに因んだお名前なんですね。どちらもオリジナルな発想をされる方でした。

鷲山　花鳥とか、庭園とか、自然を近くに置くというのは、都市生活の拡大が引き金でしょうか。

加茂　そうですね。都市生活が大きくなると、自然との距離が遠くなってしまう。それで大自然をいかに都市生活に取り込むか、という発想が出てくるのです。それが庭園の発祥ですね。

日本は狭くて小さい庭を造るしかないので、自然の圧縮度を高め、抽象化を進め、遂に龍安寺の石庭に辿り着くわけです。

鷲山　庭園の考え方と花鳥という考え方は似ていますね。

加茂　人の身近に自然を置く。花や鳥を取り込む。花、鳥、人を近くする。動物園のように檻に入れて分離しない。すぐ傍にいつも花や鳥がいるという「共存関係の工夫」ですね。

鷲山　人と花と鳥がいわば同居している。確かに「花鳥の概念」は、「動物園の概念」の対極にあります。

加茂　鳥を檻に入れない園形式があるに違いない。鳥や花と同居する。その拡大形としての集客性のある園とはどういうものか？　いろいろ考えました。通常、鳥は人から逃げていきます。花鳥園はその逆で、鳥は飛んできて人の肩や腕にとまる。そのくらい「近い関係」をつくってみようと。

チャールズ・ダーウィンが初めてガラパゴス諸島へ行ったとき、空を旋回していたハヤブサが舞い降りてきてダーウィンの肩に止まったことが、『ビーグル号航海記』に書いてあります。人間が超猛獣であることを知らないハヤブサだったからです。これを大学二年で読んだ時に、花鳥園の発想が始まったのかもしれま

鳥と遊ぶ

せん。

鷲山　そういう回路を人間と自然の間につくる営みなのですね。

加茂　花鳥は、自然と人間をつなぐ細い糸かもしれないが、大事な命綱だと思います。そこに皆さんが感応し、花鳥園に大勢来て下さる。新しいビジネスモデルの誕生です。

鷲山　掛川花鳥園では、日本の古代風の大きな建物の入り口に世界のフクロウ、池には水鳥やペンギンがいて、温室の中はインパチェンスなどの花が上から垂れていて、花の下で食事ができるようになっています。

睡蓮の池のある大きな空間にはインコやオウムやキジなどがたくさんいて、鳥たちと遊べます。シギやクロトキなどの空間もありますね。フクロウやタカのショーもあって、子どもも親も楽しく鳥と遊んでいます。

花鳥園の発展形態

加茂　花鳥園は、バリアフリー（ユニバーサルデザイン）に徹しています。ですから、高齢者の皆さんや障害をもった方たちがよく利用して下さいます。花鳥園に来ると「心身とも蘇った気がする」といわれるように、リハビリ機能も果たしています。

研究所や大学の皆さんが「サイエンス・カフェ」「アカデミック・カフェ」としてお使いになる場面もあります。花に囲まれて議論すると普段とちがったアイディアが沸いてくるからでしょう。

鷲山　中国から依頼されて、中国にも花鳥園をつくられますね。

加茂　上海と南京の中間、常州市に「武進花鳥園」を作っています。ここでは今までの花鳥園の経験をもう一歩進めて、障害者や高齢者が車椅子で花鳥園の管理、花や野菜の栽培に参加できるモデルを考えています。

鷲山　花鳥園を新しい働き場にするのですか。

加茂　花鳥の概念は、自然を圧縮して身の回りに置く、ということですね。お年寄りや障害者が、「もう帰りたくない」「このままここに居たい」といわれる。「それならここで働けるシステムを作ろう」と思うようになったのです。花鳥園のコンセプトとシステムを軸に、自助福祉を徹底的に考えてみよう、と。

中国は日本やヨーロッパと異なり、憲法に儒教思想が盛り込まれており、第四九条には、孝行も取り上げられています。福祉の自助もいわれています。ですから花鳥園を農場に発展させ、車椅子に乗っていても管理できるようにする形は、最初に中国で実現できる可能性があります。

鷲山　福祉施設に入ると、社会生活から切り離されます。その点、花鳥園のようにたくさん人がやってくるところで生活できるということの意味は大きいですね。

加茂　日本型の福祉には限界があり、今のままでは破綻します。高齢者も障害者も一般社会生活から分けず、生涯現役を目指すことが必要です。

鷲山　まだ政府も納税者も「やってあげている」という意識ですよね。これはまずい。両方切り離されてしまっています。

加茂　老いも若きも、健康な人もそうでない人も、社会のなかで渾然一体とならないといけません。両者を切り離すから、社会全体が荒れてくるのです。分離ではなく、共存を考える。そこに花鳥園という空間が使えないかということです。

障害者・高齢者が働ける新モデルの職場

鷲山　自立しつつ共存するということと、経営するということの接点を、どう創っていくかということでしょうか。

加茂　そういうことです。経済原則を外れてはダメです。しかしそれが弱肉強食にならないためには、現代の知恵が必要なのです。それを自分たちで開発しないといけない。待っていてはだめです。

テレビはスイッチ一つで、コンピュータ化された内部を知らなくても使えますよね。同じように、高度なシステム化により、車いすに乗っていても、花、野菜、鳥などの世話ができ、リハビリにもなり、社会との接点をもち生産活動もできる。そうした複合した機能をシステム化してみたいのです。

鷲山　花鳥園では植物を育てていますから、農業の一つの発展形態でもあるわけですね。

加茂　そうです。屋内で農業をする。農業は日本でもだめですが、中国でもだめですね。細分化されているから大きな投資ができない。大きな投資ができないと、どうしても開発が不十分になってしまいます。それゆえ国際競争に負けてしまう。

日本は負けてしまった。立ち上がる気力もない。中国はいま負けないように必死です。日本みたいになりたくないと。

鷲山　今年の夏に、上海師範大学、華東師範大学、南京師範大学、湖南師範大学と訪問したのですが、図書館、情報センター、語学センターなど、充実ぶりに眼を見張りました。中国の勢いは凄いですね。

日本の国立大学は、運営費交付金は減らされ、人員削減を求められ、東京学芸大学の場合には、私の任期の間に一割の先生方や職員をそれぞれ削減せざるを得ず、教育研究体制がスカスカになりました。果たして見識のある政策を国がしているのか、疑いますね。

加茂　今の中国は勃興期です。上り坂だから何をやっても効果的な展開になります。反対に何をやっても、いいことの少ないのが日本です。努力が有効に機能しない。みんなが逆風に晒され、頑張ってもなかなかうまくいかない。

鷲山　中国でお仕事を展開することを決心されたのは、そういう状況を考えられたからですか。

加茂　いや、こちらからアプローチしたのではなく、向こうからの誘致に乗ったのです。中国の車椅子メーカーから、新工場建設計画に花鳥園を組み込みたい、と申し入れがあり、協力して車椅子で植物の管理、生産が可能なシステムを開発することにしました。

今までの花鳥園には入園料のバリアがあったが、中国ではもっと開放的にやれないかと考えました。入園料を取らない形でできないか？　と。

鷲山　入園料がないとなると、経営の基盤はどうなるのですか。

加茂　来る人は食べたり、飲んだりするでしょう。人が大勢集まれば、そういった営みを軸に考えられないかと。

鷲山　「掛川花鳥園」の前には、新しくお菓子屋さんなど、いろいろ店ができて、まさに「門前町」の様相を呈しています。そういう人の集まりをどう生かすか、ということですね。

シギとトキと

四合院の考え方

加茂　中国には四合院という考え方があります。中庭を中心にして営まれる生活空間構成です。中庭主義ですね。違った性格の建物、違った機能の建物が周囲にあって、それが中庭で一体化されるという様式です。

鷲山　四つの機能というのは？

加茂　居住、交流、貯蔵、生産の四つですね。こうした機能をもった居住空間の中央に交流スペースとして中庭があります。

鷲山　ドイツの都市も、中庭の空間を中心に建物が取り巻いています。中国でも都市は城壁に取り囲まれていて、その中の建物は四合院の形になっているわけですね。

加茂　老若男女、核家族でも、この中庭に行けば、皆と自由に会えて、情報交換、意見交換、会話が楽しめ、団欒ができる。多くの人ともここで出会える。花鳥園に四合院の形式が参考にならないか？　そして、今流行のモール形式は四合院を横に大きく伸ばしたものといえないだろうか？　さらに、モールの通路の頭上に、花鳥園のような花の満開が、一年中演出できないだろうか？　と。

鷲山　中国では向こうの企業家と組まれたわけですが、花鳥園のコンセプトを欲しがる企業家たちが群がって、引く手あまただった、でもすべて断った、と伺いました。

加茂　お金儲けはだめですね。地上げ屋とか、ディベロッパーとか。そういう方々と組むのは難しい。

今回の中国での花鳥園は、車椅子メーカーとの出会いがあったからです。コンセプトが合致したのです。考え方も同じだし、よい組み合わせだと思いました。

新しい農業の可能性

鷲山　中国の花鳥園は二〇一〇年三月三日にオープンすると伺いました。

加茂　はい。中国の花鳥園は、今までの花鳥園のさらなる発展形であり、車椅子での花づくり、野菜生産の試みを加えます。

場所は工場団地のなかであり、観光地ではありません。しかし、工業団地のなかだからこそ、工業の力を借りた園芸、農業が高度にシステム化される機会に恵まれると考えました。温室は六〇〇〇平方メートルです。

鷲山　日本には昔「五反百姓」という言葉がありました。五反あると、ぎりぎり食べていけるかどうか、ということだったのですが、一反多い六反、六〇〇〇平方メートルでなさるわけですね。

加茂　昔は一坪から収穫される米で一人が一日暮らせた。だから三六〇坪あると一年暮らせるとされ、これが単位の一反になった。しかし、秀吉が三〇〇坪を一反にした。生産性が上がり、実質的な増税ができたのです。五～六反（五〇〇〇～六〇〇〇平方メートル）あれば五～六人家族が暮らせて、中農といわれました。

「武進花鳥園」の温室は、その程度の大きさしかないのですが、花鳥園ソフトで高度化して経営を成立させ、そこにパイオニアとしての意義が生まれるといいなと思っています。

鷲山　私はミカンやお茶やお米の農業の経験があり、その時に思ったのですが、農業だと一平方メートルの収益などは何円程度で本当に高が知れている。しかし同じ面積に工場があると、一平方メートルあたり百万円の収益だって上げられる。農業と工業ではこの落差がある。

だから工業生産の生産性の高さの成果は、農業に振り向けないといけない。農産物の価格保証の考え方は、この落差から必然的に出るべき政策で、主要農産物はそうするべきだと。

加茂　そういう考え方もあります。しかしそれではいつまでたっても農業は自立しません。

温室に工業技術を導入し、照明、空調、ソフト、多段式を複合すると、総合生産性は一〇倍、二〇倍、いや、三〇倍にもなります。科学技術の進歩を使ってチャレンジすることが必要です。

鷲山　天候に左右されない農業ですね。確かに第一線の企業は、みな高度化された先端技術を駆使している。農業もそうでないといけないということですね。先生は問題の捉え方と展開の仕方が極めて根源的です。

加茂　問題の所在の把握も大事ですが、何より社会性だと思いますよ。どんな企業でもそうです。現代において大きな発展をするには、社会の必要にしっかり応えることが必要です。今着ていますが、このユニクロもそうです。安く、薄く、暖かく、洗濯が容易で、直ぐ乾き、下着だが上着としても使える。

都市の室内でも、効率よくできる高度農業システムを工夫し、四合院のような過去の生活形態も生かすのです。

鷲山　まさに温故知新ですね。

社会性――共同あってこその個性

加茂　日本はアメリカから「本当ではない現代」を学び過ぎたのではないでしょうか。そういう愚かさをいまだ重ねている。アメリカン・ドリームなどという自分中心主義の出世物語から決別していかなければ。根本は社会性だと思います。皆がよくならないといけない。そういうことを議論する場として花鳥園がある。

人とその他の生物を同列にみた環境のなかで、飯を食いつつ、花の下で議論する。西行法師の「願くば花の下にて春死なん　そのきさらぎの望月のころ」を話題にしてみるとか。

鷲山　個性を出すように、ということが盛んにいわれますが、個性化のためには横のつながりがないとダメですね。皆と共同でやっているなかで、自分らしさが具体的な姿で現れてくるし、そこで本当の個性が確立される。

加茂　庭や花園のなかでは、分け隔てがなくなり横のつながりと個性化が同時に発展すると思いますよ。現代の教養といったとき、ここがポイントになるのではないですか。しかし、現代生活はその逆をいっています。切り離されたところで自分を創ろうとする。だから社会が荒れてくる。

鷲山　先生は若い頃にマルクスを勉強されたことがあり、最近の世界同時不況のなかでまた『資本論』を読み返しているともいわれました。

私もドイツが専門ですし、当時は西ドイツと共に東ドイツもあって、マルクス

サイエンス・カフェ
――夜，花の下での対話

も読んだことがあって、今でも時々警句的にマルクスの言葉を思い出します。先日もふと『経哲手稿』にある「非対象的存在は非存在である」という文句を思い出して、いろいろ考えました。

加茂　Unwesen は「非存在」という訳ですが、そこに「お化け」とルビがふってありました。

鷲山　そうでした。「具体的な対象としっかり格闘しないと、人間はお化けになってしまう」ということですね。私たちはうっかりすると、そんなふうになりかねません。

特に昨今は、知識と情報だけが流れていく情報化時代でしょう。本当に客観的現実とぶつかって格闘しない。例えていうなら、畑を耕すことで土の性質を実際に知り、鍬の使い方を体得する、というプロセスがないまま、つまり本当の客観性を知らないまま、知ったかぶりの知識だけが行きかう。

加茂　現実の壁にぶつかりつつ、粘り強く学んでいくというプロセスがないと、自己意識だけが肥大化します。それが社会性と切り離されているところが、問題なのです。

鷲山　人格は未熟なのにプライドだけはある。「それはまずい。謝ってきなさい」と先生が学生にいうと「私のプライドはどうなるのでしょう」とまず聞き返す、というような類の話が最近は多い。人との間で本当に切磋琢磨がない。病理現象ですね。まさに「お化け」です。

加茂　知識や情報を手にはするが、その元となる事柄と四つに取り組まない。人と人との間も、メールのやり取りで終わり。人間の香がだんだんなくなっていきます。情報化社会だというのに、かえって芯からの真のコミュニケーションができにくい。

鷲山　実際との関係のなかで、粘り強く思考し、矛盾の集積のなかから打開策を絞り出していく態度が大切ですね。

でないと、困難に出会うと「うつになる」か、「切れる」か、どちらかになってしまう。先生のいわれる、よき社会性をどう復権していくか。これは大変重要な課題ですね。

日本は、つまらん連中が未来をたべちゃった

加茂　中国は世界的大不況のなかでも発展している。経済政策のよさがでていますね。マルクス、レーニン、毛沢東と社会主義に拠ったが、ケインズも読み込んだ。

世界がリーマンショックから不況に陥ったなかで、ケインズ流の経済政策を取り込み、大規模な国家投資をして有効需要を雪だるま式に盛り上げ、大成功している。

日本はそれができない。逆をいっています。経済政策はゼロに近い。教育政策もだめ。対して中国では、マルクスもケインズも生きている感じです。

鷲山　日本は一九六〇年代の高度経済成長が終わり、一九七〇年代に入って、国家投資の対象を見誤りましたね。投資などしなくてもいいところに投資して、必要性もよく検討せず、公共事業と称してダムなどを次々と造り続けた。

そんなことで人工的に雇用を生み出すくらいなら、そうしたお金はもっともっと、未来を生み出す教育や研究に投資してほしかったですね。その方が新しい産業が育ったのに。

加茂　新しいものが生まれないまま、今までの成果をひたすら輸出した。消費した。食いつぶしですよ。簡単にいうと政策を誤って、つまらん連中が日本の未来をたべちゃった。

鷲山　三〇年といえば一世代でしょう。それがずっと続いた。この誤りは大きいですね。七〇〇兆の赤字も、その所産でしょう。

加茂　このところ『坂の上の雲』が評判になっていますが、司馬遼太郎がいいたかったことは、当時はみんな燃えていた、必死だった、一歩間違えば自分もみんなも死ぬ、創意工夫こそすべてだったし、そのなかでの熟慮と決断が求められた。その日本人の在り方ですね。あの時代はみんな命をかけて生きていました。

鷲山　今、先生も命がけですね。ただ、日本のその後の道程を考えますと、明治の終わりに幸徳秋水たちを弾圧して葬り去り、つかの間の大正デモクラシーの時代があったものの、昭和に入って軍部の台頭を許した。もっと共和の思想を取り込んでいれば、日本の進路は違っていたと思います。

中国も、天安門とか少数民族問題とか人権問題とか、棘を抱えています。共和主義をもっと取り込まないと、問題が解決されていかないのではないかと思います。建国当初は、新民主主義論にのっとって「人民協商会議」などがうまく機能していたと思いますが。

加茂　中国の人たちと話すと、それらは精一杯取り込んでいるというのですがね。

中国は日本と同じで、農業を切り捨てています。これは未来を危うくするものです。しかしどうしていいのかわからず、毒性の強い化学農薬がやたらに増えている。

ふさわしいモデルの探求

鷲山　先生の模索が一つの鍵を提供するかもしれません。

加茂　日本では「隣百姓」という言葉があるでしょう。隣で田植えしたから我が家もやる。隣が肥料を撒いたからこっちも撒く。主体性のない言葉として使われますが、見方を変えれば、隣のモデルが良ければ全部が良くなるということです。

やはりモデルがないと発展しません。社会はいろいろなモデルで成り立っています。いいモデルがないと成り立たないから、それを作ろうと考えました。もちろん要所は押さえ、利益性は確保しないといけませんが。

鷲山　中国の花鳥園は、フクロウも顔の一つですか。

加茂　中国の人たちの関心の在り方は、日本とは違います。「フクロウを見たい」といったら、「薬屋に行け」といわれました。捕まえて粉にして飲んでしまう。漢方薬として使う。粉にして売るといくら、というのが彼らの価値意識ですよ。

だから中国ではフクロウは花鳥園の顔になりません。動物園には少しはいますが、博物館的な価値にとどまり、日本のように「縄文時代からの深層意識＋福との語呂合わせの価値」はありません。アイヌの神様は今でもフクロウですからね。

鷲山　球根ベゴニアは華やかで、「中華」という雰囲気にぴったりだと思うのですが、メインの花は何になさいますか。

加茂　残念ながら球根ベゴニアは高山性で中国の気候的に合いません。植物によい温度と、人によい温度が一致した植物を選びます。

インパチェンスが第一段階です。目的に合う育種が大切であり、中国科学院との交流のなかで模索していきます。雲南、四川産のベゴニアなら可能かもしれませんね。先日、昆明に行ったら、科学院に二〇〇種類もの自生ベゴニアが集められていました。

今は転換期です。新しいことを模索していくことこそ、大切なのです。そのなかから自然へのアプローチの在り方、学びの在り方、体験の在り方、福祉の在り方、経営の在り方、園芸の在り方、農業の在り方など、新しいが普遍的なものになるモデルができるといい。それにチャレンジします。広く活用していただけるモデルを創りたいですね。

上海万博参加

鷲山　上海万博にも参加されるそうですが。

加茂　「武進花鳥園」を車椅子メーカーと作る過程で、「中国残疾人連合会」の幹部と会う機会があり、「車椅子での花づくり」を万博会場に実現させることになりました。

万博中国館の中に残疾人（障害者）の将来についての特別展示室が一二〇〇平方メートルあります。その約半分の天井一面に、吊り鉢で、満開の花いっぱいの空間を演出し、その植物管理、育成を車椅子と高所作業車に乗った残疾人が七メートルの高さまで上って作業を行うのです。

鷲山　障害者が対等に、自立的に仕事ができる在り方を実際に提示されるわけですね。

加茂　現場はコンクリートのビル内であり、窓もないので、自然の光はゼロです。従って満開の花天井を育成するには人工照明だけの、密閉型植物工場方式で実現しなくてはならず、見事な満開を半年間確実に続け、水は一滴たりとも下に落とさない自動潅水が必要です。病虫害防除も毒性のある化学農薬は使えません。

このような花づくりや演出は今回が世界初であり、実例が全くないので、研究と実験を行い、多くの方々のご協力を得て、新システムを開発しました。

車椅子で花づくり／上海万博準備

鷲山　高度な技術的工夫が一つのポイントなんですね。

加茂　科学技術の成果をしっかり取り込まないといけません。インパチェンスの吊り鉢栽培は「武進花鳥園」が担当し、現場で足の悪い障害者が使う高所作業車と車椅子は、パートナーである中国の車椅子メーカーが開発しました。

この上海万博での企画が成功すれば、車椅子で、どんな場所でも、たとえばホテルのロビー、ショッピングモールの通路、国際会議場、各種展示会場、リハビリセンター、レストランなどの天井一面に、花いっぱいの空間を作ることができます。

鷲山　新しい可能性を探求される先生の若々しい精神に圧倒されます。

加茂　中国ではリハビリテーションセンターに広い農場を付属させていることが多いので、空調の効いた室内車椅子農場を付属させ、障害者、高齢者がリハビリを兼ねて花や野菜を無化学農薬で生産する、集客性のある農業経営を誕生させたいと思っています。

　これが成立すれば「生涯現役」と「無農薬農業」が一挙に両立する可能性もあります。この可能性を演出するのが、上海万博の「生命陽光館（障害者対応の将来像館）」で私たちが引き受けた仕事です。

鷲山　話は尽きませんが、大変発想が豊かなお話をいろいろ聞かせていただきました。精神がはつらつとなりました。ありがとうございました。

3　総合商社からみた世界

元三菱商事副社長・郵便局株式会社会長・
東京学芸大学経営協議会委員　古川洽次氏との対談
（二〇一〇年三月五日）

三菱商事から日本郵政へ

鷲山　先生の職場はどこかと思いましたら、霞ヶ関なのですね。

古川　郵政省の建物をそのまま使っています。「日本郵政公社」は二〇〇七年一〇月一日に民営化されました。私に話があったのが二〇〇六年で、二〇〇七年七月からこちらに参りました。もう三年です。

鷲山　「株式会社ゆうちょ銀行」は、二〇〇兆円という、日本で最大の資産をもった金融機関といわれています。先生はその会長をされておられましたが、最近変わられたのですか。

古川　昨年一二月に変わりました。今は「郵便局株式会社」の会長を務めています。これまでは、お金をどう運用するかが課題でしたが、今後はお金をどう集めるか、つまり顧客対応が重要になります。

課題も答えもすべて現場

鷲山　このお仕事を始められたとき、「まずは現場に行かないと」と、全国の郵便局回りから始められたとおっしゃっていましたが。

古川　数えてみたら昨日まで二九四の郵便局を回ったことになりますが、しかし、全国には約二四五〇〇の郵便局がありますから、二%にも満たないですね。ビジネスの原点は現場です。ビジネスの課題も、その答えも、すべて現場にありますからね。

鷲山　今月も回られるのですか。

古川　来週から年一度の全国郵便局長会議が始まります。九六ヵ所でやりますが、一番大きい所が大阪で、一〇〇〇人の局長が集ります。まずそこに行って話をします。毎日各会場を回ります。いろいろ問題が起きていますから。現場を見て、自ら話を聞かなければ、何もわかりません。

鷲山　郵政民営化のことを少し整理させていただくと、今までの「日本郵政公社」が、四つの事業会社と一つの持株会社に分割された。つまり「郵便局」「郵便事業」「ゆうちょ銀行」「かんぽ生命保険」の四つの事業会社と、持株会社である「日本郵政株式会社」に分割され、株式会社化されたということですね。

古川　そうです。今度、私が任された「郵便局株式会社」は、実際にお金を集めているところです。それを「ゆうちょ銀行」と「かんぽ生命保険」に回している。一八〇兆円と七〇兆円で、この二つはそれを原資として運用している。

鷲山　一二月までは、「株式会社ゆうちょ銀行」で、お金をどう運用するかの担当をされたわけですね。

ゆうちょ銀行の課題

古川　そうです。これまでのやり方は、郵便貯金のお金で国債を買っていた。集めたお金に金利をつけてお返しするというのが、郵便局のトータルな仕事でした。

国債は国の借金であり、国に対する株券なのですが、安全第一で、キャピタルロスが出ない。国債の金利と郵貯の金利は理論的にはフラットのはずなのですが、長年にわたる低金利や金融不安などがあり、市場は今歪んでいる。そこにわずかな利差が出る。それを狙ってゆうちょ銀行は稼いでいるわけです。わずかですが、元が大きいから利が出る。しかし金利が上がり始めると、あっという間に問題が生ずる可能性もある。

だから民営にして、新規事業を起こして、もっと収益を上げなさい、ということになるのです。昔は一端集めたお金は財務省がもっていった。

鷲山　それを財政投融資に回したわけですね。

古川　そうです。一部は国債を買ったが、ほとんど財政投融資に回し、コストプラスアルファで返した。黙っていても確実に戻ってくる。その構図が郵政民営化でなくなったわけです。

だからこれからは、本当に稼がなければならなくなった。このことは公共事業にも影響を及ぼしましたが、郵政にも大きな影響をもたらしました。

本当に自分で稼がないとダメなのですよ。じゃあ何ができるか。新規事業といっても、郵政にとっては新規事業かもしれないが、どの分野にも先発がいますからね。

鷲山　一八〇兆円を新規に使うというのは、大変なことですね。

古川　そんなに簡単に儲けさせてはくれない。儲けられるのは貸付です。しかしこれは長い経験とデータがないとできないことです。ですからぼちぼちやっています。

今は住宅ローンでやっていますが、しかしやっている住宅ローンは、実はスルガ銀行の住宅ローンで、それを私どもが代理で売っているのです。

鷲山　実績がないとできませんね。

古川　それをやりつつ、データを蓄積している。そういうプロセスを踏んでいるところです。

鷲山　運用の制約はどのくらいあるのですか。

古川　いろいろやろうと思ったのですが、全部認可事項ですからね。たしかに民間の秩序を乱しても、不良資産をつくっても、困るということはあるでしょうが、認可がないとできないというのはつらい。

住宅ローンも自前でやりたい、やらせてくれ、といったのですが、できませんでした。もう自前でやれる体制はできているのですが。

郵便局株式会社へ

鷲山　二〇一七年から完全に民営化しようとしたところ、民主党政権になって、国民新党の亀井静香さんが民営化の進行を止めました。その結果、推進役の西川善文さんが辞められました。

古川　その他にも辞める方が出て、「あいつは現場を知っているから」ということになって私にお鉢がまわり、「ゆうちょ銀行から郵便局株式会社に行け」ということになりました。

鷲山　今度の方向はどうなのでしょう。

古川　歴史はバックステップは踏まないですよ。「郵政グループとは何か」を常に問いつつ、進めていきます。自由度が低くなるなかで、ユニバーサルサービスが求められています。どんな山間僻地でも金融サービスをしなさいと、今度義務づけようとしています。そうでないと、上場されたらマーケット原理が働いて、なくなるところがでますから。しかしそうすると、そのコストはどうするという問題が生まれ、収益で稼げということになる。その辺がなかなかややこしい。

持ち株会社の方は、齋藤次郎さんに頑張っていただく。私は現場をやるということです。

鷲山　民営化で山間僻地の郵便局がなくなるとかいわれていますが、実際はどうなのでしょう。

古川　郵便局のネットワークは維持する仕組みになっていますし、実際に営業している郵便局は民営化後も増えています。維持しながら収益を確保していく、そこをどうするかです。

意識改革ではなくて、仕事のやり方を変える

鷲山　民営化に対応して、意識改革はどのようになさったのでしょう。

古川　意識改革というのは、そのままやってはだめです。まず仕事のやり方を変えないと。仕事のやり方を変えることで変わってくる。意識改革の前に、まず「形から入る」ことが大事だと私は考えています。

たとえばゴルフでも、女性と一緒に始めると、女性の方が先にうまくなります。女性は習う時に形から入るからです。男性はたいてい自己流で始めてしまう。才能のある人はいいのですが、そうすると遠回りになってしまいます。

鷲山　意識を変えるというより、仕事の新しいやり方を身に着けるということですね。

古川　そうです、その際に大事なことは、ゴールを決めることです。形ばかりだと、最後は末梢に陥ります。「何をやるか」ということが重要です。

たとえば銀行の窓口で、「お金を合わせる」のには手順がある、細かいルールがある。しかし問題なのは、ルールどおりにやるということではなくて、お金を合わせるという目標ですね。ルールどおりやったが、お金があわなかった、では困るわけで、この目的がはっきりしないと、ルールのためのルールになってしまって、末梢に陥る。とかくそういうパターンが多い。オイオイ、ということになる。

鷲山　新しい形をつくる。そして目標設定をする。それが結果的に意識改革につながるということですね。

古川　目標だけはしっかりすることが必要です。世の中は変わっていきます。世の中の流れに従って変わっていかなければならないものです。ルールが変わっていかないと遅れるのです。ビジネスは、世の中の流れに従って変わっていかなければならないものです。ルールが変わっていかないと遅れるのです。ただ「官」は仕方ないところがあります。法律があって、それに従ってやるということが仕事、という面がどうしてもありますから。しかし、「民」はそれが常識と思ってやったらもうダメです。ルールに合わせていく、慣れちゃう、それが常識と思って変えない、こうなるともうだめです。日本の金融行政がいい例です。

鷲山　金融ビックバンに対応できなかった。

古川　保護に回ってしまうんですね。規制に守られてきたのが、一九九五年以降、世界的な金融、証券、会計のビックバンに直面し、ボーダレスになったら、あっという間に日本の銀行は没落していった。つまり日本のやり方は墨守《ぼくしゅ》なんです。

「大学」や「官」では予算管理というのが使命で、予算の通りに遂行する。「民」では、予算は収益を上げるためのコストで、ビジネスに必要なら使えということになる。

鷲山　予算は目的に対する手段だ、ということが明確なのですね。

古川　ここに来てびっくりしたのは、名刺を職員が自前で作っていて、若手の職員は名刺を配るのを惜しんでいたことです。聞いてみると、「名刺の予算」の項目がなくなったから、名刺は作れなくなったという。自分で作れということになった。こういう論理がまかりとおっている。こんなに驚いたことはありません。

鷲山　配るのを惜しむ名刺ですか……。自費でつくればそうなりますね。

古川　オイオイ何をやっているんだということですね。予算を大括りに使いやすくして、必要性を考えて、名刺とか鉛筆とか別の文房具とか、優先順位を付けなさいと指示をしました。

名刺を配るのは営業の原点でしょう。飲み屋でも名刺を何枚配れるか、もらってもらえるか、郵便貯金に入って喜んでもらえるか、ということでしょう。そういう発想でやっていかないとだめですよ。

現実を見るときの指標

鷲山　そういうプラス・マイナスの生きた事例を、学生諸君に是非聞いてもらいたいと思いまして、先生には「学芸フロンティア科目」をお願いしました。

古川　「常に変革を――ビジネスの視点から考えるグローバリゼーションと教育――」と題してやったのですが、まず私がいまやっている「郵政民営化の概要」をお話しして、そのなかで国民生活にとって最も根本的な事柄について、今日は一つお土産をあげますよ、ということでGDPですね、このことはわかっているようでわかっていませんよね、ということでそれを説明することから始めました。

鷲山　GDPは、「Gross Domestic Product」で、「総国内生産」ですね。

古川　「国内総生産」といっていますが、「個人消費＋民間投資＋政府支出＋純輸出＋在庫品」ですね。「国内で一定

期間に新たに生み出された付加価値の合計金額」です。国内で生み出された最終生産物の合計金額をも表しています。つまり、国の経済の発展を図る物差しなのです。

鷲山　なるほど。

古川　その物差しを、三菱商事の業績推移に当ててみることによって、社会や経済環境の変化に対して、三菱商事がその機能をどのように変革させて生き残ってきたか、仕事のフィールドや仕方をどのように変えてきたかを解説しました。具体的なケースとしては、今日の日本にとってホットなテーマになっている食糧自給率について、また、食料食品の流通を例に、物流についても触れました。

鷲山　社会の動きがリアルにわかるお話で受講生たちは大変喜んでおりました。

古川　一回でやった授業ですから、内容は濃かったと思いますよ。受講生は消化不良だったかもしれませんが、教員になる人間は、世の中の常識を知っていてほしい。ＧＤＰとは何なのかをスパッと説明できる学生はいませんでした。表面的な知識だけでなく、本質を知っている人間しか、物事をわかりやすく教えることはできないですからね。

変革、そして変革

鷲山　六年前に、本学の経営協議会委員をお願いしようと、三菱商事の先生のお部屋を訪ねた時のことをよく覚えています。

オーストラリアの原料石炭の採掘場の大きな写真、メキシコの大塩田の大きな写真などが飾ってあって、世界的規模でお仕事を展開している様が、臨場感豊かに迫ってきたので、圧倒される思いでしたが、生産活動と経済活動の本質をしっかり掴んだ上で活動しないと、決して成り立たないわけでしょうから、そうした厳しさもひしひしと感じました。そういうなかで先生が日ごろ心掛けておられたことは何でしょう。

古川　商社では常に変革が求められています。ですから、変革を使命としてやってきました。今の三菱商事は私が入社した頃とは、まったく違った会社になっています。それはなぜか。一九七〇年代までは重化学工業を主体とした高度成長期で、三菱商事も売上高、収益ともにGDP成長と一緒に伸びていた時代ですが、一九八六年ころから状況が変わってきて、それに対応しないといけませんでした。

　総合商社はいつも危機なのです。それをプラス面に、プラス面に変えようと思ってやってきたのですが、私が入社した頃は、手数料商売でした。原料炭を海外から輸入しますね。それをたとえば八幡製鉄に売る、その取引を通して手数料をもらう。一〇〇円で買って一〇三円で売って三円儲けるということですが、三円の価値が時代とともに変化し、やがて価値がなくなってくる。そこで投資をする、それを連結利益にもっていく、あるいは企業を買収する、取引はゼロでもいい。このように付加価値の内容を変えていく。変革がポイントなのです。

鷲山　あの時に先生がおっしゃったことで大変印象に残っていることは、「これで私は副社長を辞めるが、次に来る人は私を全面的に否定してほしい」といわれたことでした。与えられた歴史段階の使命ということを深く自覚して、お仕事をされているのだなあと思いました。

古川　一九九九年から二〇〇〇年にかけての経営改革は佐々木幹夫社長と私とでペアでやったのですが、実をいうと想定以上に儲け過ぎてしまったのです。そうなると皆これでいいと思ってしまう。良いモデルができ上がり過ぎると、もうそれでいいと思ってしまうのですね。

鷲山　変革が行われなくなる。だから自分たちを超えて、レベルを上げてほしいと。

古川　そうです。そうなった時にはやはり教育ということが重要になりますね。社員の教育をきちんとすれば、変革は起こっていく。

鷲山　儲かった分を見えないところに投資する。未来への投資なのですね。

古川　使いきれないくらいに儲かりましたからね。それを教育に投資した。変革の精神を受けついだ社員が大勢います。教育をすれば、その結果として新しい変革が必ず起こります。

鷲山　先生の創られたモデルは凄いですね。手数料でやっていてはダメだと、ある時思われたのですね。

古川　アメリカとは戦争もしましたし、商売もしました。戦後アメリカと商売して、本当に儲かったかというと、三菱商事は結局儲かってはいないのです。

唯一儲かっているのはトヨタだと思っていましたが、今のこの状況では儲かってはいないでしょう。アメリカという国は、エントリー自由な国で、入ってから自由競争で激しくやりあって、時々は勝ちますが、やがて大きなつけが回ってきます。

戦後の日本はずっとバリアーがありまして、貿易制限があり、為替管理があった。私たちが入った頃は、外国からものを買おうと思っても、関係省庁の許可が必要だった。売ろうと思っても売れなかった。そういう時に外国と取引したり、為替の相場がわかったりするのは、商社しかなかったから、商社がそういう枠をもっていたのです。いやでもおうでも商社をとおさないと何事もできなかった。そこに取引の仕事があり、口銭（手数料）の価値があった。

しかしだんだん自由化してくると、誰でもできるようになる。メーカーの攻勢が激しくなって、メーカーが直接海外のサプライヤーと交渉取引しだした。これじゃいかん。それならわれわれは川上へ、川下へ行こう、そしてそこを押さえないといけない。そこを押さえたら、連結利益がとれますから。移ろいやすい付加価値を適性機能で搦め取ろうということです。

鷲山　富の移り変わりですね。

古川　そうです。常に変化していく付加価値、つまり利益を逸しないようにする。商社は元来、商流や物流の川中を押さえていましたが、付加価値が川上に移ると見れば、資源会社やメーカーに出資することにより川上を押さえる、利益の源泉が川下にあると思えば、コンビニに資本参入して川下の付加価値も押さえ、国際的な連結決算で利益を享受する、ということができるような会社に変革したということです。

鷲山　先生の次のモデルは何か、ということですね。

古川　僕の知恵はそこまで。だんだん教育の成果が現れています。秘蔵っ子たちが活躍を始めています。

金融への関心

鷲山　三菱商事のお仕事をされた後、郵政の世界へと決断されたきっかけは？

古川　世界の問題を解く鍵の一つは、金融だと思います。人類が生まれてからずっとあるんですからね。商社は手が出ない領域で、取引金融くらいしかできなかった。自分がやったことがない分野なので、どういうものなのかという関心はありました。

郵政民営化で私に話があったとき、「溶鉱炉に手を突っ込むようなものだ。やめておけ」といわれたのですが、金融というものを直接やってみたい、どこにポイントがあるのだろうかと、そういう興味がありましたので、お引き受けしました。

鷲山　「民」から「官」にやってこられて、戸惑われたということも多々あったと思います。

古川　当初はわからないことが山ほどありました。商社であらゆる仕事を三六〇度やってきたのですが、しかし官のことはわからないことが多い。そこで自己完結していますからね。

郵政に来てからいつもいっていることですが、郵政は大きいからこれが世界のすべてと思っているのかもしれないが、「官」も一つの社会でしかない、しかし「民」の世界はもの凄く広くて多様なんですよ、ということを伝えたいと思っているのですが、そういってもわかってもらえないところがありますね。

鷲山　根本は、一八〇兆円をどう運用するのかということだと思いますが、大きな新規参入ですね。全体のバランスを崩してはいけない。民業圧迫になってはいけない、という面があると同時に、このお金が新しい世界を拓いていく、そして新しい産業を起こしていくように機能すれば、一番いいということだと思いますが。

古川　仕組みは考えたのですが、まだまだ今の段階では許可にならない。やはり大切なことは、仕組みをつくることです。それはビジネスの真髄でもあるわけで、先を見つつ、仕組みをつくっていく。一発当てるはだめです。世界を広く見て、しっかりモデルをつくることです。

好奇心と情熱

鷲山　「学芸フロンティア科目」の先生の講義は大変好評で、教育学部だと生きた経済事情や商社の活動に触れた話を聞く機会がないものですから、本当に貴重なお話でしたね。

　こういう感想がありました。「父も母も公務員で、自分は教員になりたいと思っている。そうすると役所とか、学校とか、狭い世界しか知らないことになる。そのことへの危惧感をひしひしと感じた。広さ、深さ、豊かさをもった世界を、もっともっと知りたいと思った」。

古川　先程いいましたように、郵政の世界もそうですね。自己完結してそこで済んでしまうから、これが世の中だと思っている。思考や行動の枠組も決まっていて、そこからなかなか出られない。純粋ドメスティックですからね。外国もあるんですよ、といいたいですね。

　同じように教員を養成する大学なら、テクニックだけを教えるのではなく、子どものお父さんやお母さんは全く知らない違った世界に生きているかもしれない、それがわからないと、本当に子どもに教えたことにならないのではないかと思うのですよ。

鷲山　教員の視野の狭さとか体験の少なさがよく指摘されます。大事なのは、自分の体験以外を想像する能力ですね。最近は自己中心的な人間が増えていて、教員にも影響してくると、世界を狭めます。

古川　そこが凄く心配です。ＧＤＰの講義ですが、これは細野真宏さんという方が大変わかりやすく説明したのに依拠しつつ、お話ししているのですが、なぜ麻生首相はバラマキをやったのか。付加価値とはどういうものか、みんなわかったといってくれる。そして、「新聞を見る目が変わりました、テレビを見る目が変わりました、世の中を見る目が変わりました」といってくれます。

鷲山　世界を見る際の梃子の与え方なのですね。

古川　ＧＤＰは、国民と国と会社をつなぐ経済的な指標なのです。自分もそこに深くつながっている。ＧＤＰで一番大きいのは、個人消費ですからね。個人がお金を使うということが、実は国の経済力とリンクしているんです。そこを通じて世の中を見る、という習慣をつけるということが大事です。面白いということがわかってくる。

鷲山　疑問をもつこと、ちょっとしたことを不思議に思うことは大切です。私たちは現実を見るとき、ついつい同化して見てしまいます。距離をもって見ることですね。ドイツの劇作家ブレヒトは「異化して見る」ことの大切さをいっています。

古川　そうですね。たとえばこの部屋（会長室）の前の廊下はとても長いのですが、社員に「何メートルあると思う?」と聞くと、皆、首を傾げて「聞いたことがない」などという。「では、だいたいどれくらいだと思う?」と聞くと、ようやくあれこれと考えを出す。実はこっそりと歩幅で計ってみたのですが、およそ八〇メートルの距離でした。しかし目で見るともっと長く感じます。要は、屋外であったり、天井の高さであったり、そういった要因によって、違うようにみえるのです。そういった好奇心は大事だと思います。

鷲山　企業経営だと、特にものごとのちょっとした変化や、変わった事象を見逃さないということが大切なのでしょうね。

古川　変わり目をしっかり捕まえて、これはいかん、ちょっと変えた方がいい、そう思うか思わないかがありますね。なかなか見えないのですが。

教員になる人間に特に必要なのは、好奇心と情熱ではないでしょうか。知識は色々なツールもありますが、好奇心と情熱はそうはいきません。

鷲山　好奇心のある先生は魅力もありますね。近年、「教員に必要な資質能力」という言葉がよく使われますが、私はその前に、「人格」が必要だと感じています。「教員に必要な人格」、好奇心や情熱はそのエレメントでしょう。

古川　魅力ある人格は大切です。社員にもいつもいっていますが、「物を売る」というのは「人物を売る」ということですね。物はツールであって、お客様は人間を買ってくれているのだと思います。君が勧める貯金と、他の銀行員が勧める預金は同じだろう。あえて君のを選んでくれるのは、君をかっているからだろう。そうなのです。

壺井栄の『二十四の瞳』ではないけれど、人格が教えている。教える技術ではないのですよ。子どもはそれを本能的に見抜く、ということがあると思います。

学識と人格

鷲山　先生は鹿児島のご出身です。しかし私は静岡の出身と申し上げたら、実は本籍は静岡市葵区東鷹匠町だといわれてびっくりしました。

古川　父が戦死しましてね、母の実家のあった鹿児島に帰ったわけです。当時の鹿児島には、旧制高校である第七高等学校の雰囲気がまだ漂っていまして、私は新制の八回生で、通った高校は昔の鹿児島第二中学といいましたが、予科にいた先生が教鞭を取ったりして、素晴らしかったですね。

鷲山　旧制高校の魅力は、よく郷愁をもって語られます。旧制七高は「北辰斜めにさす所、大瀛《たいえい》の水洋々乎……」という寮歌が有名ですね。

denken という「思索する」を意味するドイツ語が日常的に使われて、「青史を繙き、人生を考え、学の蘊奥を究めん」と真剣に denken するという気風だったと聞いています。寮歌には、「若紫の暁」とか、「紅も萌ゆる春」「緑なす夏」など、春夏秋冬が人生への予感と重ねて謳われていますね。大きな器量が養われたのだと思います。

古川　本当に凄い先生たちがおられました。今思い出してもそう思います。知識も当然にもっていましたが、皆、素晴らしい人格ももっておられた。音楽の授業でのことですが、田中という先生がピアノの音を出して、「この音を五線紙に書け」というのです。「ドはこれだ」、ポーン。ポカンとして、そんなことができるわけがないと思いましたが、「この音がソだ、では、これは何だ」と。ずっとやっていくうちに、皆できるようになるのです。これには驚きました。

鷲山　真っ新《さら》から引き出すわけですね。

古川　高校の先生というのは、こういう凄い人たちなんだと感じたことを覚えていま

す。日本史にしても、東洋史にしても、質問すると難しい高度な答えが返ってきました。私は生意気でしたから、「桑原武夫の第二芸術論って何ですか」などと質問をしたりしたのですが、ちゃんと答えてくれましたね。先生って凄いと思いました。

鷲山　当時は、高校の時もそうでしたし、大学も当然レジャーランドではなく、アカデミックな雰囲気が極めて濃厚でした。

古川　私は九州大学で学びましたが、当時大学には「スター教授」がいました。違う学部からも潜りで講義を聴きに来て大人気でした。民法の船橋諄一先生とか、労働法の菊池勇夫先生とか。刑法の井上正治先生は、東大の団藤重光先生との有名な論争もありました。そういった先生の話を聞いたもぐり学生が、夜に酒を飲みながら、ああでもないこうでもないと議論するんですね。経済学では向坂逸郎先生、高橋正雄先生です。オーラがありましたね。

鷲山　他学部の学生にも講義がよくわかったのですね。

古川　本質がわからないとやさしく話せないですよ。やさしいことをやさしく話すことは誰でもできる。難しいことを難しく話すことも誰でもできる。しかし難しいことをやさしく話すことが一番難しい。

鷲山　本質を掴んでいるからこそできる。

古川　そうです。何がこの本質かと。それに教育は結局歩留まりだと思いますね。一〇〇人が教育を受けて、全員でなくても、一部のスプリングボードになる、そのきっかけになれば良いのではないか、と思います。全員が全員、同じだけレベルが上がるというのは難しいでしょう。それぞれの受け止め方で、大いに議論ができればいいですね。

石蕗《つわ》をむく母の手染まりたる昔

鷲山　先生は俳句をやっておられます。

古川　私は子どもの頃から韻文や詩歌が好きでした。とりわけ短歌と俳句。教科書をもらうとまずそこを開いた。誰が載っているのだろうと。楽しくてね。

素晴らしい詩をつくる人のバックグラウンドを見ると、西洋文学の素養がありますね。上田敏がそうですが、尾崎喜八はご存知ですか。

鷲山　ええ、自然を歌った詩でも、そこにきりっとした人格主義的な雰囲気を感じさせる詩人ですね。ドイツ文学者でした。

古川　尾崎喜八の詩はやさしい表現なのですが、後ろに西洋文学の素養が流れているのを強く感じました。言葉を慎重に選んで、選びぬきますから、説得力があるんですね。

鷲山　短歌や俳句がお好きということは、先生の体のなかに五・七・五のリズムがあるということでしょうか。

古川　あるんでしょうね。印象に残っている句ですが、川東碧梧桐の「赤い椿、白い椿と落ちにけり」。これって凄いと思います。季が重なって俳句としてはよくないのかもしれないですが、これは凄い。うーん。こんな言葉で想像力を膨らませてくれることってありますか。

鷲山　瞬間の鮮やかな切り取りですね。

古川　当時、中学生向けの雑誌の投稿で、本当に子どもが作ったのかと思うような句がありました。今でも忘れられません。「夕暮れや、遠く麦踏む母を呼ぶ」。これは凄い句です。女の子が出して特選になったものですが、本当にこの子がつくったのかなあと。上手過ぎますよ。

情景を絵みたいに切り取るんですね、俳句って。切り取って静止画にして、それから膨らませて自分の情景を創っていく。

鷲山　中学時代に『三国志』に夢中になって、土井晩翠の『星落つ秋風五丈原』という諸葛孔明の一生を描いた詩があって、「祈山悲愁の風ふけて、陣雲暗し、五丈原……」から始まる百節を越える詩ですが、描写とリズムに感動して暗記したことがありました。そういう好きさはあったのですが、でも、自分で詩を創ろうとは思いませんでした。私はお勉強タイプなのかなあ。古川先生は創造タイプですね。

古川　あれはいい、自分も作ろう、そういう気持ちが強いことは確かですね。昔から変わった子どもでした。子どもの頃に体が弱かったものですから、病気ばかりして学校にあまり行かなくて、本だけはたくさん読んで、やたらませた子でして、先生としては一番扱いにくい子だったと思います。

鷲山　難しい質問をして先生を困らせたとか。

古川　当時、二択、三択のテスト問題が出始めたときでした。○×ですね。それまでは全部、答を書く試験でしたが、三つのなかから一つ○を回せという形式になった。

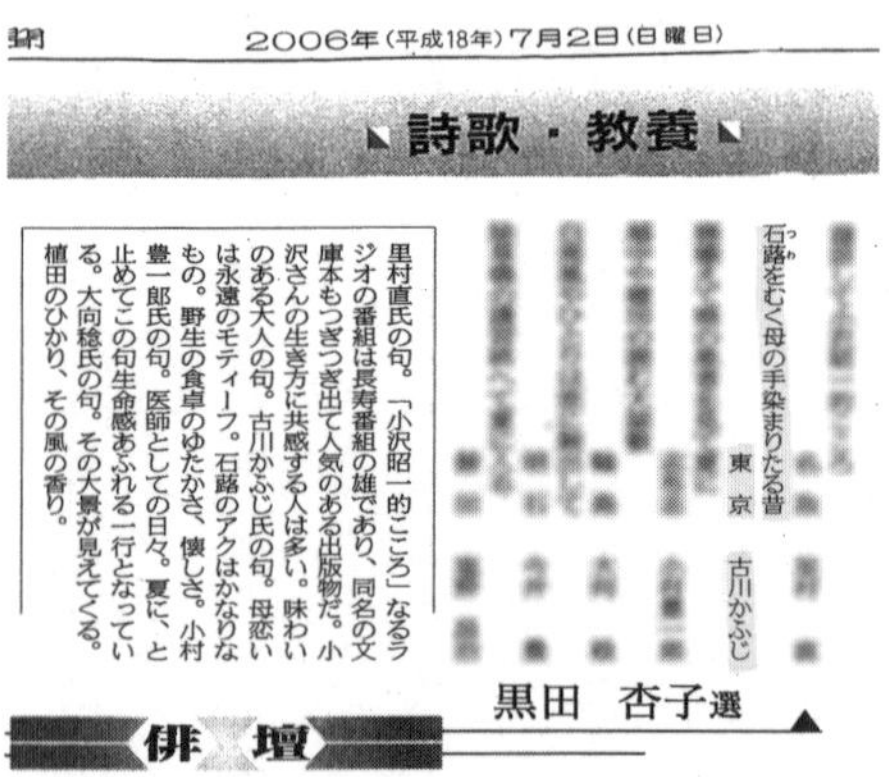
2006年（平成18年）7月2日（日曜日）

詩歌・教養

俳壇　黒田　杏子選

石蕗《つわ》をむく母の手染まりたる昔　東京　古川かふじ

里村直氏の句。「小沢昭一的こころ」なるラジオの番組は長寿番組の雄であり、同名の文庫本もつぎつぎ出て人気のある出版物だ。小沢さんの生き方に共感する人は多い。味わいのある大人の句。古川かふじ氏の句。母恋いは永遠のモティーフ。石蕗のアクはかなりなもの。野生の食卓のゆたかさ、懐しさ。小村豊一郎氏の句。医師としての日々。夏に、と止めてこの句生命感あふれる一行となっている。大向稔氏の句。その大景が見えてくる。植田のひかり、その風の香り。

（『日本経済新聞』2006年7月2日，一部加工）

しかし、質問の意味がわからないのがあって、それに対しては○を回せなかったんですよ。「こういう問題は卑怯だ、教育ではない。この問題はパス」と。先生からは「今日はこれでいい。しかし試験のときには必ず○を回せよ」といわれました。

「よく知らないことに適当に○を回して、三分の一の確率で正解するのはおかしい。当てずっぽうではないですか。私は○をしません」と、そんなことをずっといっていましたよ。大学に入ったら、流石に三つの内の二つくらいには絞れるだろうと思うようにはなりましたが。

鷲山　でもそれは見識ですね。

古川　今でもその気持ちは大切だと思っています。先生にも色々な質問をしました。それでも当時の先生はそれなりに、しっかりと応えて下さいました。

鷲山　「石蕗《つわ》をむく母の手染まりたる昔」という句を先生は日本経済新聞の俳壇に投稿されました。素朴さと郷愁をさそう素晴らしい句だと思います。

古川　最近は投稿はやめています。どうしても推敲に時間がかかってしまう。人前に出そうとすると一晩も考えてしまいます。

鷲山　あの句はどのくらいかかったのでしょう。

古川　長いこと温めていた句でした。

母にほめられて料理好きに

鷲山　古川先生は料理も大変お上手と聞いています。『味の周辺』という対談集を出されておられますね。何かきっかけがあって料理が好きになったのでしょうか。

古川　料理好きはおふくろの影響ですね。おふくろは、好奇心と工夫のかたまりのような人でした。だから私が新しいことをやろうとしても、止められたことはなかったですね。

鷲山　何でもやってみなさいと、勧められる方だったのですね。

古川　母は戦時の物がない時代に、工夫をして食材を使うことがうまかった。私も変わった子どもで、大工の仕事や、色々な仕事を見るのが好きだった。母が料理をしているのを見ていると、「手伝え」といわれ、手伝うと、とてもほめ上手だったですね。包丁を研ぐのも子どもながらにやりました。ほめられて、また喜んでやりました。

鷲山　包丁さばきには絶対の自信がおありになる。

古川　家畜の餌を作るにも刃物を使いますので、切るということは昔からやっていた。今でも包丁はイメージ通りに動き、イメージ通りに切れます。板前になりたいぐらいです。クジラやフグは別として、さばいてない魚はないと思いますね。つい先日も、嫁に魚のさばき方を教えました。たまにしかやらなくてもできるんです。好きだから。

鷲山　料理屋に行かれても、料理が気になりますね。

古川　カウンターでも板前の手元をじっと見ています。普通の客は黙って食べるだけですが、板前も、的確な批評をされれば、うれしいんですよ。あちこちの料理屋でうるさがられておりますが、歓迎もされている。

これも好奇心です。料理は毎回できばえが違います。いくら工夫しても、ダメなものはダメなのですよ。作り直しも効かない。魚は作り損なったら終わりですよ。潔さがある。

鷲山　家では料理はどれくらいおやりになるのですか?

古川　週末はよくやっています。妻よりも私の方が上手な料理もあります。野菜を切り刻んだり、魚料理などは、妻よりも私の方が得意です。好きこそものの上手なれ、です。

熱帯雨林の再生

鷲山　もう四~五年前になるのですが、「壮大な実験、広がる緑」「熱帯林再生にかける2人」と題して、先生と宮脇昭先生との対談が毎日新聞に出ていました。

「育苗、植樹による世界で初めての熱帯雨林再生事業がマレーシア、ボルネオで進む。人類生存の母体である熱帯雨林の再生に向け現地踏査に没頭していた雑草生態学者と、当時、環境破壊批判の矢面に立たされていた大手総合商社との出会いが生んだ壮大な実験。一二年経って、自然の樹海が今、急速に広がっている」という記事でした。

古川　カナダにいた時、パルプを手掛けていたことがあったのですが、木を切って使う仕事です。しかし木を切るということは、天然のバランスを崩すということですね。その代わりのことをしないといけないことを自覚したのが、一九八〇年代の初めでした。何とかしようと思っていたときに、出会ったのが宮脇先生です。先生は「ふるさとの森」を再生しようと活動されていました。

鷲山　当時、日本は熱帯雨林をたくさん切っていました。安い建材として日本に大量に入ってきました。

古川　巨木を持ってきてスライスして、糊ではりつけて新建材として使っていました。私どもの事業では切るときに、一定以上の樹齢の木しか切りません。また間隔を置いて切るなど、天然更林ができるよう厳しく基準を設けて切っています。しかし、道が付いて、交通の便がよくなると、盗伐されたり、焼き畑にされたりして、熱帯雨林が消えていくのですね。どうにかしないと、と考えました。

鷲山　焼き畑にして、しばらくは土にたくさんの栄養が含まれて、麦やトウモロコシに使えるのですが、やがて養分がなくなり、木もないものですから、表層土が薄いんですね。雨期などに流れて消失し、岩がゴツゴツ出た裸地になってしまうといいますね。

古川　天然林を再生したいという宮脇先生の熱意に打たれて、当時、私は経営企画部長をしていて広報部長も兼務していましたので、最初の実験をしたわけです。その木を五年前に見に行きましたが、見上げるような大木になっていました。また植えてきました。

鷲山　やるべきことをすれば、熱帯雨林の再生はちゃんとできるのですね。

古川　そうなのです。お見せしたいですね。ジャングルといいますが、木の下は綺麗なんですよ。ハイヒールでも歩けます。木が高いから陽が入らない。だから下草は生えないようですね。

鷲山　場所はどのようにして決めたのですか？

古川　マレーシア農科大学とタイアップしました。三菱商事ではツアーを組んで、毎年木を植えに行っています。南米ではユーカリを植えますが、ユーカリが一番早く、七年で切れます。農業的な感覚でやっています。

鷲山　マレーシアとフィリピンですか？

古川　今はブラジルまで広げています。ブラジルのジャングルを切らないようにしよう、ということです。

鷲山　ジャングルを新しく切らないで保全し、これまで切ったところに植林して、それでまかなおうとされているわけですね。

古川　ブラジルの熱帯雨林は「地球の肺」だといいます。いわれてみると本当にそうです。

話が最初に戻りますが、私がカナダにいたとき、パルプ会社を作って、シェルと組んで、世界にパルプを供給しようと計画を進めた。しかし、シェルが急に途中から降りるという話になって、理由を聞くと、「地球環境問題」といわれました。当時はまだピンと来ませんでした。

その後、日本のパルプ会社と組んでやっていたら、ある日、社長室に子どもたちからたくさんの手紙が来ました。「熱帯雨林を切らないでください」という文面なんですね。突然何だこれは、とびっくりしました。

11　11版　2004年（平成16年）2月12日（木曜日）　よみがえれ　ふるさとの森　毎日新聞

熱帯林再生にかける2人

「壮大な実験」広がる緑

横浜国立大名誉教授　宮脇 昭さん

三菱商事副社長　古川治次さん

「鎮守の森」ノウハウに　環境配慮の企業として

宮脇さん　大規模焼き畑で荒廃／古川さん　産業として永続模索

宮脇さん　当時の"常識"に挑み／古川さん　植樹の成長に感激

宮脇さんの半生「魂の森を行け」出版

6月に横浜で「市民フォーラム」と植樹祭

（『毎日新聞』2004年2月12日朝刊11面）

鷲山　キャンペーンがあったのですか？

古川　ニューヨークタイムズに大きな一面広告が出たんですね。写真が載っていて、そのなかにはブッシュのお父さんとか、当時のわが社の社長の諸橋晋六の写真が載っている。「この人たちは決定する力がある。彼らに訴えよう。熱帯雨林は地球の肺である。切らないように」というキャンペーンで、熱帯雨林を伐採する企業の経営者たちに手紙を送ろうというキャンペーンがあったのですね。

鷲山　どのくらい来たのですか？

古川　数百枚ありました。そこで、私たちはこれからこういうことをやろうとしています、と一枚一枚日本の切手を貼って、返事を出しました。企業は社会的存在ですから、こうした形で、しっかり社会的使命を果たさないといけません。

東京学芸大学の問題は財政的基盤

鷲山　本学の経営協議会の委員をされて、一番お感じになった点は何ですか。

古川　東京学芸大学の一番の問題は、財政的基盤だと思います。今のままではダメだと思いますね。手っとり早い手はないのですが、そして政治の力を借りないとダメだと思いますが、土地などの資産の活用がうまくできるようにならないと。

鷲山　運営費交付金だと限度があります。限度というより毎年減らされていますから、ジリ貧になってしまいます。島忠の力でできた職員宿舎の宿舎料や、プール跡地に来たローソンからの厚生費としての上がりが少しありますが。

古川　土地や建物を学生や教職員用にというより、それを商業用に全面的に転用できるようにする。そのように法律の建てつけを変えてもらわないと、宝の持ち腐れです。それを元にして、安定的に収益が上がるシステムを考えないといけません。

鷲山　研究面でいいますと、産学協同の技術開発というのなら収益に結びつくでしょうが、教育学部は人材養成ですからね。養成にはお金がかかるだけですから、外部との共同といっても、ひたすら援助をお願いするしかありません。

古川　しかしお金をもらうと、自然に心卑しくなるんですよ。自立して毎日お金が入ってくる稼動資産をもつことです。いいところをもっているのだから。そのように何とか建てつけを変えてもらいたいですね。そこが、これからの最大の課題だと思います。

第五章

問うことを学び、学ぶことを問う

1　大学で学ぶということ

学部・大学院修士課程入学式式辞
二〇〇六（平成一八）年四月六日（木）

ただいま入学を認証いたしました教育学部学生一二六六名、特殊教育特別専攻科生三一名、そして大学院修士課程教育学研究科生三三四名、合わせて一六三一名の皆さんに、あらためて入学のお祝いを申し上げます。おめでとうございます。いらっしゃって下さいました保証人の皆さんにも、心からお祝い申し上げます。

今日は素晴らしい天気に恵まれました。桜は満開です。正門前の桜並木、そしてこの体育館に来るまでの桜トンネルはいかがだったでしょうか。

いよいよ新しい学生生活が始まります。皆さんの前途には大きな可能性が開けています。学部に入学された皆さんは、これから四年間、たくさんの新しい学びを通じて学問と出会い、また新しい人との出会いを通じて生涯の友ができる、そういう人生の最も豊かな時を迎えています。修士課程に入られた皆さんは、これから二年間、専攻した学問分野を研究的に深め、先人の積み上げた知の世界の上に、さらに新しい貢献をしようと、大いなる意欲をわきたたせていると思います。

自分の狭い枠を取り払い、多くの体験を積み、新たな自己形成を

皆さんが大学に入って今、最も求められていることは何でしょうか。それは自分の今までの枠組みを取り払うこと、そして新しい世界と出会うことです。

今までの自分——親に育てられ、先生から教えられて形成された高等学校までの自分の枠組み、大学院に進まれた方は学部までの枠組みですが——そこから離脱すること、広い世界へ旅立つことです。今までの自分を客観化し、相対化して、新たな思想の形成と人格の形成をすることです。

しかし自分とは何か、独りでいくら考えていても生産的ではありません。友達との切磋琢磨のなかで、初めて人は豊かに発展していきます。授業にしっかり出るということはむろん大切ですが、もっと大切なことは、人と人との間にあって体験的に学ぶことです。クラブには必ず入ってください。サークル活動をやる、生協の活動をする、ボランティア活動をする、自治会の活動をする、寮の委員をする、そうした実践的活動をするなかで、新しい自己形成を図っていただきたいと思います。

これまで皆さんは勉学に励んできました。しかしそれは「知識中心」の勉強だったと思います。体験的に学ぶということは少なかったのではないでしょうか。生活体験はというと、私たちの世代とは比較にならないくらい少ないと思います。

私は農村に育ちましたから、子どもの頃は水道などなく、蛇口をひねれば水が出る、などという贅沢を味わったことはありませんで、食事時には井戸から毎日水を運びました。肥桶担ぎもやりました。結構大変な作業で、運ぶ時に天秤でうまく担がないと、はねたり、縄が外れたら大変なことになりますから、慎重に必死で上手な担ぎ方を覚えま

す。生きた知識や知恵はこうして生まれます。

そういう体験的な蓄積がたくさんありますと、一事が万事で、いろいろな知識をその場その場で応用していくセンスが自然と身についていきます。しかし皆さんはどうでしょうか。広い生活体験の上に知識がある、という形にはなっていませんね。ですから知識の生きた活用の仕方が大変未熟になっています。ある教育長の話です――「教員採用試験の成績は優秀だった。面接も大変良かった。それで採用した。しかし学級崩壊を起こしてしまった」。クラスの現実は、習った知識通りにはいきません。臨機応変が求められます。その場合、児童生徒のなかに飛び込んで試行錯誤を繰り返して、知識を生きた知恵に代えればいいのですが、それほどの余裕はなかなかもてません。次第に生徒がまともに見られなくなってきます。一点を見つめて授業するようになり、ついには生徒の目が怖くなって、後ろを向いて板書ばかりする。そしてクラス崩壊になる。こういう事例が結構多くなっているといいます。

頭のなかに単に知識のパッケージがあるだけで、体全体で具体的事態に対応し、応用していく素地が形成されていないのです。生活体験が豊富でないものですから、知識を活用するダイナミズムが自然に動き出すというようにはならないのだと思います。

またこういう話もあります。これは本学の教授であった児玉隆治先生が郷里の秋田県でやっておられる塾の話なのですが、先生は「授業には出席するが、キャンパスでは人と話せず、親しい仲間もつくれない。心が未発達なために生ずる、病気といえない病気が増えていることがずっと気になっていた」、「出会った若者に共通するのは、幼少時に群れの中で育った経験のないことだ」と指摘されていました。それゆえ「生活を共にしながら、対人関係を学ぶ」ことの重要性を思って、早期退職されてから、郷里の村に塾をつくられたというのです。

私も自身を振り返ってみても、実は今でも多分にそうですが、まわりの空気が読めなかったり、調子がはずれていたりして、相当な自己本位人間だったと思います。しかし大学入学と同時に二年間学生寮に入りました。六人一部屋での生活で、この集団生活のなかで、実に多くのことを自然と身に着けたと思います。個と全体の関係、自由と自治の関係など、人間の社会生活の基本を日々の生活のなかで体験的に学べました。ですから児玉先生のいわれる「塾的生活」の必要は、本当によくわかりますし、現在あらためて、こうした体験形成が必要なのだろうと思っています。

国際的な体験を積もう

こうしたことから、サークル活動、生協や学寮や自治会や学園祭などのさまざまな活動に積極的に参画してほしいとおもいますが、私はドイツ語を長年教えてきましたので、外国旅行や語学滞在の話をして国際的な体験の大切さも強調したいと思います。

国際化の時代です。英語はもう六年もやっていますから、話して・書けて・読めるようになりたいですね。そしてもう一つか二つ新しい言語を学んで、簡単な会話や辞書があればわかる程度を理想としたいものです。外国語をしっかり学び、それぞれの国の文化への理解を深めてほしいと思います。

現在、本学は各国の四〇ほどの大学と「研究交流」や「学生交流」の協定をしています。アメリカ、オーストラリア、フランス、ドイツ、中国、韓国、タイなど各国にわたっています。「学生交流」で一年間留学でき、単位互換制度によって四年間で卒業できるシステムになっています。実際はいろいろな事情からもう一年やったりして、意欲的に国際体験を積む学生もいて大変頼もしいのですが、やはり一年というのは長いので、応募に躊躇する学生もいて現在、三ヵ月とか一ヵ月とか短い期間のものも可能になるよう考えています。

フットワーク軽く海外に出かけてほしいという願いから、「私のドイツ語をとった学生は、義務として四年の間に必ずドイツに行きなさい。旅行でもいいし、語学滞在でもいいから」とよく勧めました。できたら旅をするだけでなく、少しお金はかかりますが、一ヵ月か二ヵ月の語学研修の滞在をしなさい、と。

たとえばミュンヘンに一ヵ月間の語学滞在をしたとします。朝八時から午後の二時までドイツ語漬けの授業があり、授業が終わって町にでてもドイツ語の世界です。買い物、観劇、コンサートなどに行ってまた鍛えられる、語学はそういう環境で学ぶのが一番いいのです。クラスには各国から来た学生がいます。生涯の友ができるかもしれません。そして金曜日の午後、ミュンヘンを出発すれば、夕方にはスイスの首都のベルンに着きますし、イタリアのヴェニスにも行けます。土曜日曜とそこで過ごして、日曜の夜行で帰れば、月曜の朝の授業に間に合います。こういう旅を一ヵ月いれば四回、二ヵ月いれば八回できます。研修が終わった頃には旅慣れてきますからそれから一週間ほどしっかり旅をして帰れば、語学研修と旅の最高の組み合わせができます。帰ってきた学生たちの表情は、生き生きと活力に満ち、聡明さが倍加した表情になっています。

ウィーンにいた時の経験ですが、大学の学生寮は、夏休みの前に学生たちはみんな出なければなりません。そして各国からドイツ語を学びに来る学生たちのために開放されます。寮を出た学生は、フランスへ、イタリアへ、アメリカへ、日本へと、語学の勉強に行くのです。語学は徹底して現地で学びます。日本ではこういうスタイルはまだ定着していませんが、なるほど、語学はこう学ぶのかと思いました。

こうしたインターナショナルな水準の語学の学び方も是非身につけて頂きたいと思います。学芸大を出た人は、教員になる人もそうでない人も、みんな外国語に強い、英語はまかせておけ、中国語も、ドイツ語も……そんな風になるといいと思っています。

大学院に入った皆さんも、折角の機会ですから、一年くらい外国で勉強してみたらどうでしょうか。専門の研究ができればベストですが、好きな国、関心をもった言語の勉強だけでもいいと思います。外国を体験するのは二一世紀を生きる基礎教養で、皆さんの学問研究にも大きな示唆と広い視野を与えます。外国に一年間いられるなどというチャンスは、学生時代以外にはなかなかないでしょう。経費の問題はありますが、一生のうちの今しかない可能性をしっかり自覚して、がんばっていただきたいと思います。

学問を通じ、世界観の変革を

体験的に学ぶことの重要性をお話ししましたが、もちろん大学はまず何より学問研究をするところです。大学に入って皆さんの学びの仕方は大きく違ってきます。高等学校までの勉強は「学習」でした。知識をきちっと自分のものにすることが求められました。人類が営々と築き上げてきた知の到達点を体得することによって、これからの人生の知的基盤を作ることでした。

しかし大学は高校までのように「学習」するところではありません。「学問」をするところです。このことをまずしっかり自覚していただきたいと思います。もちろん、新しく学ぶ社会学とか、法学とか、人類学とかは、学習する要素も多々ありますが、しかし大学は「学問し、研究する」ところです。

「学問」の字を、返り点をつけて読めば、「問うことを学ぶ」となります。「問うことを学ぶ」とは、問題点はどこにあるのかを常に問う姿勢をもち、その問題意識に沿ってどう研究したらよいかと探求する姿勢です。

講義や演習でさまざまなことを学びますが、そのなかで、ここが面白い、ここが問題だ、ここがポイントだと思う、このような問題意識をもつことが重要です。大学では知識を点検して試すというより、問題意識に沿ってどうレポートをまとめるかがポイントとなります。いろいろな授業で、いろいろな問題意識を触発され、それに沿って研究し、レポートにまとめます。こうした研究的態度が大学の本質です。

この積み重ねの上に卒業論文があります。対象に向かってアプローチする方法を体得し、その研究成果によって学問の世界への寄与を果たします。確かにそれは特定の専門的研究でしょう。しかし結論に至るまでの悪戦苦闘によって体得された方法は、将来、異なった領域の課題に取り組むときにも、普遍的に通用するものです。個別の追求が普遍性に転化していく、これが大学における学びです。

これまでの生育歴の殻を破ることの大切さを申しましたが、こうした研鑽を通じて、皆さんの知的世界の枠組みも大きく変革していただきたいと思います。世の中に流れている流通観念の次元を超えて、人間・自然・社会の真実に近づいてほしいと思います。

源義経と頼朝

歴史の例をとりましょう。昨年（二〇〇五年）の大河ドラマは、『義経』でした。見た方も、受験勉強で見る暇のなかった方もいると思いますが、私も関心はあったのですが時間が取れず、たまにしか見ませんでした。しかし中学生の頃に源義経に夢中になったことがあり、たまに見ても、すぐどの場面かわかりました。

平治の乱による父源義朝の敗死、鞍馬山の少年時代、五条の橋での弁慶との出会い、奥州に下り、藤原秀衡のもとで成長し、兄の頼朝の挙兵を知って奥州から駆けつけ、黄瀬川での兄弟の感激の対面。兄に代わって京都に攻め上り、平家を追討する一ノ谷、屋島、壇ノ浦での合戦ドラマ。兄頼朝とうまくいかなくなり、追われる身となって、結局はまた奥州の秀衡のところへ戻っていくが、秀衡没後、頼朝を恐れた泰衡に攻められて、衣川で自害することになる。

義経に関する伝記や物語をたくさん読んだのですが、当然いくら読んでも義経は同じ運命をたどるわけで、最後はこちらも辛くなって嘆息する。結末はどうにかならないのかと思う。「義経は実は、大陸に渡ってジンギスカンになったのだ」という話がありますが、そう信じたい気持ちは本当によくわかりました。そして兄の頼朝は何という奴だろう、義経が平家を倒したお陰で、鎌倉で安穏と政治に専念できたのに酷い男だと、全くのマイナス評価でした。

ところが大学に入って、ある時友人と議論していてたまたま義経のことが話題になりまして、義経の面白さを話したところ、「そういうけれど、頼朝が守護地頭をおいて打ち立てた封建制は、それから六〇〇年続いたんだよな。凄いと思わないか」というのです。これは新鮮な驚きでした。

なるほど、そう考えると、「よくぞ頼朝は新しい制度を考えついたものだ」と、見方が一八〇度転換します。政治家としては大変なもので、織田信長にしろ、豊臣秀吉や徳川家康にしろ、新しく制度をつくったわけではなく、頼朝がつくった封建制度の上に乗っただけだ、と気が付きます。頼朝は古代荘園制度を封建制度に変えたのですから、大変な革命家なわけで、レーニンは、資本主義に替わる社会主義制度を模索し、社会主義はその後世界にひろがって先見の明のある偉大な人ということでしたが、しかし七〇年しか続きませんでした。それに対して頼朝の封建制度は六〇〇年も続いたのです。

もっと凄いことは、頼朝が鎌倉に幕府を開いた当時、地球の裏側のヨーロッパでも封建制度が生まれていて、頼朝はこの動きと軌を一にしていることです。これは一体どういうことなのだ。頼朝は何という男なのだ、そこまで社会の動きの本質を読み取っていたのか。これは大変な驚きでした。

こんなふうに考えることが、高等学校までの勉強や学習と違って、大学で学ぶ、学問をするということなのです。

歴史を創り、発展させる原動力は一体何なのか、という新しい疑問も湧いてくるでしょう。ヘーゲルというドイツの哲学者は、理性の発展によって歴史は進むといいました。理性を担った英雄たちが、歴史の舞台で活躍する、彼らは自分の役割や運命を知らない、しかし、それを果たしていく、途中で破滅するかもしれない、しかし「理性の狡智」によって歴史は進んでいくのだと。マルクスは、生産力と生産関係の矛盾が歴史を発展させると考えます。古代奴隷制と違った、新しく勃興した武士たちの働きが奴隷たちの生産力に勝り、それが封建制という新しい社会関係を生み出していくのだと。おそらく頼朝の鋭敏な政治的センスは、その方向を読みとったのでしょう。

歴史の発展と個人の役割という観点から、頼朝も、義経も、新しく見直せます。それは人間の個々の行為というものが、社会や歴史のなかでどう機能していくのか、という問題にもスライドされます。私たちは一人ひとり、いろんな思いと意図をもって生きています。意図通りにいく場合もありますが、意欲されたことと全く違った結果、むしろ正反対の結果をもたらすことも多い。個々人の意図を現実は乗りこえていきます。この現実のメカニズムはどうなっているのか。個々の意志の背後に、どのような原動力があるのか。社会の発展と一人ひとりの役割という課題は、そのまま、二一世紀の社会のなかでどう生きるのかという私たちの問題とも結びつくでしょう。

こういうことを根本から考えるのは、大学だからこそ可能なことです。特定の専門分野を専ら学ぶ専門学校ではできないことですし、職業をもってしまうと、根源的にものごとを考える機会はなかなかもてません。

歴史の例を挙げましたが、自然科学の分野でも、芸術、スポーツの分野でも、こうした根源に迫る勉強、研究的アプローチを、たくさんしていただきたいと思います。こうした営為こそ、皆さんの知的世界を高め、人格を陶治し、真理へと至る道であり、二十一世紀知的基盤社会に最も求められていることであり、次の時代を動かすダイナモになるものです。

体験の重要性、学問することの面白さの二点を中心にお話ししました。皆さんのこれからの大きな成長を期待して、式辞と致します。

2　時代の課題と対決し、時代の精神をわがものにしよう

学部・大学院修士課程の入学式式辞
二〇〇七（平成一九）年四月五日（木）

ただいま入学を認証いたしました教育学部学生一一九五名、特殊教育特別専攻科生二七名、そして大学院修士課程教育学研究科生三四一名、合わせて一五六三名の皆さんに、あらためて入学のお祝いを申し上げます。おめでとうございます。式にご参列くださっております保護者の皆さんにも、心からお祝い申し上げます。

今年は例年になく春が早くやってきましたが、寒の戻りもあって桜が長く咲き続け、本日の入学式に満開のまま間に合いました。春うららの上天気の下、今日は富士山もよく見えまして、本学の素晴しい桜吹雪のなかで皆さんを迎えることができることを、大変うれしく思います。

これから皆さんは、新しい学問と出会い、新しい友人と出会い、新しい世界と出会う、まさに人生の最も豊かな時が始まる、そのスタートラインに立っています。

教育学部で学ぶということ

三点お話ししたいと思います。まず、皆さんの入学されたのは教育学部であり、大学院教育学研究科ですので、こ

のことの意味についてお話ししたいと思います。

いろいろな学部があります。文学部、理学部、工学部、医学部、等々ありまして、そこに入って何を学ぶのか。当然それぞれの学部で専門を学びます。ある意味で専門だけ学ぶといってもいいと思います。

しかし教育学部で学ぶということは、これと違ったオリジナルな意味をもっています。もちろん、皆さんは本学でも、選んだ専攻にしたがって、歴史学を学び、音楽を学ぶ、あるいは、物理学、体育学と、いろいろな専門を学ぶことになるのですが、しかし教育学部で学ぶということは、それだけにとどまらないものがあるのです。それは何かというと、そこに「まるごとの人間」という観点が強く入ってくるという、この点に大きな特徴があるからです。

教育学部では、深く専門を研究すると同時に、学んでいる主体、研究している主体、教えている主体をも同時に研究の対象とします。つまり、研究する、その成果を人に伝えようとする、胸にかっちりおさまる教え方を研究する、というように、学んだり教えたりするプロセスを研究し、受容の在り方を研究するといった「人間のダイナミックな文化形成の在り方をまるごと学問の対象にする」、これが教育学部の大きな特長なのです。その延長上には、新しい風や文化や伝統の形成があります。その意味で教育学部は、総合的なすぐれた人間中心の学部であるといえます。

人間は、時間の経過とともに何者かに成っていきます。何者かに成長していく、発展していく、この成っていくというところに、どのように自覚的に働きかけるか――それが、まさに教育なのですか、この「成る」というところに照準があわされているのが教育学部です。そして、学んでいる私たち自身も成長し、究めようとする学問も発展する。学ぶ楽しさや面白さを共有しあった者同士も共に伸びていきます。教育は未来のためにあります。その意味で教育学部の学問は、「常に未来を志向している」というふうにもいえましょう。

このような、深い専門性、人間中心主義、成長発展性、未来性――これが教育学部における学問の特徴であると、私は考えております。皆さんは、このように未来の大きな可能性に生きる、大変やりがいのある、面白い学部に籍をおくことになったということを、しっかり自覚して頂きたいと思います。

私自身はドイツの文学や思想を勉強しましたが、そこには人間の成長発展を描く小説、魂の発展を描く文学作品が多くありました。この文学ジャンルは、教育小説、教養小説、発展小説といわれるものです。

たとえば、ドイツ最大の作家ゲーテには、『ウィルヘルム・マイスターの修業時代』や『遍歴時代』という小説があります。演劇青年の主人公のウィルヘルムが、さまざまな人と出会い、人生経験と社会経験を重ね、成長していく物語です。こうした小説の系譜は、イギリスにもありますし、フランスでもロマン・ロランの『ジャン・クリストフ』などが有名でしょう。日本にも芹沢光治良の『人間の運命』とか、下村湖人、これは小金井にゆかりの人ですが、彼の『次郎物語』、あるいは五木寛之の『青春の門』などいろいろあります。どれも大変面白い。生きるために闘い、己と対話し、人生を探り、時代の課題と格闘します。身につまされて読み、とりこになるほど面白い小説群です。こうした小説を通じて、新しい世界と出会う、自分の今までの枠組みを検討する、そうした営みも大切でしょう。

こうした名作からも、皆さんはたくさんの示唆を受けつつ、しかし今度は大学生活の始まりですから、皆さん一人ひとりが主人公になって、現実のなかで実際に、豊かな、ドラマに満ちた自己形成の物語をつむいでいっていただきたいと思います。

本学には、文科系・理科系・芸術系・スポーツ系に関わるたくさんの専攻があります。規模の上では、実際に四つか五つの学部のある総合大学に匹敵します。しかもそれが本学ではひとつの学部のなかにあります。専攻が多く別れていると同時に、教育系と教養系という二つの特徴ある系にもくくられていて、それが一つの学部にある。いわば、異質のもの同士が極めて近しいところにあるのが大きな特徴です。他の大学ですと、各学部は別々にほぼ無関係に存在していて、一つの大学にあることの意味がそれほど大きくないと思いますが、本学では、一つの学部という親密圏のなかで、異質のものがたくさんあるのです。これは他の大学とはまったくちがった、本学のかけがえのない長所です。

このようなすばらしい環境にあるのですから、他専攻の授業も取れますので、大いに学び専門や志向の異なった多くの友人の輪のなかで、切磋琢磨していただきたいと思います。

時代の課題を我が課題としよう

二番目に申し上げることは、時代の提起する問題、時代の課題を自分の問題として捉え、しっかりと考えていただきたい、ということ。時代の矛盾や苦悩を、自分のものとして考えていただきたいということです。

今、教育の問題が国民の中心的課題となっていますし、教育再生会議などの動向もあります。政治課題、経済の課題もたくさんあります。さまざまな切り口からこれらの問題を真剣に考えていっていただきたいと思います。

私が大学に入学したのは一九六二年ですから、もう四五年前になります。今、振り返ってみまして、やはり学生時代に読んだり、友人と議論したことが、考え方の基本になったり、その後の見方に決定的な影響を与えていることに思い当たります。

当時は、文庫本も新書も岩波書店のものしかない時代でしたので、一週間に岩波文庫を一冊、岩波新書を一冊は読破する、そして月刊誌の『世界』か『中央公論』を読むというのが、大学生の常識だという雰囲気がありました。そうしたなかで入学当初に読んだ論考として、今でも記憶に残っているものがあります。雑誌『世界』に載ったものですが、アメリカについての、こういう文章がありました。

「第二次世界大戦の前までは、アメリカは軍需産業をもっていなかった。時間さえ与えれば必要に応じ、アメリカの平和産業は軍事に切り替えられた。しかし今や厖大な大きさの恒久的な軍需産業を持たざるをえない事態になっている。その上、三五〇万にのぼる男女のアメリカ人が国防関係の機構に直接雇われている。」

「このような巨大な軍事機構、厖大な軍需産業の並存は、アメリカの歴史では新しいことである。それが及ぼす全体的な影響は、――経済的・政治的・精神的なものも含めて――この国のすべての都市、すべての地方公共団体、連邦政府のすべての官庁にまで及んでいる。」

「われわれは軍産相互依存体制が不当な影響力をもっていることに対し、警戒しなければならない。その影響力には、当事者たちに意識されていないものもあることを知るべきである。この事態の下では、あるべきでないところに権力がのさばりこみ、それが野放図に広がっていく可能性があり、その可能性はいつまでも続く。この軍産相互依存体制ゆえに、われわれの自由や民主主義の制度がおびやかされることを許してはならない。油断は禁物である。」

こういう指摘です。ここで指摘されているのは、アメリカ社会に、軍・産・学の相互依存の融合体制ができつつある。これが社会の軍事化を生み、社会を歪めつつある。国防支出が現在の繁栄のもとになっているのは異常である。学問が軍事に従属してゆがめられ、学者は自由な知的探究心にしたがって研究するのでなく、政府委託の研究が大きな位置を占めだしている。軍事科学中心の科学技術エリートの発言が強化され、それが秘密裡に行われるという問題がある、こういうことでした。

皆さんこれを聞いて、ここに引用したのは、アメリカ社会に批判的な学者の論文か、あるいは反戦活動家のアメリカ社会分析と思われるかもしれません。しかし違うのです。一体、これは誰が書いたのでしょうか。驚くべきことに実はこれは、アメリカ大統領のアイゼンハウアーの演説の一節なのです。

アイゼンハウアー大統領の警告

アイゼンハウアーは、第二次世界大戦でヨーロッパ連合軍総司令官としてノルマンディー上陸作戦やイタリア上陸作戦を指揮して、ナチスを打倒するのに大きな貢献をした軍人です。連合国を勝利に導いた陸軍元帥であり、アメリカ軍の参謀総長であり、そして戦後はＮＡＴＯ軍の最高司令官を務めています。

しかし、ウエスト・ポイントの陸軍士官学校をビリで卒業したとか、マミー夫人との大恋愛とか、いろいろなエピソードもあって、それで国民に大変敬愛されて、アイクの愛称で呼ばれ、軍人でありながら大統領になった人です。大統領の時代は、ソ連との厳しい軍事的均衡と対決の時代で、国務大臣のダレスと組んで強硬なソ連封じ込めの政策をとった、こわもて大統領でした。

その軍人出身のアイゼンハウアーが、一九六一年一月一七日に次の大統領ケネディーにバトンを渡すにあたっての退任演説の一部がこれなのです。このような発言をアイゼンハウアー大統領がしているということに、私は大変驚きました。

当時、私たちの時代には、アメリカは、アメリカンドリームの国であり、夢と希望の国でした。それだけにこうした指摘は、私には大きな驚きであると同時に、しかし、こうした率直な物言いができるところに、アメリカ民主主義の健全さと懐の深さも感じました。

これは若きケネディーへのアイゼンハウアーの遺言だったのでしょう。その後の歴史の展開はどうなったでしょうか。皆さんもご存じの通り、結局は、このアイゼンハウアーの警告は生かされませんでした。

アイゼンハウアーの後を継いだケネディーは、軍事費をアイゼンハウアーの時代より、増額します。ケネディーは一九六三年に暗殺されますが、しかしこの姿勢や構造はそのまま引き継がれ、ジョンソン大統領による一九六五年のベトナム戦争の拡大から、現在のイラク戦争につながる一連の歴史的経緯となり、その背後には、肥大化した軍産学の融合体の姿が常に垣間見られるようになりました。

今日、私たちの生きていく社会は消費社会といわれます。消費がないと企業は生きていけません。ですから私たちは消費し続けなければなりません。そしてそのなかから、最大の消費を求める衝動が生まれてきます。最大の消費とは何でしょうか。戦争です。これが私たちの生きる資本主義社会の内在的な論理の一つです。戦後の日本経済は、朝鮮戦争の特需で立ち直ったといわれています。

一五年前にブッシュのお父さんが湾岸戦争を始めました。それまでのたまった兵器は全部投入され、消費されたといわれます。そして全部リニューアルされ、あらためて国家に買い上げられました。陰に陽に軍産融合体の求めがあったことは推測されます。そして今度はブッシュの息子がイラク戦争を始めました。アイゼンハウアー元大統領の言い方をかりれば、国防支出が現在の繁栄のもとをつくっている、そして一五年ごとに戦争をしないと経済が成り立たない仕組みになっている、ということになります。その犠牲者は、イラク国民で死者の数は六万人を超えるといわれていますし、アメリカ国民でも兵士として既にイラクで三〇〇〇人以上が死んでいます。軍産融合体は一度形成されると、つぶすのが極めて困難だといわれています。

二一世紀の日本のあり方を考えるとき、アイゼンハウアーのこの警告には、考え込まされてしまうものがあります。いま憲法改正が提起され、軍事大国化の方向が語られたりしていますが、アイゼンハウアーが指摘したような内在論理が、日本でも動き出しているのでしょうか。無駄な消費が環境を破壊していますが、これはまだ目に見えることです。見えない形で国家の内部で進んでいる、もっと危険なことがあるのではないか。一九六〇年代の時代の課題が、いろいろな形で持ち越され、現代の日本の課題としてもあるのかもしれません。

学生時代に学んだ問題意識を一つの例として挙げました。時代の課題を敏感に捉え深く考えていただきたい、そして時代の課題や苦悩を、自分の課題や苦悩として生きるという主体的態度を学んでいただきたいと思います。それが未来において社会をよりよい方向に変えていく力になるのです。

体験を積もう

最後に、新入生の皆さんにはいつも申し上げていることですが、学生時代に是非たくさんの体験を積んでいただきたいということです。これまでの皆さんは知識中心の勉強で、いわばバーチャルな、擬似世界で生きてきました。本当の現実とはほとんど対面してきておりません。生活体験は、私たちの世代と比べると、決定的に少ないでしょう。これはやはり人間形成に大きな落とし穴を生みます。

サークル活動や自治会などの活動、インターンシップによる学校や会社での社会体験活動に積極的に加わることを強く勧めます。授業に出ることは大切ですが、これは大学の必要条件であっても、十分条件ではありません。大学という自由な時間と空間にいるわけですから、こうしたさまざまな活動に自由に参画して、そうした交わりのなかで、新しい自分を発見し、つくり上げていっていただきたいと思います。

東京学芸大学は「自主ゼミ」が大変盛んな大学として知られています。私のところの学生も、「国際文化ゼミ」をつくり、毎週一回勉強会をしていました。この活動が「学生時代の最高の宝だった」と、卒業した後よくいわれます。やはり大学生ですから、しっかり勉強できたという経験が最もよい思い出なのです。

コーディネートする能力とか、マネジメントする能力は、社会に出て最も求められる力です。しかしこれは授業に真面目に出ていれば身につくというものではありません。クラブ活動など、自治的な活動のなかではじめて培われるものです。

音楽、演劇、映画、美術などの演奏会や展覧会には、最低月に一回は出かけるくらいの癖もつけてほしいと思います。こうした鑑賞と批評の活動は、知識ではなくて、何を美とし、何を醜とするのかという、価値観の形成に関わることですし、一流のものとは何なのか、自分の目で確かめ、享受する力を養うことでもあります。この壇上におられる事務局長の牧山助友さんは、週に一回は必ず映画館に行き、決まった曜日に手話のボランティアをされています。なかなか見習えないことですが、こうした自覚的な姿勢で、演劇を見、音楽を聴き、絵画を鑑賞し、人間としての底力をしっかり養っていただきたいと思います。

大学構内でも、芸術館を中心に講演会や演奏会や展示会など、さまざまな催し物があります。専門は違う学生のみなさんがそれぞれ頑張っています。必ず何かを触発され、何かを学ぶことができます。こうした催しにも常に注意を払ってください。今週は芸術館で「台湾師範大学の合唱団」が四〇名来られます。本学との国際協定校で、新学期の皮切りの催しです。是非、皆さん聴いてください。終わったあとには交流会もあります。

以上いろいろお話ししました。これからの学生生活の参考にしていただけたらと思います。皆さんの大いなる成長を期待して、式辞と致します。

3 「一身にして二生を経るが如く」に

学部・大学院修士課程卒業式式辞
二〇〇五(平成一七)年三月一九日(土)

ただいま、教育系五八六名、教養系五一六名、合わせて一一〇二名の教育学部の卒業生、特殊教育特別専攻科の二七名の修了生、そして大学院教育学研究科三二四名の皆さんに、学位記あるいは修了証書をお渡し致しました。卒業生・修了生の皆さんに、改めてお祝い申し上げます。

戦後民主主義の現段階

皆さんが卒業される年度である二〇〇五年は、ちょうど戦後六〇年にあたります。一九四五年八月に無謀な太平洋戦争が終わり、古い大日本帝国は崩壊しました。それにかわって、新憲法が発布され、新生日本は、主権在君から主権在民の国に生まれ変わりました。それからちょうど六〇年です。

古い体制が新しい体制に変わった時の解放感、意味や喜びについては、私は当時二歳でしたから実感はできませんでしたし、いわんやこの六〇年間の内の最近の二〇年間しか生きていない皆さんには、遠い歴史の上の出来事でしょう。しかしこの転換の画期的意味は皆さんにも周知のことであり、私たちはこの戦後民主主義のなかを生きてきました。

六〇年は還暦の節目です。やはりこの機会に自分の生きてきた日本の社会を客観化し、問題点を明らかにし、二一世紀の新しい時代に生きるにあたっての指針や糧を汲み取らなければなりません。

一九四五年に始まった戦後民主主義の時代は、男女の平等、個人の解放、職業選択の自由などを通じて、多くの可能性を国民にもたらしました。その後の高度経済成長ともあいまって、日本は歴史上これまでにないほどの平和で豊かな社会になりました。

そのなかで一九七〇年代に一つの転機があるように思います。教育に特徴的な現れで見てみますと、それまでなかった「家庭内暴力」や「校内暴力」が起こったのが一九七〇年代でした。子どもが親に暴力をふるったなどということは、まさかと思われるかもしれませんが、それまでなかったことでした。それは、これまで日本を支えてきたガンバリズム、学歴主義とか上昇志向とか、あるいは親や教師の一方的な価値観の強制や抑圧的姿勢に対して、個を自覚した子どもたちの反抗という側面もあったと思います。それが一九八〇年代に入ると「いじめ」の問題へ転化していきます。ついで一九九〇年代には「不登校」問題、二〇〇〇年代には「学級崩壊」と「学力低下」が問題として出てきています。初めは因果関係が明確に特定できたのですが、だんだんそれも判然としなくなりまして、どうも社会全体がメルトダウン傾向にあり、その反映のような様相を呈してきました。

新しい兆候の現れた一九七〇年代は、ちょうど、日本社会の近代化が一定の達成をみたときでした。農村から都市に人々が移り、高度経済成長を支え、都市化のなかで核家族化が進んだ時代でした。個人の自由が一段と進んだ段階なのですが、反面その影の側面が出てきた時ともいえます。

そして『希望格差社会』を書かれた本学の山田昌弘先生は、「一九九八年が更にまた新しい質的転換の年」になっていると指摘されています。社会構造がさらに変化し、リスク化が深化する、生活格差が拡大し始め、「希望の二極化」という現象が現れ始めた、という指摘です。とりわけ最近では、グローバリゼーションの進展や競争的環境や市場原理主義の称揚によって、あらゆるところに露骨な成果主義や能力主義がはびこり、弱肉強食の格差社会への傾斜を一層強めています。

人と人との新しい結びつきを

近代社会を貫いている論理、それは自由に競争する資本の論理といってもいいと思いますが、それはあらゆる繋縛をバラバラに解きほぐし、人間を一個の自由人として解放します。それが近代化です。そして自由な個人が自由にその力と才覚を発揮する、社会の成功者になっていく、このサクセスストーリーの典型がアメリカンドリームでしょう。しかしなかなか成功者にはなれません。一人ひとりの人間は実際は、利害社会のなかでみんな孤独に生きることになります。このような形で人間的紐帯が解体された状態は好ましくない、個の観点より社会の観点が必要だ、共同の観点が必要だということで、社会主義とかコミュニズムという思想が生まれたと思いますが、この観点は現在においても、というより現在まさに、公共圏とかコミュニティー形成という形で、大変重要な観点になってきていると思います。

孤立や孤独や自閉が多く語られる、こうした時代動向をみたとき、現在、私たちが最も必要としていることは何でしょうか。それは、新しい人と人との結びつきをどう創るのかということでしょう。これが、戦後六〇年、今、私たちの立っている局面の最大の課題ではないでしょうか。

目下、中央教育審議会で教職大学院を創ることが提案されていまして、そこで養成するのはスクールリーダーであるとなっております。管理職とは違って、専門的な能力をもって、先生と先生を、先生と管理職を、学校と教育委員会を、学校と地域を結びつける。人と人、人と物、人と組織、人と地域を結びつけるような、コーディネート役が強く必要とされているという認識です。

中核的教員ともいわれますが、多忙化と孤立化の傾向の強くなった職場において、同僚性を回復していく核になってほしいという希望もこめられています。相互の信頼のうえに、方向とビジョンを共有しあい、新しい質の創造を目指す、このようなクリエイティブで人を結びつけるスクールリーダーがうまく機能すれば、学校現場はさらに生き生きと活性化されるでしょう。

この課題は、何も教育の場に限ったことではありません。これから赴く皆さんのそれぞれの職場で、最も求められていることです。皆さんは、学士課程のこの四年間、あるいは修士課程もいれて六年間あまり、広い教養基盤の上に、深く専門を修められました。それを基礎に皆さんは、それぞれの部署で、今述べたスクールリーダーのようなリーダーの役割を担うことが期待されています。

市場原理が強調され、競争的環境が称揚されています。競争は確かに必要でしょう。しかし競争だけを強調するのは、大変な誤りです。競争は必然的に交流の側面を含みます。そして交流には、必ず共に生きる、共生の観点を含みます。競争も、共生を欠いたならば、何のための競争かわかりません。露骨な弱肉強食の論理に対して、いろいろな局面で、人と人との新しい結びつき、連帯をどう作っていくか。これが、六〇年たった私たちの戦後民主主義をさらに深め発展させていく道だと思います。

是非、職場で、家庭で、地域で、そのような観点から、多彩なつながりを創りあげる中心になっていく、皆さんはそのような歴史的使命をもっていることを、強く自覚していただきたいと思います。

独立不羈の市民に

戦前の私たちは「帝国臣民」でした。新憲法のもとで「国民」「市民」になりました。しかし戦後六〇年経ったいま、私たちは本当の市民になったのでしょうか。自己本位の「小市民」あるいは「私民」に成り果てつつあるのではないか。これが戦後六〇年を考えたときのもう一つの重要な課題です。

ロシアの劇作家チェーホフは、『かもめ』や『桜の園』『ワーニャ伯父さん』の作家ですが、この小市民性を大変問題にしていました。小市民性として指摘される性格としては、自己本位、自己絶対化、偏狭、パブリックな視野の欠如、通俗の意識を絶対に出ない、現状維持、陳腐、創造性の欠如、などと特徴づけられるものですが、この小市民性が、私たちのなかに根深く巣くいつつあるという問題です。チェーホフは、こうした小市民性は「害悪であり、流れの中の堰のように、停滞にのみ役立ってきた」と述べています。

戦後六〇年。私たちもこうした小市民の毒をたっぷり吸っているのではないかと思います。かつてアメリカのケネディー大統領は就任演説で、「国が君たち国民に何をしてくれるのかではなく、君たちが国のために何ができるかを考えてほしい」と述べました。学生時代にそれを聞いて、国の責任を放棄した、随分虫の良いことをいう大統領だなあと思ったことがありました。しかしその頃のアメリカで既にパイオニア精神を欠いた依存体質の小市民性が蔓延していたのかと、今になって思いあたります。私たちは、今、この小市民性の限界を超えて、本当の市民へと成長していかなければなりません。

本当の市民とは何か。ルネサンス期の市民たちがよく引き合いに出されます。公共精神に富み、経済力もあり、文化を形成していく力もある。日本では、戦国時代の堺の商人たち、織田信長に対抗した「堺の十人衆」や「会合衆」がその典型でしょうか。彼らは自由を尊び、自治を重んじ、人々と共にあり、信長に服従しても、大きな気概をもち、高い文化をもって武家と対抗しています。

ところが日本ではこの市民の伝統が、徳川封建制の下で、町人を士農工商と一番下に厳しく置くことで、いじけこまされてしまいます。ですから日本には、封建体制を打ち破る市民革命はありませんでした。しかも明治以降、今度は日本帝国臣民として、市民的なものは骨抜きにさせられてしまいます。

やっと今日になって、そうではない在り方を自覚的に追求できる時代になってきました。そのためには、社会性や公共性をしっかり身につけ、文化的力量を養い、かつての自由闊達とした市民のように、そういう気風と気概を私たちのものにしていく必要があると思います。一回りも二回りも大きくなって、国際性にも目覚めた、大市民、地球市民の道を、国家の枠組みなども超えるくらいの気概で歩んでいくことが、肝要でしょう。これがもうひとつの私たちの大きな課題だと思います。

自分は一体何者なのだろうか。どこから来て、どこに行くのか。この問いは、皆さん一人ひとりにあると思います。こうした問いを通じて、現在自分のいる歴史段階への認識が生まれます。戦後六〇年、私たちの社会は、この歴史段階において、何を解決することを欲しているか、そこで自分はどう生きるのかが問われます。私は新しい人と人との結びつきをつくっていくこと、公共性に富んだ独立不羈の市民として生長すること、この二点を強調したいと思います。

広い裾野の上に高い山を

本学経営戦略担当理事の市川伊三夫先生は、慶応大学の財政顧問もしておられるのですが、慶応大学のご出身ということもあって、よく福沢諭吉の話をされます。

「福沢諭吉は読むごとに、啓発させられる」「手紙はもっと面白い」などといわれますので、私も改めて岩波文庫で買ったのですが、先日、『文明論之概略』を読んでいましたら、はっとさせられる分析に、二つ出会いました。

ひとつは、「ある人は外交の困難を見て、兵力の不足に原因を見て、兵力さえ整えればいい、イギリスに千の軍艦あれば、我が国も千の軍艦をという」、しかし「それは間違いだ」と述べている所です。

イギリスに千の軍艦があるのは、「ただ軍艦のみ千艘あるのではない」ということをしっかり知るべきだと、福沢諭吉は強調するのです。「千の軍艦あれば、万の商売船もあらん、万の商売船あれば、十万人の航海者もあらん。航海者をつくるには、学問もなかるべからず。学者も多く、商人も多く、法律も整い、商売も繁盛し、人間交際の事物、具足して、初めて千艘の軍艦あり」といっています。

日々の自分の在り方を振り返って、この指摘は胸にささります。私たちはともすれば、当面の必要に応じて、当面の対応をしていくだけの状態に陥りがちになっています。多忙のなかのその日暮らしです。その在り方を撃つ思考が、『文明論之概略』には表明されています。

私たちは広い裾野の上に高い山をつくっていかなければなりません。そのための奥深い学びを自覚的に追求していくことの大切さを、この指摘はあらためて自覚させてくれます。

一身にして二生を

もう一つは、これもきわめて現代的だと思った言葉ですが、それは、福沢諭吉が自分を振り返って「一身にして二生を経るが如く、一人にして両身あるが如し」と述懐しているところです。

福沢諭吉は二つの世界を生きています。郷里は大分県の中津ですが、勉強は大阪の緒方洪庵のもとでした。古い体制と新しい在り方、漢学と洋学、日本と西欧、身分社会と近代社会、まさに幕末から明治にかけて生きた人は、二つの世界に対面して生きざるをえませんでした。

この二重性のなかで当時の人たちは、どちらかを選択しています。近藤勇のように、佐久間象山のように、あるいは両者の葛藤のなかで島崎藤村の父のように、バランスを失った人もいます。福沢諭吉はこのなかで、この二つの世界をまたにかけ、双方と対話しながら、タフに双方の世界を生きました。考えてみると、この姿勢こそ、まさに二一世紀に生きる皆さんに求められる姿勢そのものではないでしょうか。

先日、皆さんの一〇年くらい先輩の卒業生たちと会った機会に、福沢諭吉のこの言葉を話題提供しました。「ピーンときますね。会社で、家で、いろいろな違った役割を果たさなければならないから、自分の毎日をふりかえっても『一人にして両身あるが如し』か、そのとおりですよ」という反応でした。

女性の方は、「そういえば小学校の頃、ピンクレディーが流行っていて、『ウォンテッド（指名手配）』という歌があった」という話になりました。その歌詞に「ある時、アラブの大富豪。ある時、ニヒルな渡り鳥。あいつはあいつは、大変身」というのがあって、「あれですね、変身する。胸にキュッと来る。だから『wanted』、指名手配となるのよね」ということで、要するに二重性、三重性は、人間にとって大変大きな魅力なんだ、そうだ、そうだ、という話になりました。

福沢諭吉は、江戸から明治の大変革期にタフに生きました。皆さんも、二〇世紀から二一世紀のこの大変革期を、キャパシティーの大きい見識と暖かみのあるリーダーとして、大市民として、まさに「一身にして二生を経るが如く、一人にして両身あるが如し」に生きていって頂きたいと思います。どういう形になるかは未来に属すること、まさに皆さんの仕事を通じて、職域や個性によって、全部現れ方が違うでしょう。それは大変面白い未踏の領域への挑戦です。

こうした歴史的段階に自分は今いるのだということを、是非、深く自覚して、悠々とがんばって頂きたいと思います。あらためて、ご卒業、おめでとうございます。

4 創造ということ

学部・大学院修士課程卒業式式辞
二〇一〇(平成二二)年三月一九日(金)

ただいま、教育系六五五名、教養系五〇一名、合わせて一一五六名の教育学部の卒業生、特殊教育特別専攻科の二八名の修了生、そして大学院の教育学研究科二七〇名の皆さん及び教職大学院三九名の、合わせますと一四九三名の皆さんに、学位記あるいは修了証書をお渡し致しました。卒業生・修了生の皆さんに、改めてお祝い申し上げます。とりわけ今年は二年の研鑽を終えて教職大学院の最初の卒業生が旅立ちます。学校を変革していく中核的なスクールリーダーとしての新しい旅立ちです。教職大学院を立ち上げ、卒業生を出すに至った教職員の献身的な努力、院生諸君の大いなる研鑽をも、ともにお祝いしたいと思います。

遥か遠くまで

今まさに皆さんは、新しい人生に向かって旅立とうとしています。これまでの学生生活を振り返りつつ、開けゆく新しい世界への予感に満たされていることと思います。

皆さんが入学した時に私は、「多くの体験をしてほしい」「自分の今までの枠を打ち破ってほしい」「語学滞在など外国には是非行って、世界を実際に肌身で知ってほしい」と、日本と世界を股に掛け、身を以ていろいろなことを体験し、自分のものにしていただきたいということを申し上げたと思います。

今振り返ってみていかがだったでしょうか。学部四年間を過ごした方、大学院の二年間を過ごした方、合わせて六年間を過ごした方、あるいはそれ以上と、それぞれでしょうが、当時と比べて、大きく成長した自分を発見して感慨もひとしおなのではないでしょうか。

皆さんは日本の各地から、あるいは韓国や中国から、フィリピンやパラグアイ、ドイツやベラルーシなど世界の各地から来ておられますし、仕事をもちながら来られている方もおられます。そして本学で学ばれました。遥か彼方からやってきた皆さんが、わが大学で過ごし、そして旅立っていく。感慨無量のものがあります。

「私たちは遠くからやってきた。そして、遙か遠くまで行かなければならない」といった人がいます。いい言葉ですね。これから皆さんは、さらに学びと体験を重ね、喜びも悲しみもしっかり受け止め、鮮やかな人生の軌跡を描いて遙か遠くまで、歩みを進めていただきたいと思います。そして峠に至るたびごとに、本当にここまで到達したのだと感慨を込めて振り返られる、そういう積み重ねの人生を送っていただきたいと思います。

ファウストのように

私はドイツの文学と思想を勉強してきました。ドイツ最大の作家といえば、ゲーテです。『若きヴェルテルの悩み』を読んだ方もいるかもしれません。恋愛の高揚と、失恋の苦しみを描いた傑作ですが、その他『ウィルヘルム・マイスターの修業時代・遍歴時代』という、主人公がさまざまな人と出会いながら成長発展を遂げていく教養小説もあります。なかでも、ゲーテが何度も書き換えて、一生かけて仕上げた『ファウスト』が有名です。

　この『ファウスト』を、学生諸君と一年かけて少しずつ議論しつつ、読み進めたことがありました。大変楽しく面白い経験でした。中世の終わり、近代の始まりに生きた「ファウスト博士」の伝説を、ゲーテが戯曲にしたものですが、見たい、聞きたい、知りたいという人間のもつ最も根源的な欲求を体現し、それを生き切ったのがファウストの物語で、いろんなテーマが展開されています。

『第一部』の「学者悲劇」「グレートヒェン悲劇」のところでは、人間のもつ無限の認識欲、獲得された知識の意味への問い、ファウストとグレートヒェンの恋愛、男のエゴイズムと女性の悲劇的運命が描かれています。この第一部は、ファウストの書斎と、グレートヒェンの町が舞台で、いわば「小世界」の物語です。

『第二部』の方は、「宮廷の政治の世界」「古代ギリシャの世界」あるいは人造人間の絡んだ物語など、古今東西、彼岸此岸の「大世界」を描いたもので、ファウストやそこに登場する人間たちの野望と懊悩が描かれています。読んでいくと、戦争批判や開発批判という極めて現代的テーマもあり、バブル崩壊まで出てきて、ゲーテの人間と社会を見る透徹した眼差しに驚きます。

『ファウスト』には印象に残る言葉がたくさんあります。「人間は求め続ける限り、迷うものだ」というのもその一つです。求める心、憧れが強ければ強いほど、日々の選択と決断に迷いが生ずる。しかし、こういう局面の多くあることこそ人間的なのだ、ということですが、何しろ中世までは一切を神が決めていたわけですから、当時としては大変革命的な言葉だったと思います。

　あるいは「良い人間は、おぼろな衝動にかられていても、行く道をしっかりと心得ているものなのだ」という人間性への深い信頼と讃歌の言葉もありました。

「『時よ止まれ、おまえは美しい』と言ったら、それはもう人生の終わりの時だ」と悪魔のメフィストフェレスと言い交わしたのに、このことを忘れて、ファウストはうっかりその言葉を言ってしまって死をむかえるのですが、満足するとは終わりをつくること、人間はあくまで意欲的で貪欲であれ、という教訓でしょうか。

「理論は灰色、現実は緑の木々」というのもありました。理詰めに考えすぎると世界を灰色に見てしまったり、かえって展望をなくしたりする。小さい自分の理屈の世界を一歩はなれて現実を見ると、現実は緑の野であり、素晴らしい認識の泉なのだ、それに気づきなさい、ということだと思います。

あるいはファウストは晩年に至って、三人の灰色の魔女、「不足」「負い目」「困難」を象徴する魔女につきまとわれます。それらは追い払ったものの、しかし「憂い」を象徴する灰色の魔女は、追い払うことができず、次第に憂いに浸食されていくところなどは、私のような年齢になりますと、独特のリアリティを感じます。ですから、「憂い」など蹴っ飛ばして生きないと鬱になる、という極めて現代的なメッセージと読むことも、できるでしょう。

学生諸君と読みながら、「体験欲と認識欲が強いと、それだけ世界は豊かに見えてくる」、だから「そういう生き方をどれだけ追求できるかが問題だ」など、あれこれ議論したことを思い出します。

ファウストにあるのは、「現象の奥にはどのような本質があるのか」「世界を統べているものは何だろう」「それを知りたい」という強い欲求で、そのための遍歴物語です。サブプライムローンなどを契機に、世界同時不況に陥りました。一体、経済の根本には何があり、それはどのように組み変えられるべきなのか。地球温暖化の本質は何なのか。解決には総合的な知が求められ、自然観、社会観、生き方の大きな転換が求められます。

「根源的な思考」と「貪欲さ」と「生き延びる知恵」――これこそ今、皆さんに求められているものでしょう。是非機会をつくって、『ファウスト』を読んで頂きたいと思いますが、何より大切なことは、皆さん自身が、ファウスト的に貪欲な認識欲と体験欲をもって、これからを生きていただきたい、そこから生きた新しい展望をつかんでいただきたい、それが現代という時代にまさに求められていると思います。

時代の課題と正面から対決し、深く思考し実践し、そのことを通じて、皆さん自身が豊かに多彩に生きる、それと同時に、新しい認識でもって時代を引っ張っていく。『ファウスト』にあるような、深い認識をたくさん語れる人生をおくっていただきたい、そのような歩みを、今日から気概をもって始めていただきたいと思います。これが申し上げたいことの第一点です。

創造ということ

次に申し上げたいことは、マイナスは実はプラスになるのだということです。人間の体は、一方で摂取しつつ、他方で不要なものは排出していく、プラスとマイナスの均衡で成り立っています。反対のものの統一で成り立っています。

実は言葉もそういう面があります。「春　高楼の花の宴、めぐる杯、影さして」と『荒城の月』にありますが、この「影」は、実は影ではなく「光」がさしている。月影の「影」とは月の「光」のことでしょう。一つの言葉に反対の意味が含まれています。

「悲しい」というのは、古い用法だと、「愛しい」と書いて、たしか「かなしい」と読ませたと思います。愛しい人が亡くなると悲しい、一つの言葉に相反する意味が入っています。

「止揚」というドイツ語は、アウフヘーベンといい、これは対立している二つを高い次元で統一することですが、「捨てる」という意味と、「拾い上げる」という正反対の意味が一つの言葉のなかにあります。言葉は実は生き物で、人間の体と同じく、本来相反するものの拮抗で成り立っているものなのです。

私はよく「創造」、クリエイトするという言葉をとりあげます。そして大変深い意味が隠されている、その意味をよく考えて味わってほしい、といっております。

創造の「創」は、もともとどういう意味でしょうか。「りっとう」ですから、刀と関係があります。そうです。創造の「創」とは刀傷なのです。「絆創膏」の創はまさに「傷」であり、絆創膏とはそこに塗ったり、貼ったりする薬のことです。体中傷だらけという意味の「満身創痍」の「創」も刀傷でしょう。人間にとって命に関わる深刻な事態であり、マイナスの事柄です。それがどうして「創造」する、クリエイトするというプラスの意味に転化したのでしょうか。

それは、古人が、傷が治って元気になっていくところに生命の神秘を見て、畏敬の念を込めて「創造」という言葉をつくったからではないかと考えました。人間のもつ奥深い復元と再生の力を、このように表現したのです。その深い意味を是非よく感得してほしいと思います。

生命のもつ反発力ともいえます。あいつにあんなことをいわれた、こん畜生と思って頑張った、そして道が開けた――そういう体験は皆さんにも多々あると思います。ですから、傷つくことを恐れる必要はありません。むしろ傷こそ成長の宝なのです。そこからこそ、初めて深い学びができるのです。

ゲーテの『若きヴェルテルの悩み』は、世界の古典です。これはゲーテ自身の悲痛な失恋の体験なしにはありえませんでした。同じ状況に陥った友人は自殺しました。ゲーテは生き延びました。書くことで体のなかの毒を出した。カタルシスしたのです。日記に書くと気持ちが整理された、人に話したら気が楽になった、これもカタルシスです。ゲーテは辛い体験を書くことで切りぬけた。痛烈なマイナス体験を反転させて永遠の芸術作品にしたのです。マイナスの経験があったからこそ、偉大な仕事ができた。そういう例は数限りなくあります。

このように、マイナスがプラスに転化する、人間のもつ無限の可能性を示す「創造」という言葉の深い意味に、ことあるごとに思いを馳せていただきたいと思います。

「金を失った守銭奴は、悔しがることしかできない。しかし、恋を失った乙女は、歌を歌うことができる」といいます。失恋するのは乙女でなくて、男でもいいのですが、人間は心の傷を逆に歌にすることができる存在なのです。人間は、傷によってこそ、素晴らしい人間になれる。このことを銘記して、逆境に会ったときもしっかり対峙し、それを糧にして、恨みつらみの次元にとどまらないで珠玉の歌をたくさん紡いでいただきたいと思います。

新しい人と人との連帯を

最後に申し上げたいことは、人と人との新しい関係をどのように豊かに創っていくかが、これからの最も大きな課題であり、その課題に応える人生行路を歩んでいただきたいということです。

近年、競争的環境や市場原理主義の称揚によって、あらゆるところに露骨な成果主義や能力主義がはびこり、弱肉強食の格差社会への傾斜を強めています。アメリカ社会のまねのおかげです。個々バラバラにされた人間は、自分を守り、癒すために何をするか。アメリカでは、結局、弁護士と心理カウンセラーや精神カウンセラーが繁栄しています。これはよい兆候ではありません。このようなアメリカ社会に、日本も行き着こうとしています。

私たちは教育学部で学んだのですから、教育の観点を深く身につけております。教育の大切な点は、人の立場にすっと立てることです。理想的な在り方として、私はよく「自分にとどまりつつ、他に無限に赴ける存在」になってほしいと申します。これはヘーゲルのいう人間存在の在るべき姿を私なりに翻案したものです。人の立場に立つためには、その人に関心をもち、よく知っていることが求められますが、詳しくは知らなくても、直感的に問題の所在がわかることが大切です。そういう知識とセンスを養わないといけません。コミュニケーション能力ともいわれますが、そういう技術的なことも必要ですが、それ以上に人から信頼されないとだめです。そのためには、何より自分の心を常に広く深く開拓し、身を修めることが大切です。

最近は、プライバシーの尊重などといって、個人を尊重するようでいて、その実、逆に個人を放置し置き去りにしています。率直に人の心に入り、豊かに交流できるセンスを養い、実践してほしいと思います。こうして自分を拓き、社会を豊かに拓いていっていただきたいと思います。

私の郷里は静岡県の掛川なのですが、そこの人たちが、昔あった地元のお酒を復元しようと考えました。そして田植え、稲刈りと会員を集めて、活動をはじめました。お酒造りということですが、それをつうじて、新しい知り合いが生まれ、新しい交流が生じ、地域に新しい風が生まれつつあります。里山再生グループや歴史的建物を保存する運動をしている皆さんとの連携も生まれました。今日卒業される皆さんのなかには、私の村に田植えや、稲刈りに来られた方もおられます。中国や韓国やドイツの方も来ました。

地域がこのように国際化することで、地域住民の観点、日本国民の観点、国際的市民の観点など、さまざまな観点が豊かに交錯します。こうした体験と交流を通じて、新しい生き方を知り、新しい課題を知り、いろいろなアイディアを得て、明日へのエネルギーが生まれます。日本の各地で、このような動きが活発化しています。そうした豊かな連帯の網の目をつくって活動することは、共生の社会を作っていく大切な営みです。そういう新しい人と人との関係の輪を作っていく中心に、やはり皆さんがいてほしい、そういう活動をよく支える、よきリーダーにもなっていただきたいと思います。

キャンパスでは、いろいろな活動が展開されていますが、「学芸の森プロジェクト」もその一つです。キャンパスの自然をさらに豊かな教育的・学術的な自然に変えていきたいというプロジェクトですが、茂りすぎた本学の杉や檜で、生協前のテーブルや椅子をつくりました。また先日は、混みすぎた公孫樹《いちょう》の木から「まな板」をつくりました。公孫樹のまな板は、柳のまな板と並んで逸品といわれております。これも学生、職員、教員の知恵の結晶です。生協で販売しておりますので、卒業記念に買ってお使いいただければ、大変うれしく思います。

最後は記念品の勧めになってしまいましたが、皆さんがそれぞれの分野で素晴らしいお仕事をされることを祈念して、お祝いの言葉と致します。

第六章

研究的に捉える

1　「物のみえたる光、いまだ心に消えざる中に、いひとむべし」

博士課程入学式式辞

二〇〇四（平成一六）年四月九日（金）

今年度、東京学芸大学大学院連合学校教育学研究科博士課程に入学された二六名の皆さんに、心からお祝いを申し上げます。

本大学院研究科は、一九九六年四月に発足いたしました。三つの特色をもっています。まず、埼玉大学、千葉大学、横浜国立大学、東京学芸大学の四つの大学院から構成される連合大学院として、層の厚い教員組織をもって研究指導に当たっていることです。

二番目の特色は、教科教育学を中心にしていること。しかしこれは従来の教科教育学ではありません。「広域科学としての教科教育学」を創造し、確立していこうということが目指されています。それは、一方において、教育哲学・教育課程論・教育方法論などを研究する教育学および児童生徒の心身の発達過程を研究する心理学などの「教育科学」を基礎にしつつ、他方において、それぞれの教科の基盤となる人文・社会・自然などの諸科学や芸術・体育といった「専門諸科学」を基礎としつつ、その両者を統一的に把握して展開する「教科教育学」を構想しようとするものです。

三つ目は、この新しい「広域科学としての教科教育学」の研究者を養成するために、複合的な指導体制を組んでいること。すなわち、皆さんが希望される主指導教員の他に、二名の副指導教員が協力して指導に当たりますが、その三人の専門領域は、原則として、「教育科学」「教科専門科学」「教科教育学」の三領域にわたり、さらにそれが大学を異にする組み合わせになっていることです。このような充実した体制で臨んでおります。

芭蕉・創作の秘密

さて皆さんは、今、大きな意欲に溢れて、抱いている問題意識をどのように深め、展開していこうかと、思いを巡らしておられることと思います。

何年か前でしたが、芭蕉の『奥の細道』が世に出て三〇〇年ということで、芭蕉のことが話題になった年がありました。そこで私も本当に久しぶりに『奥の細道』を読んでみました。

実は高校時代に、大学入試に出るから読んでおくと良いと先生にいわれて、受験勉強のために読んで以来でして、懐かしさも手伝って手にしてみたのですが、読み進むうちに釣り込まれました。なぜあんなに簡潔で奥の深い言葉、そして文章が紡ぎ出されるのだろう。言葉は短いのに、喚起力が凄くあり、場面が絵画的に浮かび上がってくる。どうしてだろうと、その生き生きした迫力に感服致しました。

むかし読んだ時には、「月日は百代の過客にして、行きかう人もまた旅人なり」という有名な冒頭にあるような、リズム感のよさにもっぱら感じ入ったものですが、今度はそれとは違って、芭蕉が対象に向かってまさに実相観入していく、その凄さに打たれました。

そこで、この創作の秘密も知りたくなりました。芭蕉の俳句について書いたものといえば、向井去来の『去来抄』と、服部土芳の『三冊子』があります。

「不易流行」については、『去来抄』では、「不易を知らざれば、基立《もとい》ちがたく、流行を知らざれば、風新たならず」と言及されております。『三冊子』の方では、「師の風雅に萬代不易あり、一時の変化あり。この二つに究わまり、その本、一つ也。その一つというは、風雅の誠也」というように書かれております。それぞれ微妙に違った解釈がされたりしていて、興味深く読みました。

またよく知られた「松のことは松に習え、竹のことは竹に習え」という言葉は、『三冊子』にあるのだと初めて知り、俳句の解釈も含め、大変新鮮な読書体験でした。弟子の眼から見た芭蕉像ですが、芭蕉はこういう心がけで創造的な仕事をしてきたのだなとわかって、いろいろ考えさせられました。

なかでも印象に残った言葉に、「つねに勤めて、心の位を得て、感ずるもの動くやいなや、句と成るべし」というのがありました。自分の関心をもった対象を、常に勤めて心のなかにしっかり位置づけよと、勤めを怠らない構えの大切なことが説かれています。その構えを続けるなかから、心のうごめきが生まれ、意識の限りを尽したところで一句となり、唯一無比の真実の世界が生まれてくる、創造とはこういうことなのだ、ということが示唆されています。

「常に勤めよ」ということは、現在の私たちに言い換えていえば、対象に向かって常にあらゆる資料、考察、実験を動員して迫れ、ということでしょう。あるいは、こういう見方がある、ああいうコンセプトがある、それをさまざまに適用し、対象に参入する観点を鍛えよ、訓練を積め、ということでしょうか。

繰り返しの修練や試行錯誤を重ねることによって、この繰り返しのなかから初めて、本当の方法論的な直感力が生まれてくる、そうして初めて、世界が開かれるのだと。天才とは九九％の努力と一％のひらめきだ、といわれるのは、そういうことを指しているのだと思います。量を蓄積していくと、ある局面でそれが質に変わる、この新しい質を感ずる心の動きが句となる、偉大な成果となる、そういっているのだと思います。

物のみえたる光

もうひとつ、「物のみえたる光、いまだ心に消えざる中にいひとむべし」という言葉も印象的でした。「物のみえたる光」――これは何と素晴らしい表現でしょうか。これが真理だ、新しい発見だ、それが直感的にわかった瞬間ですね。この物の光を感受したとき、これを直ちに、消えてしまわない内に、言葉にして書き留めなさいといっているのです。

自分の取り組んでいる対象が、その存在の秘密をかいま見せた瞬間でしょう。それは直ちに書き留めないと逃げてしまう。思索が深まれば深まるだけ、意識性が高まれば高まるだけ、対象世界もそれだけ深く微妙に自身を開示してくれる。しかしこの高度な拮抗関係のなかから生まれた瞬間の輝き、真理の光は、その高度さゆえに、ごく稀に瞬間的にしか姿を現さない。もしかしたらそれは、力と意識の限りを尽くしても、一生のうちに一度あるか、二度あるかという瞬間かもしれません。それをしっかり我が物としなさい、といっているのです。皆さんは、今からそういう世界にアタックしようとしています。

この言葉が印象に残ったのは、『三冊子』を読みながら、私もその通りにしていればもっとましな成果があったろうにと、過去の自分のあの場面やこの場面を思い出したからです。中途半端だった自分を慚愧の念と共に振り返ったものですから、ひどく心に残った言葉でして、ですからこのような場所で私の方から皆さんに話す資格はないのですが、敢えて申し上げたのは、これから皆さんを指導して下さる先生方はまさに「物の光」を見た方、そしてそれをあやまたず掴み取った先生方ばかりだからです。

この「物のみえたる光」を掴める人は、そんなに多くはおりません。ごく限られた方たちです。今日から皆さんは、そういう先生方の指導を受けるわけです。これほどの幸せはありません。指導を受けつつ皆さんは、先生方の見た「物の光」について、いろいろなお話を聞くことがあると思います。そこから皆さんは大きな触発を受けるでしょう。それが皆さんの大きな励ましになるでしょう。そして皆さんも、つねに勤めて、心に課題をしっかりと位置づけ続ければ、必ず物の光がみえてくるはずなのです。

芭蕉に導かれて、お話しいたしました。どうか皆さん、大いに研鑽を積まれ、「つねに勤めて、心の位を得て、感ずるもの動くやいなや、句と成るべし」、「物のみえたる光、いまだ心に消えざる中に、いひとむべし」——この態度を、断固、貫き実行して、素晴らしい学問的成果として結実させて頂きたいと思います。皆さんの大いなる奮闘の前途を祝福して、式辞と致します。

2 「覆いを取りのぞく」

博士課程入学式式辞
二〇〇六(平成一八)年四月一〇日(月)

今年度、東京学芸大学大学院連合学校教育学研究科博士課程に入学された皆さんに、心からお祝いを申し上げます。

今、皆さんは大きな意欲に溢れて、これから研究する課題について、さまざまに思いを巡らしておられることと思います。すでに皆さんは学士課程では卒業論文を、修士課程では修士論文を書かれました。さまざまな問題意識をもち、そのなかから、これぞと選び出したテーマで論文を完成されました。しかし問題意識のままに留まって、論文にまで至らなかったテーマも多々あったと思います。こうしたさまざまな問題意識を改めて確認し、整理し、展開していくことが博士論文の核になっていくと思います。

『アンナ・カレーニナ』

私は、ある時期、文学理論上の関心から芸術作品の創造過程に関心をもって、いろいろ読んだことがありました。そういう観点から読むものですから、普通とはズレた読み方をしてしまったのでしょうが、たとえばトルストイの

『アンナ・カレーニナ』という小説があります。

この長編小説は、主人公である公爵夫人アンナ・カレーニナの当時のロシア社会における運命を描いたものです。もう一人コンスタンチン・レーヴィンも彼女と劣らぬ主人公ぶりで、二人は対照的な生き方をするのですが、共通項をもっています。つまり二人とも、当時のロシアの上流社会の偽善や虚偽や無為への厳しい批判者であるという点で共通しており、真実の生活とは一体何かを追求する点でも一致しています。しかしアンナは、こうしたまやかしに対して不倫という形しか取れず、社会に背を向け、社会とは無関係なところで個人の幸福を追求することになってしまうのですが、レーヴィンの方は、人と人とを新しく結びつける人間関係や社会関係の在り方のなかに、真実の生活を追求しようとしました。ここには、トルストイの自画像が強く反映しているといわれています。この小説は、このように対極の生き方をする二人の運命を巡りつつ、さまざまな人物が登場して当時のロシア社会を描く、一大絵巻物です。

画家ミハイロフ

印象的な場面はたくさんありますが、私はついついそういう関心で読みますから、どこに惹かれたかといいますと、アンナとヴロンスキイがイタリア旅行に出かける、南国の大きな開放感のなかでアンナの肖像画を描いてもらおうという場面です。そこにミハイロフという画家が登場します。そこでの対話に注目しました。トルストイの芸術創造についての考え方が示されていると思ったからです。ここでは、「覆いを取りのぞく」という言葉が多用されていました。

作品が芸術作品として姿を現すためには、覆っているものを十全に取り除くことが必要だと画家ミハイロフはいっています。「覆いを取りのぞく際には、作品そのものを損なわないために、また残り無く覆いを取りのぞくために、多くの注意力と慎重さが大切だ」、あるいは「覆いをとりのぞかなかった痕跡が残っていて、それが絵を損なっている」といった具合です。芸術家にとって、「覆いを取りのぞく」能力がここで問われているのです。

トルストイは他の所で、芸術家はまず最初に、「描こうと思う現実を、全く明瞭に思い浮かべるものである」といっています。それはキリストの磔でもいいし、夏の景色でも、餓えた子どもでもいい、まずそれが明確にイメージされている、というのです。

私たちはともすれば、最初にまず漠然としたイメージがあって、それが段階的に深まって鮮明になり、最後に対象の本質に至る、という風に考えるのですが、トルストイは逆のことをいっています。

芸術家は「最初から、現実に対するある明瞭で確固としたイメージをもっている」というのです。しかし芸術家は、それを描きあげるにあたって、「思想的、技術的なあらゆる不足によって、覆いを取りのぞくことが妨害されているだけだというふうに感じている」と。しっかり掴んではいるのだが、それが表現できない。本質を覆っているものを取りのぞきたいのだが、なかなかできない。この覆いをどうしたら十全に取りのぞけるか、芸術家にとって、このことが最大の課題となる、というのです。これはそういわれてみれば、なるほどという指摘です。

研究対象を勉強して知識を蓄える、調査して資料を収集する、考究して対象の本質に迫る、それが研究ですし、科学的態度です。論文を書くということは、どのように対象に迫るかということで、そこで方法論が重要になってくるわけですが、しかしトルストイのいうことに従えば、事態は逆であって、方法論は、これこそ本質だと確信した事柄をいかに真理として取り出すか、その過程で働くものだということになります。

迫るためにある方法論か、取り出すためにある方法論か。真実はどちらも必要だということでしょうが、芸術家にしろ、研究者にしろ、形として取り出そうという、まさにこのプロセスにおいて最も苦闘することを考えれば、トルストイのいうように「覆いを取りのぞく」際にこそ方法論が問われ、芸術的・学問的力量が問われるといえば、なるほどその通りでしょう。

本質を直感する

その場合、一番問題になるのは本質を掴むセンスです。本質を明瞭に思い浮かべる能力でしょう。本質を掴んでいなければ元も子もありません。本質を直感するセンスのよさが、何より問われるわけですが、それはどのように養われるのでしょうか。

ひとは日々現実を意識的にも無意識的にも受容していますが、これぞと関心をもった対象に向かっては、さまざまな知識を蓄積し始めます。そしてたくさんの量の蓄積が、ある局面で新しい質へと飛躍します。センスは、より多くここに関係しているのでしょう。こうして生まれた新しい質の組み合わせによって、本質に迫るセンス、本質直感が生まれてくるということなのだと思います。

本質直感は、その人の個性に拠っているという意味で極めて個別的なものですが、普遍に至る幾つもの道をもっているという意味で真理に一番近いところにあります。トルストイによれば、そのうえを覆っているベールをどのように上手にはいでいくか、その思想的・技術的力量によって、真実や真理が発見できるかどうかが決まるというのです。

画家ミハイロフによれば、芸術家は、「自分の構想に従って、一枚また一枚と、入念に覆いを取りのぞいていく」。そして最後に芸術作品が、「もし彼が覆いを取りのぞくときに、それを傷つけてしまっていなければ、現実そのものよりも、大きな明瞭さをもって、眼の前に存在するのである」といっています。

ここでもう一つ重要なことは、「現実そのものよりも、大きな明瞭さをもって」という所です。この明瞭さが獲得されて初めて、本質がしっかり取り出されたのです。芸術的にいえば、こうして初めてある事柄の典型的な本質が典型的な姿で描きだされたということになるわけですし、研究的にいえば、本質的な問題が摘出されて、オリジナルであると同時に普遍的に通用する解決の方向が示された、ということになります。

意識の無意識化

この場合、重要な点は、画家の内部で、あるいは研究者の内部で、描く対象、あるいは研究対象との「無意識にまで転化した、全く新しい現実との融合」が存在していることでしょう。本質直感といいましたが、これがまず前提として存在しないといけない。これがあって初めて、芸術家はおのれの形象を求めて細心の力をふりしぼり、研究者は真理を求めて格闘できるのです。

ですから、体験し、観察し、読み、知り、考究したものは、即そのまま、描いたり、叙述する対象ではないのです。自分のなかで反芻し、寝かせ、無意識なものとなり、そこから発酵してきたもののなかから浮かび上がってくる、これぞという確かなものが形として取り出されて初めて、オリジナルな作品、著述が生まれるということです。

逆説的な言い方になりますが、客観性というのは、客観的現実をそのまま描き叙述することではなく、自分の内に主観的に既に確固として存在しているものを、いかに意識化し、取り出すかということにかかっている、というふうにも言い換えることができると思います。

いかに十全にその覆いを取りのぞくことができるか。学問の質は、ここにおける慎重で十全な意識化にかかっているのであり、方法の問題も、世界観の問題も、まさにここに関わってくるのだということでしょう。

画家・ミハイロフの考え方を、やや敷衍してお話ししてみました。皆さんがこれからの研究活動をしていく上で、何かの参考にしていただければ幸いです。

どうか、博士課程で充実した研究活動を展開され、立派な博士論文を仕上げられますよう願っております。あらためて、ご入学、おめでとうございます。

3 博士課程、第二ステージへ——新しい人間像と研究者像を求めて

東京学芸大学大学院連合学校教育学研究科博士課程創立一〇周年記念式典挨拶

二〇〇六(平成一六)年一一月二三日(木)

連合学校教育学研究科創立一〇周年記念式典に当たりまして、大変お忙しいところ、文部科学省からは辰野裕一審議官、兵庫教育大学からは梶田叡一学長、岩田一彦研究科長、福本謹一研究主幹がいらっしゃって下さいました。心からお礼申し上げます。

今から一〇年前の四月、最初の入学者を迎えた日のことを思い出します。あの時の院生たちのりりしい表情、蓮見音彦学長の四つの大学で出発することへの期待感に溢れた式辞、大井みさお研究科長の「広域科学としての教科教育学」を創造していこうとする自由闊達の気、そして赴任したばかりの鈴木英総務課長の朗々とした司会も耳に残って、今でもその情景がまざまざと浮かんでまいります。

この一〇年間、私たちは「広域科学としての教科教育学」という、新しい学問分野の確立を目指しつつ、学校教育に関わるさまざまな課題の解決を目指して、博士課程における教育および研究活動を鋭意続けてまいりました。その成果は、課程博士は一〇〇名、論文博士は二八名となって現れ、教員養成系大学や各種多方面の教育研究機関に多くの研究者を送り出すことができました。これも埼玉大学、千葉大学、横浜国立大学そして本学という四つの大学が、

それぞれの人的資産を十全に活用し、有機的にしっかりつながり、先生方が熱心にご指導いただいた賜物であります。今日はゆかりの皆さんが大勢おみえです。これまでの皆さんのご奮闘の数々をあらためて振り返り、成果を共に喜び合いたいと思います。

人間像を求めて

ひるがえって今日の教育問題を考えますと、日々、胸に突き刺さるような問題が多く起きております。幼児虐待の話などを聞きますと、地獄の釜が開いたのではないかと思うほどで、人間の根本的在り方もふくめ、徹底した究明と打開の展望が求められます。教育をめぐるこうしたさまざまな課題に応えるのが私たちの使命であり、私たちの研究も教育も、常にこうした問題と深く切り結んでいなければなりません。

「広域科学としての教科教育学」は、総合の学としての学問像、そして研究者像が求められていますが、同時にその先に、人間をどのようにとらえ、どのように陶冶し、問題を解決していくのかを明らかにし、未来に形成さるべき人間像、教師像の姿をどのように想定し、そこに向かってどのように働きかけていくのか、ということが常に重要な課題として問われています。

「人間とは」、「個性とは」、「人間像とは」ということが問われているわけですが、そうしたとき私たちは、その在り方を無意識のうちに過去に求めます。安倍晋三さんの「美しい国」もそうでしょうし、自分自身考えてみましても、ついついゲーテなどのいうドイツ古典主義の人間像などをイメージしてしまいます。そうした理念形をもつことは大切でしょうが、しかし、「未来に向って生成する現代の人間像」と考えるとき、どうしてもズレや無理が生じてくるだろうと思います。

近代は、いうまでもなく個人や個性に最大限の価値をおいています。そこにおいて個人は、「インディビデュアル」＝「これ以上分かたれないもの」として、統一性と一貫性をもった、唯一無比の存在として、とらえられてきました。

しかし現代という時代は、それを必ずしも自明としなくなったように思います。操作と管理ということがいわれます。こうしたマニピュレーションによって個人は、システムや集団のなかで、機能や員数へと分割され、変換されていきます。個人を不可分性においてとらえるよりも、可分性においてみる時代にいる、という指摘もできるでしょう。

個性の崩壊と再生

いち早くこの変容を見抜いたのは、ドイツの劇作家ベルトルト・ブレヒトでした。ちょうど二〇〇六年の今年はブレヒト没後五〇周年にあたります。ドイツや日本でその作品が上演されたり、いろいろな紹介や言及がなされておりますが、それらを読んでおりましたら、次のようなブレヒトの発言に出会いました。

「成長する集団の内部では個性の崩壊がおこる。……個性は分裂し、息もできなくなる。別のものに変化し、名前を失い、もはや顔さえなくなる。自分の拡張ではなくて、一番小さな大きさへと、あるいは、無くてもいい無用の存在から無の中へと逃げ去る。しかしその一番小さな大きさの中で、深く呼吸しながら、全体の中での新しい本来の不可分な有用性を認識するのだ」。

ブレヒトはここで、個人を個人としてとらえてはいません。集団のなかで考えています。これは彼が演劇と携わっていたこととも大きく関係しているのでしょう。演劇にあっては、個は個として屹立しなければならないと同時に、共同のなかの個であることが求められ、個と集団との関係が、切実な課題として問われます。そして集団のなかでの個の変革と、自己実現の方法論が、常に求められています。それだけにブレヒトの思考は、今日のシステム社会、役割社会のなかで生きているわれわれに、何かを考えさせる多くのものをもっています。

注目すべきは、ここでは個人は、〝ある前提の下にある個人〟、〝ある理念の下にある個人〟としてはとらえられていないことです。分割され、機能変換させられた後の〝プロセスの結果として生まれた新しい個人〟を問題にしています。そしてこのプロセスの結果として、新たに再度、人間の不可分性が提起され、新しい課題に的確に答える有用性と人間像が提起されています。

全体と個、集団と個人といっても、悪しき全体性や集団性もあるわけで、その在り方との関係も問われますし、孤立し引きこもって陶冶もされず、意識だけが肥大していく個の在り方や、それを生み出す今日の社会のシステムへの問いもあるわけで、ここでブレヒトが提起した観点は、今日の教育の問題を考える上で、大変興味深い示唆を与えるものだと思います。私たちの研究も教育も、ブレヒトのいうこのプロセスにどのように向かっていくのか、ということが重要な課題としてあると思います。

新しいタイプの研究者像

私たちの連合大学院は、この一〇年間、多くの成果と実績を生んできました。連合という新しい共同のシステムのなかで、新しい学問領域を開拓し、多くの研究者を生み出してきました。「成長する集団の内部では、従来の個性の崩壊が起こる」とブレヒトはいいます。私たちは、「成長する集団」でなければなりません。

今日の社会のなかで求められているものは、何でしょうか。まず深い専門性でしょう。その幅広い応用力でしょう。それを絶えずリニューアルしていく刷新能力でしょう。そして教育および研究を組織的に展開し、マネッジできる人材だと思います。それは従来の個性や、従来型の研究者とは一味違った、新しいタイプの研究者像です。

一〇年を経過した今、私たちは第二のステージに立っております。「広域科学としての教科教育学」のさらなる発展が求められています。それには教育科学と専門諸科学と教科教育学がモザイク的につながるだけでは不十分です。「従来の個性の崩壊」を身をもって体験して初めて、新しい研究者像と人間像に至ることができるのだと思います。こうして初めて、国民の教育課題に的確にこたえる有用性の在り方、人間形成の根源を見据えた研究、等々が新たに生まれ、私たちの博士課程がさらに高い段階をめざして発展していくことになるでしょう。

今私たちは新しい段階に立っていることを深く認識し、この式典が一〇年を振り返り、新たな飛躍の場となることを願って、開会の言葉といたします。

4　時代の転換期と新しい地平

博士課程入学式式辞
二〇〇九(平成二一)年三月一六日(月)

ただいま、博士課程の15名の皆さんに学位記をお渡ししました。長年の研鑽の結実に心からお祝い申し上げます。皆さんが学位を授与された今年度は、ノーベル賞を日本の四人の方が受賞された年でもあります。その偉業に至る悪戦苦闘のドラマやエピソードもさまざまに報道され、皆さんも大きな関心をもって読まれたことと思います。

なかでも益川敏英先生の飾らない人柄はとても魅力的です。先月、二月八日に、京都大学の主催で「益川敏英先生のノーベル賞を祝う会」がありました。益川先生は、「有名人になったお陰で、普段会えなかった人と会えて楽しい。ピアニストの中村紘子さんにかねてから疑問に思っていたベートーベンの曲のことで質問できた」と好奇心たっぷり、茶目っ気たっぷりに挨拶しておられました。

益川先生は、京都大学名誉教授ですが、学部・大学院は名古屋大学で学ばれました。当時、名古屋大学には坂田昌一という理論物理学者がおりました。素粒子論の複合模型「坂田モデル」を打ち出した方です。祝辞を述べた名大の先生は、「坂田研は、学生も院生も教授も全く平等に議論でき、学科の運営に参画するという、徹底した民主主義的雰囲気の研究室だった」と、いろいろなエピソードと共に話しておられました。

一九六八・東京

それで思い出したのですが、私が大学院生だった頃、国文学専攻で野上弥生子の研究をしている坂田千鶴子さんという方と知り合いました。昭和期の文学のことや、女性作家の直面する課題、アプローチの方法など、いろいろ議論したことがありました。そのうちお父さんが坂田昌一だということがわかりました。ちょうどその頃、坂田昌一の『科学に新しい風を』という本が出ていまして、理科の友人から「面白いから読め」と勧められていたこともあって、早速この本を買って読んだものです。やはり関係者を知っていますと、本の読み方に力こぶが入ります。「新素粒子観対話」「量子力学の解釈をめぐって」といった専門的な論文も入っていましたが、「素粒子論と哲学」といった、自然観の転換や、新しい科学の在り方も論じられていまして、時代の息吹というものを強く感じさせる本でした。

驚いたのは、エンゲルスの『自然弁証法』とか、レーニンの『唯物論と経験批判論』などからの引用もあって、彼らの思想や方法が、転換期の新しい思考を導くのに大きく寄与していた、という指摘がされていることでした。唯物論というのは、物や事柄に徹底的に即して解明しようという立場ですが、一九世紀の後半、あるいは二〇世紀の前半に新しい世界観が求められるときに、どうしても既成観念に囚われて私たちの考え方が観念的になっていくという認識論上の隘路があって、それを突破していく方法的示唆がこの二つの著作にはある、という大変面白い指摘でした。既成の枠組が打ち破れず、現実が見えなくなっていく問題の指摘でもあって、大変おもしろく、マッハの不可知論に対してレーニンが「電子といえども汲み尽くせない」といい、真理の階層性を指摘したことや、絶対的真理と思っていたものが新しい真理の発見によって相対的真理に移行することなど、大変興味深く読んだ記憶があります。

益川先生は、この坂田昌一の研究室におられ、自由と自治が高い水準で皆と共有された闊達とした雰囲気のなかで、学問形成されたわけです。この研究室をめぐるエピソードもいろいろ語っておられました。この「坂田モデル」に触発されながら、今回の受賞の業績を挙げられたということでした。

京都から帰りがけに私は田舎に寄りまして、本棚をひっくり返しましたら、坂田昌一の『科学に新しい風を』が出てきまして、四〇年ぶりに読み返してみました。時代の課題と対決して色褪せない、若々しい本だなあとあらためて思いました。

当時、一九六〇年代は、アジア、アフリカ、ラテンアメリカの民族解放の運動が澎湃《ほうはい》とわき起こった時でした。植民地が帝国主義的支配からどんどん独立していく時代で、それを阻止しようとしたアメリカがベトナムを攻撃する、それに対して「ベトナム人民支援は人類の大義」といって、各国の人々による支援の輪が広がるという時代で、世界の新しい位相や、多様な可能性が、ダイナミックに見え始めた時代でした。

「我々の周りの空気は重い。旧いヨーロッパは毒され、重苦しい雰囲気の中で麻痺する。窓を開けよう。広い大気を流れ込ませよう。英雄たちの息吹を吸おうではないか」――坂田昌一はこの本で、フランスの作家、ロマン・ロランが二〇世紀初頭に書いた『ベートーベンの生涯』の中にあるこの言葉を引用しています。

帝国主義と植民地という古い世界秩序との対立闘争のなかから、新しい時代の兆候が生まれている。世界像も社会像も自然像も、変革が求められている。その息吹きを受けて坂田先生は、「科学に新しい風を」と呼びかけられていました。今読み返してみて、まさに一九六〇年代の時代精神が鬱勃と宣言されている本だと思いました。

こんな叙述があります。「現代の科学は、原子物理学の発展などにより、極微の世界から極大の世界までを透視しうる弁証法的で統一的な自然観を確立しつつある。」しかし、「科学者たちは、世界を一つ一つ切り離して考察できる不変の対象とみるような、固定的な自然観にとらわれている」。

ここでは「経験主義」や「実証主義」に対する批判が展開されています。「科学の危機と退廃の原因はここにある」と述べられ、この狭さと卑俗さを打ち破ろうとする真理への強い欲求が表明されています。

この指摘は、今の状況にも当てはまるのではないでしょうか。細分化された分野で経験主義的・実証主義的研究が積み上げられている、しかしそれ以上の展望がはっきりしない。あるいは、それぞれの領域で知の爆発が起こっているのに、全体を統一的にダイナミックに捉え切れない、そういう事態があると思います。

坂田昌一の本を久しぶりに読んで、問題を原理的に捉えることの大切さや、対象に即する考察とはどういうことか、統一的に捉えるにはどうしたらいいのか、等々を考えさせられ、そのツボさえ押さえれば、世界は読み解けるのかもしれないなどと、あらためて世界観と方法論について思いをめぐらすことができました。

一九八八・ベルリン

それから二〇年ほど経って、一九八七年から八八年にかけて私はベルリンにおりました。当時はまだ東ドイツのあった頃です。森鴎外が学んだベルリン大学、当時はフンボルト大学といっていましたが、そこの日本学科の学生たちの研究会に出たりしていました。

何とそこでは、江戸時代の思想家・高野長英について議論をしていたのです。蘭学者で開国を説いて逮捕され、牢獄に入れられ、火事をきっかけに逃亡して、顔を焼いて生き延びたのですが、幕府の役人に捕まりそうになって自殺した、という壮絶な思想家です。

この高野長英の『夢物語』という著作などを中心にこの研究会ではいろいろ読んでいました。日本人でも読まないし、日本の大学でも高野長英について研究しているところはあまりないとおもいますが、当時、東ドイツでは、一〇数名の学生が熱心に高野長英を読み解いて議論していたのです。

そのなかで「これまでの日本の歴史で、獄舎につながれた人はたくさんいた。泥棒とか、強盗とか、人殺しとか。しかし、心に志をもち、その思想によって断罪されたのは、私だけだ」といった高野長英の言葉に出会い、「これは素晴らしい、この気概がいい」という話になりました。

当時、東ドイツはまさに窒息していました。一党独裁の社会主義は間違っている、かといって彼らは資本主義がいいといっているわけではありませんで、弱肉強食の世界でなく、本当に自立した個人と個人とが、連帯しあい、助け合う社会をどうつくっていくのかをテーマに、論じ合っていました。

しかし、ハンガリーやチェコスロバキアの例があるように、そんなことを考えただけでも弾圧される、ソ連の介入をうける、そういう歴史的経緯もありましたから、公安警察に捕まるとどうなるかといった話をしながら、高野長英の言葉に感銘を受け、励ましと受け取って、論じ合っているのです。正直いってこうした学生たちの雰囲気に驚きましたし、その心意気に深い感銘を受けました。

窒息した東ドイツは、その後二年もたたないうちに「ベルリンの壁の崩壊」となったわけですが、西ドイツへの吸収合併で、彼らの論じていた理念は実現できないままになりました。

しかし考えてみますと、これはまた大変面白いことだと思いますが、そのまた二〇年後の現在、勝利したはずの資本主義が、これまた問題だという局面に立ち至っています。

二〇〇八・世界金融クラッシュ

昨年九月十五日のリーマンブラザーズの破産とサブプライムローン問題に発して今に続く世界金融危機については、ここで述べるまでもありません。事態は恐慌前夜であるともいわれ、一〇〇年に一度という人もいますし、産業革命以来という人もいます。世界の枠組が、大きく変革されることを欲しています。

転換期にあたって、新しい時代を切り開く思想と方法が求められています。まさに江戸時代末期の高野長英のように、二〇世紀初頭のロマン・ロランやレーニンのように、一九六〇年代の坂田昌一のように、そして一九八〇年代の東ドイツの学生たちのように。そして「心に志をもち、その思想によって断罪されたのは、私だけだ」という高野長英の気概は、時代を切り開く新しい思想が要請されている今日、あらためて心に刻み、勇猛心を奮い立たせる言葉であると思います。

教育の分野も、大きな転換期にあります。教員養成についても、師範教育六〇年、戦後アカデミズム教員養成教育六〇年の後に、今、新しい第三の段階のスタートラインに立っています。

あるいは、教師教育・専門教育・教養教育と三つの新しい構造化が、今、切実に求められています。実践的指導力ということがいわれ、理論と実践の媒介の在り方、ナレッジとセンスの高い結合が求められています。

そして本大学院の課題である「広域科学としての教科教育学」のさらなる発展が求められています。

ミネルヴァのふくろう

今日の深刻な時代状況は、人間と社会と自然の根本を探り、あるべき方向を考える絶好のチャンスだと思います。普段では見えない本質的な姿があちこちで露呈されています。アメリカで発達した金融工学などというハウツーの軽薄な学問ではなく、世界の深部としっかり向かい合って、人間を考え、教育を考え、社会の在り方を考えられる絶好の機会です。

「ミネルヴァのふくろうは、夕暮れを待って初めて飛び立つ」――つまり、世界の没落の兆候、矛盾の激化をまって初めて、知の化身であるフクロウは飛び立つ、といわれます。まさに皆さんが飛び立つ今、最高の時をむかえています。

博士課程での研鑽と成果を基に、大いなる展望を切り開く、人の心を打つ、新しい思想と方法を生み出していっていただきたい。問題的な状況にあるだけに、皆さんはいやましに大きな意欲をかき立てられていると思います。皆さんの奮闘を期待して、祝辞といたします。

第七章

さまざまな出会い

——挨拶とエッセイから

1　東京学芸大学創立60周年を迎えて

記念式典式辞
二〇〇九(平成二一)年一〇月一四日(水)

本日は、「東京学芸大学創立60周年」の式典に、このように多くの皆さんがお越し下さいました。心からお礼申し上げます。

学芸・リベラルアーツ・教養

初代学長の木下一雄先生は、創立から四年経った最初の卒業式において、次のようにいっておられます。「学芸の名を冠する大学設立の理想は、明治時代に菊地大麓氏の唱えたところでありますが、本学はこの精神を採り、高き知性と、豊かな教養に富む人物の育成を基盤とし、その上に、信念かたき教育の専門職を養成する、明白な使命をもち、こうして皆さんを世に送り出すことになりました」。

菊池大麓は明治の大学者です。英国で学んだ経験から、学芸すなわちリベラルアーツと、そこから醸成される教養の重要性に着目したのですが、木下学長はそれを踏まえ、これまでの師範学校の反省に立って、「学芸」を大学に冠することによって、新しい日本の教育の方向を示そうとされました。

こうもいっておられます。目指すところは「在来の、主としてスペシャリストを育成する大学と趣きを異にし、ジェネラリストを育成する、新しい時代の教養の大学である」、「こうしてはじめて新しい時代の教育者を育成することができるのである」。

草創期における木下学長の言葉は、今日なお私たちの進むべき方向を照らしています。

専門性とジェネラルな眼差し

現在、各専門分野における「知の爆発」には驚くべきものがあります。それにしっかり通暁することは、私たちの必要条件でしょう。しかしそれだけでは十分ではありません。知の膨張によって、全体像が隠されてしまっている、という大きな問題が残るからです。全体像が予感されないかぎり、人間形成や社会形成にかかわる的確なオリエンティーリングはできないでしょう。本質を見抜き、全体像を描き出すこの力こそ、まさにリベラルアーツに由来し、教養に拠っています。

スペシャルな知識と共に、ジェネラルな、まさに将軍として、指揮官としての総合力、見識、実行力の育成をする――私たちの六〇年の歩みは、このことを目指して、時代の要請に応えつつ、孜々《しし》営々《えいえい》の歴史を刻んできました。

発展の軌跡

一九六六（昭和四二）年には、修士課程「教育学研究科」が創設されました。「国語教育」「理科教育」「音楽教育」などの研究者養成および高度専門職業人養成に努め、学校および研究機関に多くの人材を供給してきました。

一九八八（昭和六三）年には、初等および中等教育課程の教職および教科の「教育系」に加え、情報・国際・環境といった、新しい境界領域の学問に対応する「教養系」を発足させました。多彩な関心をもった学生が集まり、大学に新しい活気が生まれ、リベラルアーツの新段階にそった教員養成、生涯学習社会への対応、各界への教育の観点をもった人材の供給という新機軸を開きました。

そして一九九六（平成八）年には、千葉大学・埼玉大学・横浜国立大学と連合して博士課程「学校教育研究科」を創設しました。「広域科学としての教科教育学」の確立につとめ、新しい学問的要請に応えた多くの研究者を輩出しております。

昨年（二〇〇八年）からは、教科に対して教職に力点を置き、実践的指導力に富んだスクールリーダーを育成する「教職大学院」が始まりました。実務家教員を迎え、教育現場との有機的な連携の下に「協働する力」をモットーにして、中核的教員の養成に努めています。

今日この会場には、歴史に刻まれたこれらの事業に、大きな力を注がれた先輩の皆さんが、大勢来ておられます。皆さんのご努力に対しまして、あらためて満腔の謝意を表します。

法人化・産学連携・社会連携

二〇〇四（平成一六）年に国立大学は法人化されました。法人化の趣旨が生かせないほどに、効率化係数と総人件費抑制による人員削減には苦しめられておりますが、そのなかにあっても大学の活動のウィングを広げるべく、さまざまな活動を展開してきました。

みずほフィナンシャルグループとの「金融教育」、電通との「広告小学校」、コカ・コーラ教育・環境財団や三菱UFJ環境財団との「環境教育」、インテルとの「情報教育」、おもちゃ王国との「子ども未来プロジェクト」、JTB法人東京との「特別活動研究」、等々、さまざまな産学連携事業を展開し、大きな成果を挙げております。

　また、東京都教育委員会を始めとして、神奈川県、埼玉県、静岡県の各県や、武蔵小金井、国分寺、小平を始めとした多くの市の教育委員会との連携、そして各種団体との社会連携も前進しました。FC東京との連携によってグラウンドの人工芝化が実現し、弓道場は国分寺市との連携によって新しい建物になりました。飯島和さんの日本庭園、吉田秸美さんの水辺公園などのご尽力もあり、また、地域の皆さんや卒業生の皆さんには、環境やスポーツのアドバイザーとしても、多大な貢献をいただいております。

　こうした連携活動を基盤に、学生の体験教育やコミュニケーション教育の重要性を強く認識し、各種のインターンシッ

左より稲葉孝彦小金井市長，岩佐哲男東京都教育庁理事，徳永保文部科学省高等教育局長，著者

プや外国留学の充実、アナウンサー集団「ことばの杜」と連携した教育、あるいは環境教育においても、山梨県小菅村との多摩川バイオリージョン・エコミュージアムの活動や、北海道の倉本聰さんの「富良野自然塾」との連携が進んでおり、典型となるべき事業が数多く展開しております。

学校現場の新しい要請に応えて

教育現場はいま、多様化、複雑化と特徴付けられ、多くの課題を抱え、高度な実践的指導力が求められています。教壇から先生が教科を一方的に教えていればすむ時代は、過ぎ去りました。規範意識、自立心、公共心、学ぶ意欲といった点でさまざまな問題が指摘され、支援を必要としている子どもたちも増えています。こうした多様な子どもたちに対して、学びの場を臨機応変にプロデュースし、カウンセリングマインドをもち、子どもや先生や地域との関係を豊かにコーディネートする高い力量が求められています。保護者の意識も変わりつつあります。それだけに、学問的裏づけをきちんともち、高度で総合的な力を備え、こうした現実に的確に対応できる教員が必要です。

私たちはそれぞれの課程・専攻・選修の教育研究活動を通じ、またカリキュラム改革を通じ、あるいは各種のＧＰなどを通じて、こうした現場の要請に確実に応える、質の高い教員の養成に努めております。

来年度からの新しい特徴を申しますと、小学校教員養成課程に、「ものづくり選修」「情報教育選修」「日本語教育選修」「国際教育選修」の新選修が立ち上がります。体験を通じ、技術を通じ、芸術を通じ、コミュニケーションを通じた、独創的な教育が目指されます。

修士課程をにらんだ六年一貫の「新教員養成システム」は、すでに始まっております。

歴史上のエピソード

私たちの大学の淵源をたどりますと、学制がしかれた翌年の一八七三年・明治六年に創立された東京府小学教則講習所に遡ります。今年で創基一三六年になります。

いつぞや、奈良教育大学の学長を務められた柳沢保徳さんと話しておりましたら、「東京学芸大の発祥の地は、私のところの上屋敷なのですよね」と言われ、驚いたことがありました。調べてみますとそのとおりで、大和郡山の柳沢藩の藩邸のところが、明治維新になってから東京府庁舎になり、その奥に東京府小学教則講習所が置かれました。新橋の今の第一ホテルの辺りといいます。今朝、行って歩いてみました。ホテル別館の道沿いに「樋口一葉生誕の地」という標識がありました。一葉のお父さんは府庁舎に勤めていて、その宿舎で一葉は生まれたのだそうです。明治五年出生とありました。東京府小学教則講習所は明治六年の創設です。一年違いですので、そこに並んで「東京学芸大学発祥の地」と標識を立てたいものだと思いました。

その後、一八八六（明治一九）年の師範学校令によって師範学校になり、青山師範、豊島師範、大泉師範、女子師範、青年師範などが、明治・大正・昭和の教育をリードしました。戦後、これらの師範を統一して、東京学芸大学となりました。

数年前「撫子会」という豊島師範の同窓会に出たことがありました。会員の高齢化によって有終の美を飾る最後の式典でしたが、集まった四〇〇名になりなんとする皆さん、女性のほうが多かった印象がありますが、七〇歳、八〇歳に達しておられるのに、その闊達とした元気のよさには、すっかり圧倒されてしまいました。

このエネルギー、この情熱をもって、戦後の教育をずっとリードしてこられたのだと思いました。教育への使命感と情熱、指導へのゆるぎない確信、かつて師範学校において脈々と培われたこうしたエートスは、東京学芸大学の未来にしっかりと受け継いでいかなくてはならないものです。

今年の夏、交流協定調印のために中国の湖南師範大学にまいりました。湖南師範大学は、長沙にあります。調印式のあと、「湖南第一師範学校」を訪問しました。ここは毛沢東が学び、その後、ここで教鞭をとったことで知られていますが、その建物は何と、「青山師範を模してつくられた」という話を聞いて、大変驚きました。

一九一一年につくられております。毛沢東が入学したのは一九一四年です。その後、日本と中国は不幸な関係になりまして、日本軍の侵略によって一九三八年に焼失の憂き目に会ったそうですが、その後再建され、シンボルの桜もそのまま復元されておりました。

湖南の地に、今はない青山師範の建物があり、往来も不自由な一〇〇年も前のあの時代に、このようなインターナ

鈴木寛文部科学副大臣をかこんで

左より長友恒人奈良教育大学長，高橋孝助宮城教育大学長，本間謙二北海道教育大学長，副大臣，松田正久愛知教育大学長，著者

ショナルな受容と交流の歴史があったことを考えると、それを担った先人たちの深い想いに打たれます。

国際レベルの活動

私たちは時代を、さらに深く、豊かに進めなければなりません。こうした交流の歴史を基盤に、国際レベルでの教育研究活動を一層強化し、充実させることを目指しています。国際的な協定大学は、世界各地の六〇大学に及ぼうとしており、留学生も五〇〇名を数え、全体の一割に達しております。

数年前に本学で開催した「東アジア教員養成国際シンポジウム」は、「是非とも継続を」という声によって、中国の上海、韓国の公州と続き、今年は第四回が大阪教育大学・京都教育大学・奈良教育大学の共催で、一一月に大阪で開かれます。

こうした国際交流活動をさらに活発化・円滑化する組織として、大学コンソーシアムの結成が図られております。日本において、韓国において、中国において、台湾において、それぞれの国においてコンソーシアムを作り、交流のベクトルを多角化、多層化していくもので、一二月に本学に各国の関係者が集まり、結成大会が開かれる予定です。

それぞれの国で直面する教育課題の研究と交流、共通課題の解明、学生交流の充実、そして共同学位の設定など、インターナショナルな交流の新しい段階が始まりつつあります。

左より林敏潔，長谷川正，牧山助友，馬淵貞利，副大臣，著者，
星野安三郎，田中喜美，木村茂光，五十嵐一郎

「有為の教育者」を目指して

現在、日本も世界も大きな転換期に際会しています。オバマ大統領のプラハ演説に始まる核兵器廃絶や環境への貢献の姿勢に、ノーベル平和賞が贈られました。テロと戦争の連鎖を裁ち切り、バランスオブパワー論を克服しようとする、新しい動きが生まれつつあります。

教育こそ、あらゆる問題を解決する源泉です。そして教育の観点は、あらゆる分野において求められています。学校現場はもとより、生涯学習の場においても、高度情報産業社会の職場においても、国際的なさまざまな活動分野においても、強く求められています。

新しい産業を創生できる人材、芸術文化を創造する人材、市民精神と国際精神に富んだ人材、等々、こうしたさまざまな人材の養成は、ひとえに教育にかかり、教育者の高い見識と力量にかかっています。

「有為の教育者を育成する」——これが本学のミッションステートメントです。この教育者像に、私たちは新しい時代の要求と新しい時代精神を体現させ、その養成に全力を挙げて奮闘していきたいと思います。皆さんにこの決意を表明し、今後の皆さんのますますのご支援をお願いして、式辞と致します。

左より出口利定，長谷川貞夫，村松泰子，市川伊三夫，蓮見音彦，著者

2 「教員養成をめぐる予定調和論と縄張り無責任」の慧眼

宮城教育大学四〇周年記念式典挨拶
二〇〇五（平成一七）年一〇月二二日(土)

日本教育大学協会を代表して、創立四〇周年を迎えられた宮城教育大学の方々、そして同窓会をはじめとした関係者の皆さんに、心からのお祝いを申し上げます。

私たちの協会は、教員養成系の国立大学法人四八大学・学部によって構成され、今日の教育および教員養成を巡る課題に鋭意取り組んでおりますが、宮城教育大にはその活動の重要な一翼を担って頂いており、とりわけ横須賀薫学長には、日頃、的確なご指導そしてご薫陶を頂いております。心からのお祝いを申し上げると共に、日ごろのご援助に対して、この場を借りて厚くお礼申し上げます。

＊

二一世紀を迎え、私たちの社会は、工業化社会から高度情報化社会へと変貌しつつあります。新しいこの社会は「知識基盤社会」と特徴づけられます。これまでのキャッチアップの時代から、私たちは国際社会のなかにおけるフロントランナーとしての活動が求められる時代に入っています。高度な科学・技術・文化の発展は、高い研究能力によって支えられます。そして高い研究能力は、高い教育の質によって支えられます。

現在、幼稚園、小学校から大学、大学院に至るまでの教育のあり方がさまざまに問われていますが、私たち教育学部は、未来を担う子どもたちを教育する先生を教育するという点で、社会から二重の意味での教育の負託を受けております。

多様化し複雑化する社会にあって、それだけに、質のよい教員の養成は、焦眉の課題になってきております。現在、中央教育審議会では、教職課程の改革、教員養成の専門職大学院等の構想が検討されております。横須賀学長から指導、薫陶を受けていると申し上げましたが、先生はこの中央教育審議会の教員養成部会でも中心的な活動をされ、ここでも私はいろいろ教えを受けております。

＊

昨夜、『宮城教育大学十年史資料集（上）（下）』をはじめ、『宮城教育大学二十年史資料集（Ⅰ）（Ⅱ）』、『宮城教育大学三十年史資料集（Ⅰ）（Ⅱ）』を拝読したのですが、これらの資料集は、まさに教員養成の宮城教育大ならではの独自の道を追求した、貴重なドキュメントであります。横須賀先生が赴任されたのは、創設四年目を迎えようとする一九六八年だと伺っております。先生はちょうどこの歴史と同道した歩みをされてきたわけです。

教員養成のあり方はさまざまに論じられておりますが、横

宮城教育大学創立40周年記念

式　典・祝　賀　会

1. 開式の辞

1. 講　演　宮城教育大学長　横須賀　薫
　　仙台市教育委員会委員長　阿部　芳吉　様

1. 祝　辞　日本教育大学協会会長（東京学芸大学長）　鷲山　恭彦　様
　　宮城県教育委員会教育長　白石　晃　様
　　仙台市教育委員会教育長　奥山恵美子　様
　　中国・東北師範大学長　史　寧　中　様
　　韓国・大邱教育大学校総長　張　二　権　様
　　豪州・セントラルクイーンズランド大学 日本語教育学科主任　キャロルアン　ファーガソン　様

1. 来賓者紹介

1. 功労者表彰

1. 記念事業報告

1. 閉式の辞

須賀先生の戦後教員養成教育の問題点を喝破した有名な言葉があります。それは「教員養成をめぐる予定調和論と縄張り無責任」というものです。

教育学部では、教育学、教育心理学などを教える「教育科学」と、教授法を教える「教科教育学」と、物理、化学、歴史、地理、音楽などを教える「専門諸科学」の三つの領域があるのですが、その有機的結合ということが常に課題になりながら、なかなか果たされてこないという問題がありました。

教員養成教育という統一的磁場で、本来ならばこれら諸学の結合価の高い在り方を達成し、それを学生に教授しなければならないのに、それを怠ったまま結局のところ、「それぞれの専門の先生が、とにかく教えておけば、後は学生諸君が自分の内部で統合し、教師としての力量をもってくれるに違いない」という他人任せの実態があり、これを横須賀先生は「予定調和論」と名づけ、問題視されたのでした。

そして「縄張り無責任」というのは、このことと関連するのですが、「他の分野はどうしているか知らないが、私の教えられることはこのことだけだ。あとは知らない」というもので、縄張り無責任というのか、専門無責任というのか、こういう実態も指摘されました。この主張をおっしゃったのは三〇年も前でしたが、「刺激的で面白いことをいう奴だとはいわれたが、批判されたり、無視されたりで、所詮はトリックスターの役割だった」と自嘲的にいわれたことがあります。しかし、これは大変本質的なご指摘でした。

現在、この問題が今日の教員養成改革のポイントになっております。「予定調和論」の問題は、教員養成コア・カリキュラムの問題として捉え返され、この内実の充実に向けて、各大学で鋭意取り組んでおりますし、「縄張り無責任」というか「専門無責任」に対しては、専門諸科学と教科教育学の有機的結合をはかる「教員養成学」や「教科内容学」の構築が図られ、これは先日の弘前大学での日本教育大学協会の「研究集会」で、その取り組みが焦点となっておりました。東京学芸大学の博士課程は、「広域科学としての教科教育学」に取り組んでおりますが、理論的光源を先生のこの考え方にもおいていると思います。

このように、三〇年前に横須賀先生が提起された問題は、現在、教育学部の改革のダイナモ、発動機になっております。

*

先日、宮城教育大学は、「大学・大学院における教員養成推進プログラム」という大変重要な競争的資金を、「教員養成シャトルプロジェクト」というテーマで見事、獲得されました。「学生が教育実践と学問体系との間を往還する、シャトルすることで、実践知と理論知を統合的に融合して学ぶあり方を定立していくこと」「生涯に渡って学び続ける教員を育成していくこと」「新採用の教員の学校への適応や、現職教員の資質向上を図る、養成、採用、研修の一体化を目指したプログラムを形成すること」というもので、教員養成のあり方をアカデミックとプロフェッショナルの融合、大学と教育委員会の連携のもとにダイナミックに展開する先駆的かつ創造的なものです。

その際に、日本教育大学協会の「教員養成モデル・コア・カリキュラム」の検討成果に大きく依拠し、それを発展させようとした、と明言して下さり、私たちとしても大変うれしいことでした。

このように競争的資金において宮城教育大のプログラムが大変大きく評価されたことは、これまでの宮城教育大学の教育と研究の先見性と実践性の結果であると思います。今年の三月に出された、「実践的な教職課程の充実に関する調査研究事業の報告書」も読ませていただきましたが、大変示唆にみちたもので、このような営々とした積み重ねの上に、現在がある、そして今、宮城教育大学は、教員養成大学のなかで、ぬきんでた先駆的な位置におられます。四〇周年を迎えて、そのような地歩を獲得されていることを、大変うれしく思います。

今後は、専門職大学院など、さまざまな斬新な構想の下にお進みになる計画と聞いております。四〇周年を期に、さらに大きく飛躍されることを祈念して、祝賀の挨拶といたします。

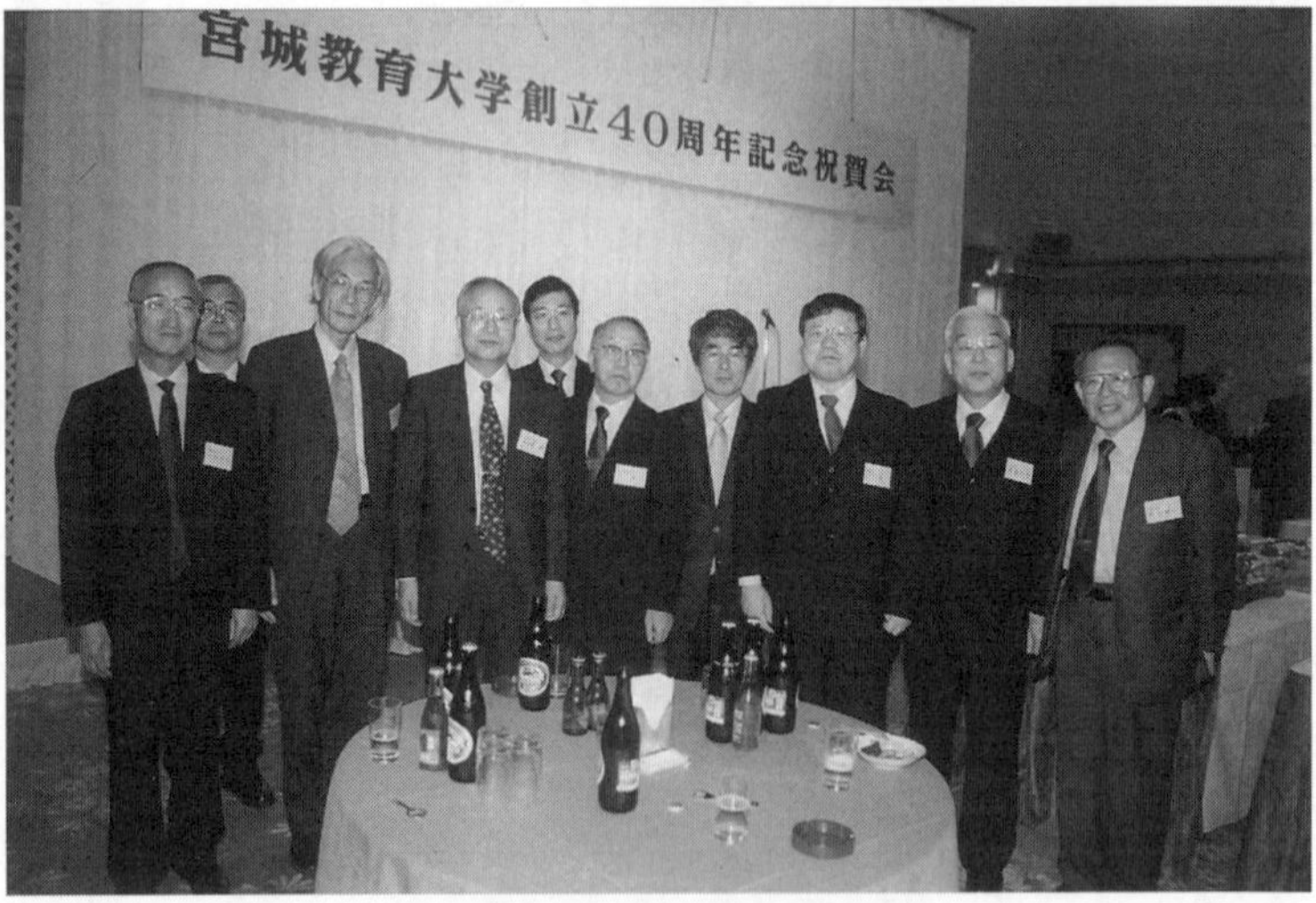

横須賀薫宮城教育大学長をかこんで

左より松尾祐作福岡教育大学長，根本政之宮城教育大局長，著者，横須賀学長，稲垣卓大阪教育大学長，田原賢一愛知教育大学長，柳沢保徳奈良教育大学長，臼井嘉一福島大学長，遠藤正彦弘前大学長，平山健一岩手大学長

3　男女共同参画社会をめざして

内閣府男女共同参画局長　板東久美子氏を迎えて
二〇〇六（平成十八）年十二月十三日（水）

本日は板東久美子さんに来ていただいて、特別記念講演会として「男女共同参画社会と教育の役割」という題でお話しいただくことになりました。かねてから本学に来てお話をしていただきたいと思っておりましたので、念願がかないまして、大変うれしく思っております。

板東久美子さんのこと

板東さんを存じ上げるようになったのは、もう五～六年前になりますが、図書館情報大学と筑波大学とが一緒になるときの「記念講演」で、秋田県副知事としてお話しされた時でした。気負わず、気取らず、さりげなく、県政に関わったいろいろな話を知識社会との関連で話されました。副知事という重責を担ってのお仕事を、こういう風に自然体でされている。その自然さが大変印象的でした。女性も肩肘はらずこのようなスタイルで仕事をするようになっているのだという感慨とともに、でもやはり板東さんだからこうなのだろうと、感銘深くお聞きしたのが最初の出会いでした。

次にお会いしたのは、文部科学省の人事課長をされている時で、本学の人事の移動についての相談に伺ったのですが、まだ学長になって間もない時で、本省の課長さんと話したことなどなかったものですから、すっかり緊張して事情をいろいろ説明しましたら、あっけらかんと「あの方はこうですよね」と性格分析までスパスパ始められるものですから、どう応答していいのか、目を白黒させたことがありました。しかし、率直にお話ができる方だなあ、という強い信頼感をもったのが二回目の出会いでした。

三回目は、義務教育国庫負担を地方に委譲する問題が起こったときでした。板東さんは官房審議官をしておられました。委譲して一般財源化されますと、自治体の財政事情で義務教育にお金が回らなくなる恐れがあります。日本教育大学協会では、早速、国庫負担堅持のアピールを出しました。出すだけでなく具体的な運動をどう展開しようかと考えていたときに、菊池俊昭事務局長と一緒に坂東さんのところに寄ったところ、「国庫負担堅持の方向で、市民の皆さんと一緒に運動を起こすことが大切」と力説されました。大学のある武蔵小金井や、国分寺、小平の市民の皆さんに、大学が直接働きかけることはまだやっていませんでしたので、必要だとは思いつつ「さて」と思っていたところでしたので、この言葉が大きな後押しになりました。

早速、大学に帰って市民集会を企画しました。町内会も回りました。当日はいろいろな方が大勢来て下さって、本学始まって以来初めての市民集会を開催することができました。「地方に委譲される前から既に図書費などは削られている。これは大きな問題」と、私たち以上に事情に通じておられる市民の皆さんからの発言もあって、大いに啓発され、皆さんのレベルの高さを改めて知りました。そして「国庫負担堅持のアピール」を出すことができました。これがきっかけになって、市民の皆さんとは、年に一～二回、話す機会をもつようになりました。

板東さんにまつわるお話をすれば、既にこのように、時代の課題にどう関わるか、男女共同参画とは何か、現実から何を学び、提案し、実行するのか、等々、本日のテーマの内容そのものに関わってくるエレメントをたくさん挙げることができます。そういうご見識と人柄の方であるということを、まず最初に紹介させていただきました。

ジェンダーの視角

男女共同参画は、日本では明治以来、多くの先駆的な女性たちの活動があり、その上に立って、大正デモクラシーの頃からひとつの流れを形成し始め、戦後憲法の「男女平等の理念」から「女性の社会参加」として、「男性と同じレベルになる、対等になる」という形で、発展してきたと思います。

しかし、「男と同じレベルになる？　とんでもない。差別者・抑圧者の男の基準なんて、基準にも、目標にもならない」ということで、やがてフェミニズムの運動が起こりました。女性の解放と自立と独自性の主張です。

こうしたなかで一九七五年の「国際婦人年」は、ひとつのエポックになったと思います。女性の社会参加、母性の保護、生物的な意味での男性と女性のセックス区分に加えて、社会的・文化的な刻印としてのジェンダーの考え方がここで提起されます。ジョオン・スコットのこの分析視角は、女性差別の本質を突いたもので、その後の女性をめぐる問題意識や歴史認識に決定的な影響を与え、女性史やジェンダー史の隆盛を促しました。

こうした歴史的経緯は大変興味深いもので、そこには男女共同参画をめぐって、時代の刻印と共に、さまざまな課題の核心がたくさん含まれており、いろいろなことを考えさせてくれます。

イェリネクの指摘

最近の現象を眺めて思うことなのですが、「差別されたものが、今度は逆に差別する」という構造が、いろいろな形で浮かび上がっていて、それは男だってそうだし、女だってそうだ、という状況がひとつあるのではないのかと思います。

こんなことをいうと、批判の矢がたくさん飛んできそうですが、しかしたとえば、こうした問題群を、昨年ドイツ語圏でノーベル文学賞をもらったオーストリアの女性作家エルフリーデ・イェリネクは、既に二〇年くらい前に指摘しております。

彼女はもちろんフェミニストですが、「意識は、女性の場合、数百年の家父長制の結果、ゆがめられている。抑圧された結果、男性の共犯者となっている女性とその意識を私は、批判する」などといったものですから、フェミニストから強く批判されました。しかしここには、自分を「犠牲者」や「被害者」として見るのではなく、「共犯者」「加害者」として見る視点があるわけで、その延長上に、今申し上げたような問題も包摂されてくるだろうと思います。

このイェリネクの主張は、ジェンダーがトラブっているという、例のジュディス・バトラーの『ジェンダー・トラブル』に代表されるポスト・フェミニズムの考えを先取りした考え方だ、ともいえるかと思います。バトラーは、女性のアイデンティティー追求をセクシャリティーの豊かな実現に焦点化しつつ、これまでの考え方を批判していくのですが、そのなかの主張のひとつとして「男と女」、「主人と奴隷」、「資本家と労働者」といった二項対立の枠組から抜け出た理解をつくっていくことの大切さが指摘されています。ミシェル・フーコーの「権力の網の目」論あたりを下敷きにしているのだと思いますが、これを敷衍して考えますと、「抑圧された者が差別・抑圧を跳ね返して上昇していく。しかしその極みにあって反転して、抑圧者になっていく」という権力構造の指摘になり、被害者が加害者になり、加害者が被害者になるメカニズムが炙り出されます。

構造的な打開

もちろん、今日の朝日新聞にも「競争力強化か、格差社会阻止か」という記事が出ているように、市場原理至上主義の社会におけるたくさんの問題があります。規制緩和と自由競争のなかで、差別と抑圧が強まり、とりわけ女性が差別されます。ワーキング・プアの問題などは、男性の問題であると同時に、女性の低い賃金に基準がすべて合わされて、問題が深刻化しているという問題でもあるわけで、女性への差別抑圧構造が厳然として存在し、そこに常に目を向け、その打開を構造的に図らなければなりません。このことが根本にあります。

しかし、今述べた加害と被害が相互に転換するという視点は、男女共同参画を実際に進める上で、日々の私たちの係わり合いのなかで、常に自分のあり方を点検し、実のある実践をしていくために、絶対に必要な眼差しだろうと考えます。

「あなたが悪いのよ」「そちらが差別者でしょう」といくら言挙げしても、何の解決にもなりません。あるいは「あの人の言っていることは正しいけれど、一緒には仕事をやりたくない」という事例も、たくさんあります。まさにこの辺のところの、自分を相対化しつつ、参画の枠を広げていく、知恵と学びと相互教育が男も女も共に必要なのではないかと思います。

別に私は他意があって申し上げているのではありません。焦眉の実践的課題への取り組みのなかで、それを担うわたしたち一人ひとりに、こうした視点が求められているのではないか、ということを申し上げているわけです。板東さんとお話ししていて「板東さんとなら一緒に仕事をしたいなあ」と思う。そこがポイントなのですね。「あの人とは願いさげ」という方も、いないわけではない。そうした問題の在りかを分析的に申し上げたにすぎません。

歴史を進める力

男女共同参画は、今日の社会の矛盾や抑圧構造を根本から克服していく、深い射程をもった運動です。それだけに、おのれ自身を点検し変革していく、透明でしなやかな人格が求められます。そうした解放された人間の集まりであるという高い倫理性と魅力があってこそ、運動の実績もあがり、アピール力も高まり、そして社会の内実が変革され、歴史を推し進める力となっていくのだと思います。

日本学術会議は、ジェンダーについて継続的に取り組んでいて、幾つかの対外報告を出しています。先ほどホームページを見ましたら、最新のものとして「ジェンダー視点が拓く学術と社会の未来」という提言が載っていました。ざっと眺めて、生物学の面からのアプローチが目新しいのかなあという印象をもったりしましたが、こうした最先端の学問的成果をどう活用していくかも、大切な課題でしょう。

著者，高橋道子，坂東久美子局長，村松泰子，馬淵貞利，菊池俊昭

本学では今年四月に「男女共同参画推進本部」が発足致しました。男女共同参画をめぐる研究教育活動、雇用面の取り組み、次世代支援など、多くの課題をかかえており、今後の活動の大きな発展を期しております。板東さんのお話から、多くの展望とヒントと励ましをいただけることを期待して、開会の挨拶と致します。

4 豊島の魂・撫子の心

豊島師範「撫子会」有終記念式典式辞
二〇〇六（平成十八）年一〇月十二日（木）

豊島師範と申しますと、私の年代においては、最早、歴史上・伝説上の学校ですので、その同窓会が連綿としてあり、そして本日めでたく有終の日を迎えられるこの式典のお話を聞いたとき、正直のところ大変驚きました。同時に、遙かに歴史を振り返りまして、豊島師範で学び青春を謳歌した方々の思いと繋がりが、明治・大正・昭和・平成と連綿と続き、そして今日この日に至ったということの歴史的意味を考えまして、皆さんの教育界における大いなる貢献に圧倒される思いが致しました。

ここに参集された皆さんは、どれほどの深い感慨をもってご列席されているのでしょうか。これまでの事績、奮闘の数々を万感の思いをもって、振り返っておられるであろうと拝察しているところです。

豊島師範の学風

豊島師範学校は、明治四一年・一九〇八年に北豊島郡巣鴨村大字池袋に開校が告示されたのが始まりと聞いております。そして明治・大正・昭和の師範教育を担い、戦後、東京学芸大学が一九四九（昭和二四）年に創立されたのに伴い、一九五一（昭和二六）年に、その歴史的使命を終えております。

『撫子八十年』や『師範教育を想う』などの本を拝見致しますと、豊島師範の教育を振り返った思い出が、こもごもに語られております。

・徳育を重んじ、教師としての誇りと使命感をしっかりと育てられた
・教授陣の人格的影響や、授業への熱意によって、教育への愛が培われた
・音楽・美術・書道などの芸能科教育が充実していて、豊かな感性が育てられた
・学問的啓発にとどまらず、人間としての生き方を学んだ
・寝食を共にした寄宿生活によって、人間が大きく成長した
・豊島三荘である成美荘・一宇荘・至楽荘での体験教育や、農業実習によって、共同の意味、自然の働きや生産の意義を体で学べた、等々です。

人間形成の根本と教育への情熱をしっかり学べたことが、ここには実感をもって語られており、皆さんが誇りをもって母校・豊島師範を振り返っておられます。これが「豊島の魂・撫子の心」といえるものだと思います。

今日の消費社会、情報化社会の進展のなかで、人格が豊かに発展するよりも、幾つにも分裂し、奇形化し、ペラペラに軽く薄くさせられている現状を見るにつけ、豊島師範における教育に人間教育のひとつの典型を見る思いが致しますし、今日の教育を考えていく上で、さまざまな教訓と指針が見いだせるという思いをあらたにさせられます。

撫　子　会
有終記念式典・祝賀会

2006年10月12日（木）12時〜15時　於・池袋南口　ホテル・メトロポリタン

記念式典次第

	総合司会庶務部長	渡邉靜夫
清興	尺八	佐藤彦信（涼山・14年卒）
	箏	佐藤順子（[illegible]）
黙祷		
開式のことば	副幹事長	井口典子
国歌斉唱	伴奏	池田喜代
校歌斉唱	指揮	岡　虎夫
	伴奏	池田喜代
式辞	幹事長	柳下昭夫
来賓紹介	幹事長	柳下昭夫
祝辞	東京学芸大学学長	鷲山恭彦様（撫子会の資料目録贈呈）
〃	豊島区長	高野之夫様
〃	恩師	米津先生
閉式のことば	副幹事長	野木惣市

祝賀会次第

オープニングセレモニー			アンサンブル　ソナーレ
開会のことば		代議員会議長	松田昭雄
挨拶		幹事長	柳下昭夫
祝辞		東京学芸大学同窓会理事長	吉野尚也様
乾杯		顧問	向山和彌
撫子を語る	「学校生活の思い出」	参与	伊藤一郎
〃	「撫子会の思い出」	顧問	高橋清輔
懇談（詩吟・合唱）			
中締		副幹事長	野木惣市
万歳三唱		顧問	寺田庄次
閉会のことば		代議員会副議長	菊地家達

ひとつの典型・栗田治夫先生

私は、草深い静岡の、今は掛川市になっていますが、土方村という農村に育ちましたが、既に中学生の頃から、豊島師範の令名は知っておりました。それは私の中学校に大変魅力的な先生がおられたからです。栗田治夫先生といわれました。母にその先生のことを話しますと、「そう、熱心で面白い授業なの。流石だね、豊島師範を出た先生は。熱意と学識がちがう」といったので、栗田先生が豊島師範の出身であることがわかり、豊島師範は立派な先生が出る学校なのだな、と知ったわけです。

栗田先生は、最初の赴任地が三宅島で、その島の生活などを話して下さったのですが、「大人になると遠い島で暮らしたりすることもあるのだなあ。果たして自分にできるだろうか」と心配になったりしたのですが、先生のお話は好奇心をそそる楽しいお話で、「こういう風にやっていけばいいのか。大人になっても大丈夫そうだ」などと考えたりしたものでした。

理科の先生で、一年の時に比重を習いました。「押しのけた水の量だけ軽くなる」という話がとても不思議でした。銀を混合したのに金の王冠と偽った詐欺師のたくらみを、アルキメデスが比重を使って暴き、銀と金の割合を出した話など、興味津々でした。

二年の時に習った「ヴェーゲナーの大陸漂動説」にも驚きました。南極にまとまっていた大陸が北に向かって流れている。その途上が現在の姿で、その証拠にアフリカの西海岸と南アメリカの東海岸の海岸線をくっつけてみると、ぴったりと一致している、昔はくっついていた、というもので、これほど驚いたことはありませんでした。地球の不思議さを思ったものです。

そうした理科の分野のみならず、栗田先生は授業のなかで、エピソードを交えていろいろな話をして下さいました。たとえば、八幡太郎義家が「後三年の役」で奥州に向かう折に、勿来の関で歌った歌――「吹く風を勿来の関と思えども、道も狭に散る山桜かな」という故事も、「な……こそ」の掛詞と共に教えて下さいましたし、兄を助けに東下した新羅三郎義光は笙の名手で、彼を慕って追ってきた少年に箱根の峠でその秘伝をつたえたエピソード、武田信玄はこの義光の後裔で、新田義貞や足利尊氏も源氏の流れであることなども教えて下さりびっくりしたものです。

授業のわからない生徒を集めて、放課後の補習授業も積極的にして下さいました。知的好奇心を触発し、学びのロマンティシズムに溢れ、今でも授業風景がありありと眼に浮かんでまいります。

この印象深い授業風景は、そのまま、今日ここに参集された皆さんの、日々の授業実践の姿そのものを象徴しているものだと思います。このような素晴らしい授業と人間教育を、皆さんは、日本各地で、営々として展開してこられました。

二〇周年記念飯島同窓会館

あるいは、飯島籐十郎さんという方も豊島師範のご出身です。卒業されて先生をしておられたのですが、兵隊に行き、終戦を迎えた千葉の市川で、事業を始められました。今の「山崎パン」を創立された方です。

本学が創立二〇周年を迎えた一九六九（昭和四四）年に同窓会館を建てる計画があって、寄付を募ったのですが資金が十分集まらず、その時に飯島さんは建設資金の半分以上をご寄付下さいました。

この歴史はずっと埋もれていたのですが、今年になりまして、同窓会館の部屋を整備したのをきっかけに掘り起こしまして、飯島籐十郎さんの生涯を『刻苦勉励と創意献身の人・飯島籐十郎』というパンフレットを作って顕彰し、写真を入り口に掲げました。

飯島さんは二五年ほど前に他界されておりますが、奥様の和様が健在でおられ、同窓会館を「飯島同窓会館」と名付けた除幕式に、お嬢様たちとご出席下さいました。晴れ渡った素晴らしい春の日で、飯島籐十郎の事績を偲ぶには最高の日でしたが、その記念に「教育研究に役立ててほしい」と奥様から三〇〇〇万円のご寄付を頂きました。和様は女子師範のご出身ということもあって、本学にこのように心を懸けて下さいました。大変有り難いことです。今その活用を考えているところです。

また、本学に赴任した頃、教育実習生を連れて協力校に行きますと、「鷲山はめずらしい名字ですね」といわれ、その後で必ず「鷲山重雄先生をご存知ですか」と聞かれたものです。東京都の教育に大きな足跡を残された方のようでしたが、どんな方なのか存じ上げませんでした。豊島師範創立八十年を記念して一九八八（昭和六三）年に出版された『撫子八十年』という本を見ておりましたら、その記念事業委員会の会長をされておられます。豊島師範を一九二三（大正一二）年に卒業された方ですが、たまたま姓が同じだったりしますと、やはりどんな方だったのかなあ、と気になったり致します。

考えてみますと、私自身、このように豊島師範には、大変ゆかりが深かったのだということにあらためて気付かされます。

撫子の花

「撫子の花」は、豊島師範の校章ですが、附属小金井中学校は、それを受け継いでおります。今年の附属中学の入学式で、福家眞也校長が撫子の花の意味について新入生に語られたのが、大変印象に残っております。

英語では撫子を「ジアンサス」といい、学名は「ジアンサス・スーパーブ」というのだそうです。「ジオス」はギリシャ神話の「全能の神ゼウス」を意味し、「アンサス」は「花」という意味で、ですから「ジアンサス」は「ゼウスの花」という意味になるのだそうです。そして学名の「ジアンサス・スーパーブ」の「スーパーブ」は「素晴らしい・優秀な・堂々とした」という意味ですから「ジアンサス・スーパーブ」は、「美しく気品のあるゼウスの花」という意味になるのだそうです。

福家校長は、このように西欧におけるナデシコの花の読み解きを行いながら「ナデシコは清楚で可憐であるが、生命力は強靭で、厳しい気候や荒れた土地であっても、よく耐えて花を咲かせる。ナデシコは、教育の理想の象徴として

思い出を語り合う

相応しい」と述べられました。

「撫子会」は、まさにこの精神でもって、今日まで教育の世界に大きな貢献をして下さいました。皆さんのこれまでの活動に深い敬意を捧げると共に、今後とも、この撫子に象徴される強靱な生命力を十全に羽ばたかせて頂きたいと思います。

辟雍会へ

本日は有終の日ということですが、東京学芸大学には「辟雍会《へきようかい》」という全国同窓会があります。出来て三年になります。「辟雍」とは、古代中国の六芸を学ぶ大学を指します。皆さんがこの「辟雍会」に新たに結集されるのも、撫子の生命力の強さを象徴して、最もふさわしい在り方ではないかと思うのですが、いかがでしょうか。是非、御一考頂きたいと思います。

「質の高い教員養成をどのようにしていくのか」が今焦眉の課題となっております。私たちは、七〇〇〇人の優秀な教師を輩出した豊島師範の歴史と、豊島の魂・撫子の心に深く学びつつ、新しい二一世紀の現実と切り結んでいきたいと思います。皆さんのご健勝を祈念し、私たちの大学への一層のご鞭撻をお願い申し上げて、祝辞と致します。

5　百済と大和の道の上に――古都扶余をめぐる日韓の文化交流

百済文化国際シンポジウム挨拶　於公州大学
（二〇〇八（平成二〇）年一〇月三一日）

この公州の地において、公州大学と東京学芸大学との共催で「百済文化をめぐる国際シンポジウム」が開かれましたことを、大変うれしく思います。「東アジア教員養成国際シンポジウム」に引き続いての開催で、公州大学の金在炫総長、そして姜信天国際課長のご尽力に心から感謝いたします。また、扶余では百済の王宮が平城京に倣った形で復元されつつありますが、その周辺整備を担当しておられるロッテ資産開発の金昌権代表理事もお見え下さいました。広い観点からの議論が期待できまして、大変うれしく思います。

大和と百済

日本人にとって、親しさと懐かしさをこめて思い出される地名はいろいろありますが、百済《くだら》は最も琴線に触れるところのひとつではないでしょうか。

古代、倭の五王の時代から百済を通じて、私たちはさまざまな文化を移入してきました。五経博士も日本に渡ってきて当時の最高水準の学問を伝えました。仏教は百済の聖明王の時代に日本に伝えたものですし、その思想は聖徳太子の一七条の憲法の精神にもなりました。百済を支援して日本は、新羅・唐の連合軍と白村江で戦ったこともありました。

また百済からは、大勢の人たちが日本にやってきて住みつきました。奈良県の「なら」は「くに」という意味だと聞いたことがあります。私の出身県の静岡県には榛原《はいばら》郡という地名がありますが、これもそうした渡来人と関係があるといわれますし、埼玉県の高麗もそうでしょう。

今回初めて、かつて百済の都のあったこの公州に来て、当地の山や河を眺めながら、日本に渡った百済の人たちも、この同じ景色を見たのだ、そして望郷の念とともにこの景色を思い浮かべたにちがいないと思いますと、一四〇〇年の隔たりがありますが、深い感慨を覚えます。

このようにすでに古代において、私たちは深い絆で結ばれ、国際交流のあらまほしい姿を共有しておりました。

扶余の歴史再現地県見学

ゆかりの国・韓国

しかし韓国と日本の間には、その後に不幸な歴史がありました。現在でも対立点を抱えています。現在、最も求められていることは何でしょうか。それは、共通のさまざまなよき経験を、しっかり共有しあうことでしょう。国際交流の原点ともいえる百済と日本の歴史のさまざまな位相を、しっかり研究し、反芻し、そこからさまざまな事柄を学ぶことでしょう。こうした豊かな基盤があれば、現在ある対立を主要なものとするのでなく、副次的なものとして議論することができます。そうすればそこから必ず、新しい未来を切り開いていく契機がつかめるでしょう。

私たちは百済と大和の間にあった素晴らしい国際交流の跡を、辿りたいと思います。百済の歴史や文化を深く知りたいと思います。当時の日本の歴史や文化を、さらに究めたいと思います。

日本では、しばしばナショナリズムの強く出た発言や、単一民族国家であるなどという不見識な発言がなされます。こうしたことを聞きますと、遥か昔の国際感覚豊かなこの時代のことを、尚更に強く思い浮かべます。

数年前に平成天皇は、韓国との関係に言及して、「私自身としては桓武天皇の生母が百済の武寧王の子孫であると『続日本記』に記されていることに、韓国とのゆかりを感じます」と語りました。この「ゆかり発言」は、血縁関係に言及したという以上に、日本と韓国との交流が古い時代から豊かにあり、韓国の人々が当時の日本の社会形成や文化形成に深く関わっており、こうした事実をしっかり認識することこそが、これからの交流と友好の礎になるのだという、未来への思いを表明されたのだと思います。

百済王宮の復元

現在、扶余では、百済の都が平城京に倣った形で復元されつつあります。再来年の二〇一〇年は奈良の都が出来て一三〇〇年目にあたります。こうしたことを契機にして、古代の百済と日本のつながりが、新しい位相のもとに浮かび上がってきます。

今日同行いただいた本学客員教授の加茂元照先生は、百済の復元された古都のまわりを古代の町で囲みたいという思いを抱かれました。百済・新羅・高句麗の時代には相互の影響が強く、中国東北部にはそうした名残もあると聞いて、延辺近郊の遺跡や古い町並みを調査もされました。公州大学には「百済研究所」があります。本学には「文化財科学専攻」があります。扶余には「歴史博物館」があります。私たちは、それぞれの研究成果や調査成果を報告しあい、百済と大和についての歴史と文化と文化財をめぐり、認識を深めたいと思いました。そしてその今日における活用をめぐっても議論したく思いました。そして、今回の国際的シンポジウムになりました。

古代へのロマン・未来へのロマン

今日は、このシンポジウムの後で、復元された百済の王宮を訪問します。その周辺のマネジメントは、ロッテが担当されることになりました。当時の町並みの再現や、古代食も再現したらどうだろうという加茂先生の提案もあります。過去と現在のつなぎ方、学術研究と文化遺産の今日的

左より李南爽，岩崎豊久，木村茂光，市川伊三夫，二宮修造，李鎔賢，著者，権サンヨル，金昌権，馬淵貞利，李修京，鄭載潤，木下正史，服部哲則，加茂元照，加茂智子，金範洙，姜信天

活用との絡みは、大変興味深い、実践的な課題です。ロッテの金昌権代表理事がご参加くださっていることは、研究活動の広がりがこうした課題とも接点をもつことを象徴し、私たちにとって大変大きな励ましとなるものです。

昨日の教員養成のシンポジウムの際に、今日の私たちの百済文化国際シンポジウムのことを奈良教育大の柳沢保徳学長にお話したところ、是非とも参加したいが今回は日程上できない、大変残念だといっておられました。奈良教育大は、文化遺産教育で大きな成果を上げております。そしてこの成果にはずみをつけるように、先日、そのキャンパス内に幻の薬師寺の遺跡跡が発見されました。当然百済との関係も、研究されるべき課題でしょう。今回のシンポジウムの報告書が出るようなら、奈良教育大のこれまでの研究成果も載せていただけたらといっておられました。大変うれしいことです。

深い影響を受けただけに、百済は私たち日本人にとっても、心の故郷の位置を占めているといってもいいでしょう。このシンポジウムが、古代へのロマンとともに、未来へのロマンを共有できる、学術・文化・教育の発信の場になればと、思っております。

6 理論は灰色、現実は輝く緑の木々——富良野自然塾にて

入塾式挨拶
（二〇〇九（平成二一）年九月四日）

先ほどの準備会で「キャンプネーム」が決められました。私は皆さんから「ワッシー」と呼ばれているようなので、私のキャンプネームは「ワッシー」とします。あらためてよろしくお願い致します。

実は、私が今ここに皆さんと一緒にいる、ここ『富良野自然塾』に来て挨拶しようとしている、「これって本当のことなのだろうか」「夢をみているのではないか」というのが、正直な、率直な気持ちです。何しろ一年前の去年の今頃は、まったく影も形もなかった話でしたから。

昨年の八月、札幌で本学とコカ・コーラ教育・環境財団の共催で、「環境マインドを持った次世代リーダーの育成」と題した講演会とシンポジウムを行いました（本書第三章）。そのときに倉本聰先生に「特別講演」をお願いしました。

今この草原の上の方に、「地球の道」が四八〇メートルほどつくられて、四八億年の地球の歴史が歩いて体験できるようになっています。始まりのところに、直径一メートルの地球儀が置いてあります。特別講演で倉本先生は、「地球が直径一メートルとすれば、月は何メートル先に、どのくらいの大きさで在るのか。太陽はどのくらい離れて

いて、どのくらいの大きさか」と、まず問われました。

月まで三八万キロなどと数字は覚えていても、実感としてわかりません。答えは、月は三〇メートル先にサッカーボールの大きさ、太陽は一二キロ先に直径一〇〇メートルなのだそうです。へぇーと思って、その距離と大きさに改めて驚きます。そしていろいろなことを考えます。

倉本先生は、知識はあっても、具体的な実感と媒介されていない、このことが持つ大きな落し穴について話されました。とりわけ環境の問題については、これが決定的な問題になることを話されました。

直径一メートルの地球の大気圏は数センチもありませんし、四八〇メートル、四八億年の地球の歴史のうち、産業革命以降の長さはたった数ミリなのに、たったこれだけの間に、地球が四八億年に渡って蓄積した資源を人類は蕩尽し、温室効果ガスを排出して、地球を死に追いやろうとしている——問題の所在があざやかにイメージされる感銘深いお話でした。

この時に、倉本先生とは初めてお会いしました。そして体験教育や環境教育の大切さについて話し合いました。

普通はそれだけで終わってしまうのですが、九月の末に副塾長の林原博光さんが本学にお見えになりました。「環境体験教育で何かできないか」という相談でした。「こんなにうれしいことはない。何か考えましょう。まずは富良野に行ってみないと」ということになって、一〇月に初めてこの地を訪れました。

入塾式挨拶

地球儀のところで小森伸一先生と

倉本さんのテレビドラマ『風のガーデン』が、ちょうど始まった時でした。「地球の道」「裸足の道」「植樹」「闇の教室」などを実際に見て歩き体験して、学生諸君に、是非、この富良野の大地で、こうした素晴らしい体験をしてほしいと思いました。

こうして本学の小森伸一先生を中心に構想が具体化されていきました。そして今日の入塾式になったわけです。感慨無量です。本当にうれしく思います。

*

皆さんは知識と情報はたくさんもっています。しかし体験的な知恵は極めて乏しいですよね。知恵が少ないわけですから、皆さんは決して聡明ではありません。このことはよく自覚していただきたい。このことのはらむ問題は、結構深刻だと思っています。私たちの世代だと、まだまだ生活体験が豊富ですから、活用力が自然に備わっていて、知識を臨機応変に知恵に変じて使いこなせるのですが、知識だけだと、全部マニュアルがほしくなります。ここが問題です。

是非、この塾生活のなかで、理屈よりもまず感覚で、体全体でいろいろ学んでいただきたいと思います。

今日から皆さん、四〇数人は一緒に暮らすことになります。この意味も大きいですね。合宿、あるいは塾風の生活での学びは大切です。大いに膝と膝を突き合わせて議論して、お互いをよく知り合って下さい。お互いの問題意識を共有して下さい。こうした体験的な出会いと学びは、確実に皆さんを聡明にしていきます。

皆さんはゲーテというドイツの作家を知っていますか。一昔前ですと、「ああ、『若きヴェルテルの悩み』を書いた人ね」と、読んだことがなくても知っていたのですが、最近は文化の位相が違って、知らない人が多いのですが、ドイツ最大の作家ですから、知らなかった人は今覚えて下さい。

ゲーテはいろいろな作品を書いていますが、一生かけて書いた作品に『ファウスト』があります。ファウスト博士が若返って古今東西を遍歴する物語ですが、人間・社会・自然についての興味深い認識が諸所にちりばめられていて、大変面白い。以前、学生諸君と自主ゼミで一年かけて読み切ったことがありました。

*

そのなかに「理論は灰色、しかし、現実は輝く緑の木々」という言葉がありました。理論というのは抽象化されたものです。現実からは離れていますから、ある真理を体現していたとしても、理論、論理、理屈というのは、具体的で生きたものではありません。理屈だけで考えていると、行き詰まって、時に反生命的な雰囲気に落込むことがあるでしょう。うつになるのもそうですね。自分の内在論理でしか考えられないと、訳のわからない世界に迷い込んでしまいます。

それを振り払って、外に眼を転ずれば、外気を吸えば、自分の外側は本当に豊かだと気がつくでしょう。さまざまなことを触発してくれます。豊かさは無限にあって、そこから新しい認識とエネルギーを汲み取ることができます。

「理論は灰色、現実は輝く緑の木々」——理論と現実を灰色と緑色で対比させ、

富良野自然塾「地球の道」

現実から深くたくさん学ぶことを呼びかける、なかなか味のある言葉ではないでしょうか。

この富良野の地で、この自然のなかで、体一杯大気を吸って、体全体で実地にたくさん学んでください。大いなる体験を期待しております。

講義する倉本聰氏

7　ふくろうの話

（『辟雍』第二号、二〇〇六年三月）

小学校五年の頃だったと思う。家の大きな椎の木に、昼間、静かに止まっている鳥を見つけた。木には洞穴があり、格好からフクロウだとすぐわかった。夕方になると飛び立ち、大きな木のてっぺんに止まって「ホッホッ、ホッホッ」と鳴いている。そしてあたりを睥睨して、飛んでくる蝉やコガネ虫を捕まえていた。秋にはいなくなった。図鑑を見たら、どうもこれは「フクロウ」ではなくて、「アオバズク」という種類らしいとわかった。

アオバズクは、春から夏にかけて日本にやってきて子育てをし、冬は暖かいフィリピンやセレベス諸島で過ごすと書いてある。そんな遠い所からはるばる旅をして、我が家の椎の木にやってくるのかと思うと、ひとしおいとおしさが増した。

名のとおり五月の青葉の頃にやってきて、七月になると雛が三羽から五羽孵る。これが「ホッホッ」とは鳴かないで、「ヒリヒリヒリー、ヒリヒリヒリー」と洞穴の中で鳴いている。観察しているとこうした新しい発見が次々にあった。「夏休みの研究」の宿題は、毎年一つ覚えのようにこのアオバズクをやったので、皆から「おい、フクロウ」などと呼ばれて、これが私のあだ名になった。

巣立ちの日、雛鳥が枝へ飛び移り損ね、地面に落ちてきた。捕まえると足でぎゅっと締められた。嘴も鋭いが、足の握力が雛鳥なのに既にひどく強い。これで獲物をムズと掴んだら逃げられないと思った。親鳥が心配して家の軒の物干し竿に来て騒ぐので、近くの木の枝に返したら、枝から枝に飛び移っていった。落ちたり、飛び損なったりの試行錯誤を繰り返しながら、飛ぶ力をつけていく様子がよくわかった。

夕方、あたりを見渡せる大きな木に親鳥が止まり、飛んでくる昆虫を狙い、傍らで雛鳥たちが並んで首を振りながら餌をねだっている。夕焼け、一番星、木々を渡る薫風——アオバズク親子のシルエットは、自然の豊かさを象徴する一編の風物詩だった。

時代は昭和三〇年代になって、日本は高度経済成長期に入り始めていた。土木工事が盛んになり、深みや浅瀬があって岸辺の豊かな樹々を映していた家の前の川も、改修工事が始まって、川沿いの大木は次々に切り倒され、コンクリート詰めの堤防に変わっていった。洞穴のある椎の木は、風をまともに受けるようになり、そのあおりで折れてしまった。営巣できなくなってアオバズクも来なくなった。魚とりをした川が味気ない川に変貌し、アオバズクが来なくなった無念の思いは、深く心に残り、自然と人間の関係をいろいろ考える契機になった。

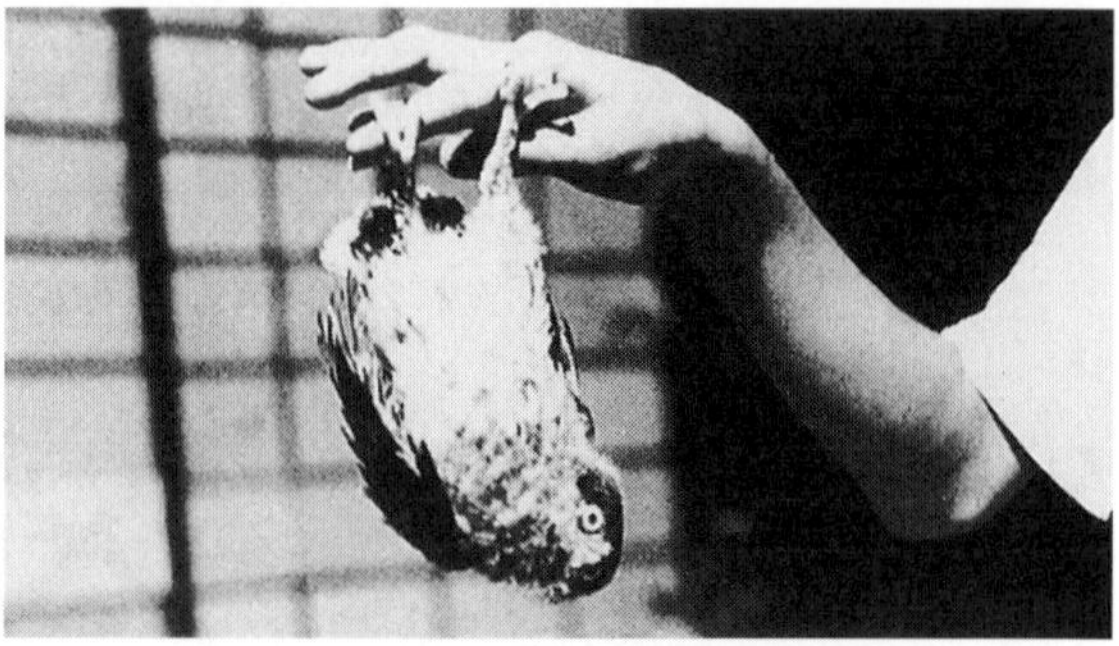
指にとまったアオバズクの雛

＊

フクロウについては、古来、さまざまな言及がある。一番有名なのは「ミネルヴァのフクロウ」という言葉だろう。「ミネルヴァのフクロウは、迫り来る黄昏れを待って初めて飛び始める」というヘーゲルの『法哲学』の一節から一層有名になった。

「哲学がその灰色を灰色と描き出すとき、生の姿はすでに年老いている。そして灰色を灰色に描き出すことによって、生の姿は若返らされることなく、ただ認識されるだけである」という文章の後に、「ミネルヴァのフクロウは……」というこの言葉が続く。

真の認識は、事柄の矛盾が次第に明らかになる時節の到来を待って、つまり「迫り来る黄昏れ」を待って初めて獲得できるのだ、とヘーゲルは考え、それを飛び立つフクロウに喩えたのだ。

二一世紀初頭、私たちの生の姿もヘーゲルのこの指摘に似て、旧世紀の枠組みを引きずったまま「老いている」といえようか。世界を刷新する新たな認識が求められている。教育の領域においても然りであって、私たち一人ひとりがミネルヴァのフクロウのように、新しい認識を求めて飛び立つことが求められているのだろう。

「ミネルヴァ」はローマ流のいい方で、これはギリシャの女神「アテーナ」のことを指している。だから「ミネルヴァのフクロウ」は、「アテーナのフクロウ」という意味である。アテーナ女神は、ゼウスの頭蓋から武装した姿で生まれたといわれ、兜をかぶり、手には槍と盾を持ったりりしい姿で、正義と知略を司る。フクロウはこのアテーナ女神の使いである。ギリシャの壺絵やコインには、女神アテーナとフクロウの図柄がある。ギリシャの人々は、フクロウの思慮深そうな表情と落ち着きが知恵の女神の添動物に相応しい、と思ったのだろう。

アテーナとふくろう
（5世紀中期，The Walters Art Museum 所蔵，ボルティモア）

「アテネにフクロウを送るのは、ニューカッスル（オーストラリアの世界最大の石炭輸出港）に石炭を送るようなものだ」という諺があるという。無駄なことをする喩えだというが、しかし、森や林はほとんどなく、石ころだらけの印象の強いギリシャで、フクロウはどのように住んでいるのだろうか。諺になるくらいだから、それだけ多くのフクロウがいるということだが、木も洞穴もありそうもない。アテネを訪れた時に、どんな種類のフクロウが、どのような所に住み、どんな生態系で子育てするのだろう、と思った。

ギリシャの哲学者といえば、ソクラテス、プラトン、アリストテレスだが、確かにヘーゲルの指摘通り、彼らはギリシャのポリス世界に凋落の蔭が忍び寄り始めた時期に、哲学的思索を始めている。アリストテレスなどは完全にヘレニズム時代である。世界と自分がまろやかに一体化している時には哲学は必要とされないのだろう。哲学とは、自我と他我、自己と世界が分裂した不幸な意識の産物であり、世界との円現を希求する幸福欲に導かれるものなのだ。

ドイツ中世の民衆本に『ティル・オイレンシュピーゲルの愉快ないたずら』というのがある。この「オイレンシュピーゲル」は、オイレンはフクロウで、シュピーゲルは鏡だから、直訳すれば何と「フクロウ鏡」である、ということにある時気付いてびっくりした。ティル・オイレンシュピーゲルは道化師である。道化として生きたティルのような人間こそ、実は広い知識と批評精神と真の知恵をもち、同時に出来事の語り手であり、人間の歴史を映す鏡なのだ、そう作者はいいたいのだろう。ここでもフクロウは、叡智と結びつけられている。オイレンシュピーゲル＝フクロウ鏡か、なるほど。主人公をこのように命名することによって、叡智を語る者という意味を示すとともに、時代を映す鏡である物語や小説の本質を、問わず語りに表現しているのである。

これらはいずれも知恵の化身としてフクロウを語っているが、しかしある時『ハムレット』を読んでいたら、気の狂ったオフィーリアがハムレットに向かっていうセリフ「フクロウはパン屋の娘ですって」という言葉に出逢って、「何だこれは」と思ったことがある。全く関係ない二つを結びつけるのは、彼女の狂気のせいだくらいに読んでいたが、しかし何かもう一つしっくりこない。土俗的なエピソードと絡んだ背景がありそうだ。調べてみたい衝動にかられるが、まだ実現していない。

＊

福本和夫に『フクロウ――私の探梟記』という本がある。福本和夫？、さてどこかで聞いたことのある名前だと思い、まさかと思ったが、やはり戦前の革命理論「福本イズム」で有名な福本和夫その人だったのには驚いた。そんな片鱗など、どこにも感じさせないフクロウの本である。

しかし流石に、そのなかにリヒアルト・ゾルゲの話が出てくる。最近、篠田正浩監督の映画『ゾルゲ』でその生涯が描かれて評判となった、そのゾルゲである。彼もフクロウを飼っていたという。ソ連と日本を股にかけて厳しい情報戦をやったゾルゲだが、彼の心をもの静かなフクロウのたたずまいが癒したのだろうか。

ハンガリーの思想家にルカーチという人がいる。彼の芸術理論を勉強していて資料を調べていたら、一九二三年にドイツのイルメナウで開かれた「第一回マルクス主義週間」の記事を見つけた。この集会は、批判理論として戦後大

（前列左から4人め）福本和夫,（後列左から4人め）ゾルゲ, R.,（その右隣）ルカーチ, G.

きな潮流をなした「フランクフルト学派」の源流と位置づけられるものだが、出席者の写真が残っており、その古ぼけた写真を見て驚いた。何とそこにルカーチと共に、ゾルゲも福本和夫も写っているではないか。若き日、ルカーチもゾルゲも福本和夫も、このイルメナウで出会っていたのである。ゾルゲは学者でもあったのだ。

イルメナウは、ゲーテが「峠の上に憩い在り」という有名な詩を作った、キッケルハーンという山の登り口として知られる町である。しかし二〇世紀の激動は、この三人に「憩い」を与えはしなかった。

日本に帰国した福本和夫は、日本の社会の変革の方向を研究し、その理論は福本イズムとして学生・知識人の間に大きな支持をえた。「二七年テーゼ」でその理論は批判されるが、天皇制と戦争に反対したため、一九二八年の「三・一五事件」で検挙され、獄中で一四年を送ることになる。

ゾルゲも運命の糸にあやつられるように、上海、そして東京にやってくる。日本のドイツ大使館に勤め、日本軍が北進でなく南進する情報をソ連に伝え、ソ連がナチスドイツ打倒に力をそそげるよう尽力したが、日本の官憲によってスパイの咎で逮捕され、尾崎秀美とともに一九四四年、絞首刑になる。国際的には「反ファシズムの闘士」として知られている。

ルカーチはナチスに追われてソ連に亡命する。戦後、ハンガリーに帰国したのち、民主化を掲げたナジ内閣の文相となったが、ソ連軍の侵攻をうけ、ルーマニアに拉致拘留された。一九五六年のいわゆる「ハンガリー事件」の立役者の一人になったのだが、銃殺刑を免れ、帰国後は『美学』と『社会存在論』の執筆に没頭した。

戦争と革命の二〇世紀の激動のなかで、三人は数奇な運命をたどったのである。夢と希望の交錯した「黄金の一九二〇年代」、イルメナウでの三人の出会いにしばし感慨にふけったが、フクロウについていえば、ルカーチがフクロウが好きだったという話は聞いていない。

*

遠くから眺めるだけだったフクロウを、実は一五年程前に、ひょんなことで実際に飼うことになった。郷里で理髪店をやっている同級生の大橋隆弘君が、巣から落ちていたフクロウの雛を持ち込まれて、首尾良く育て上げたのだが、獰猛で飼いきれなくなったというのである。山に放すしかないというのだが、自然に戻しても、一度人間に育てられたものは生きてはいけない。それで決心して引き受けたのである。

理髪店の鏡の間でのびのび育った様子なので、籠にいれるのはかわいそうだと思い、自室に放し飼いにした。マリをポンと弾ませると、さっと飛んで来て、あやまたず足で捉える。昼は静かに本箱の上に止まっている。糞はほぼ一定にそこにするので、これは少し助かった。夜行性なので、こちらが寝ていると、顔に風が当たる。さあーっと舞ったり、急降下で舞い降りたり、ものを掴んだり、一晩中活発だった。肉をやると糞が臭くなるので、餌はドックフードをやることにした。

田舎に帰るとき、毎回連れて帰るのも大変なので、東京の部屋に置いていったりすると、帰った時に大変だった。部屋はもう自分の縄張りになっていて、入ってきた私を奇声を発して威嚇する。目でも合おうものなら、ランランと獰猛な眼差しになり、さっと飛んで、こちらを襲ってくるではないか。鋭い爪で一度額を切られたことがあった。縄張りに闖入してきた者として容赦なく攻撃する。鳴き声から「ホースケ」と名付けたが、飼い主を襲うなどとは、「阿呆のホースケ」以外の何者でもない。利口そうな顔をしていながら、何だこの馬鹿者と思ったが、ところが当方が目を合わさず、知らん顔をしてすっと部屋に入って、机に座って本を読んでいると、初めは警戒声を出すのだが、やがてちょこちょこと横にやってくる。獰猛心が過ぎると、後は心はきわめて柔和といった感じである。しかし飼われても、猛禽類のアイデンティティーを失わないのは流石、というべきなのだろう。

蛇の道はヘビで、ドックフードを買いによく行く店で、ある時、奥の方に鳥のコーナーがあるのに気づき入ってみると、外国からの鳥がいろいろある。行く度に鳥を眺めていて、ご主人と話すようになった。澤田政弘さんという鷹匠だった。お宅には鷹がいるというので伺うと、外国からのものだが、立派な鷹がいて、間近に見るその雄姿に感動した。いろいろ写真を見せて頂いたなかに、フクロウの写真があり、七〜八羽のフクロウがまるで鈴なりのように並んでいる。驚いて、「何ですか、これは」と聞くと、「フクロウが卵を孵す時の温度と湿度がわかったので、孵卵器で容易に孵化できるようになった」という。一つ卵を産むごとに取ると、またすぐ産み、そうすると普通の倍の卵を産むので、それを孵卵器にいれて孵したのだという。鷹や鷲もそうして増やしたいのだが、温度と湿度、特に湿度が不明で、まだ人工繁殖できないとも話してくれた。

「鷹狩りに連れて行ってあげましょうか」といわれた。関心はあったが、どうもあの綺麗なキジやヤマドリが、鷹に捕まって血まみれになるのを見るのもいい気分ではないので、お断りした。女優の小川真由美と知り合いで、「彼女もふくろうを飼っている。あれは雄だが、鷲山さんのは雌のようだから、つがわせて卵を産ませると面白い」といわれた。これも気後れして、実現しなかった。

著者とホースケ

＊

田舎から上京する際に、母とホースケを乗せて東名高速を走っていたことがあった。走らせ過ぎたらしく、スピード違反で停止を命ぜられた。窓から車を覗き込んだ警官がギョッとして立ちすくんだ。若者のスピード違反かと思ったら、運転していたのは髪の白くなったおじさんで、横には九〇歳のもはやミイラ寸前といった母が座っており、その後ろでフクロウが目をむいて奇声をあげたからである。「おっ、お急ぎでしたか」と警官は一瞬たじろいて、やっと声を出した。「そうですか。学芸大にお勤めですか。警察学校に行く時は、大学の前を通って、よくお世話になっています」とあまり関係のないことをいわれながら、切符を切られた。「お気をつけて」と解放されたのだが、後を振り返って見た母が「あれ、二人で敬礼しているよ」。パトカーにサイレン付きで追われた当方も驚いたが、警官の方も驚いたのだろう。

ウィーンに半年行くことになり、まさかホースケを連れて行くわけにもいかないので大橋君に戻して、その間は飼ってもらうことにした。帰国して会いに行ったら、学校の帰りの子どもたちがいつも眺めていたが、入り口をいじったせいなのか、逃げてしまったという。がっかりした。しかしどこかに少しほっとした気持ちもあった。猛禽類を飼うのは、実際に大変なことなのである。

あれからもう一〇年近くが経つ。ときどきホースケのことを思い出す。先日、秘書室にファックスが入り、内容を見た秘書嬢が仰天した。「ベンガルワシミミズクのいいのがいます。学長室にぴったりだと思いますのでさしあげます」という内容だったからである。ただでさえ忙しい仕事の上に、毎日ネズミなぞを冷蔵庫から切ってやる仕事が加わるのかと、責任感の強い彼女は狼狽したらしい。花鳥園でフクロウも飼育している加茂さんからのファックスで、以前にお会いした折、フクロウの話ではずんだことがあって、それで思いつかれたのである。電話をすると、「ベンガルワシミミズクは、物静かでいいですよ。あんな神経質で獰猛な日本フクロウを飼ったのだから、何ということはないでしょう」といわれる。

やっぱりフクロウとは縁があるのかなあと思い、こういう話を聞くと、胸がときめいてくる。しかし飼う決心がつかないのは、飼う大変さをよく知っているからである。大学では、効率化係数などを掛けられて毎年七〇〇〇万円ずつ減らされる。いくら考えても人員削減しか対策はないのかと思うと、気が滅入る。ミネルヴァのフクロウならぬベンガルのワシミミズクがいい知恵を授けてくれるのなら、すぐにでも飼い始めるのだが……。

8 人生の不思議——土方の子どもたちへ

（『土方の子どもたちへ』、二〇〇九（平成二一）年三月十八日）

小学一年生

土方小学校に入学したのは昭和二四年、一九四九年でした。太平洋戦争が終わって四年経っていました。今からちょうど六〇年前のことです。

入学式には、母に連れて行ってもらったのですが、次の日からは、独りで行かなければなりません。小学校へは一本道ですから行けましたが、校門を入った後、「自分の教室に果たしてたどり着けるかどうか」、大変不安でした。というのも、当時は木造校舎で幾つも棟があって、大変複雑に見えたからです。やっと自分の教室らしきものにたどり着き、私と並んで座ることになった県秀次君を見つけたときには、「よかった」とほっとしたのをよく覚えています。

「高塚昌紀君、山下一男君、岡本正芳君……」と受け持ちの明石辰雄先生がさわやかな声で出席を取られました。明石先生のまろやかな声に、これから新しい世界が豊かに広がっていく予感がしました。ノートや筆箱、クレヨンや鉛筆、初めて手にした文房具がうれしく、どれもまばゆくて見えました。

土方小学校校舎

先生方

明石先生には、一年生と二年生のときに受け持っていただきましたが、途中、大学へ勉強に行かれたので、溝口郁子先生がその間、受け持って下さいました。三年生の時が石川澄子先生、四年生、五年生、六年生の時は森屋輝雄先生でした。校長先生はずっと杉浦孝一先生、教頭は杉浦栄一先生で、その後に大石弥平先生がこられました。

先生方はみんな闊達として、威厳があり、教育への情熱に燃えておられました。戦争が終わり、それまでの古い日本が革新されて、戦後の民主主義のもとに新しい社会をつくっていこうという意気込みに、溢れていたのだと思います。そうした先生方のお姿は、今でも目の前にありありと浮かんできます。

懐かしい校舎

土方小学校の校舎は木造で、全体のバランスが取れた、大変風格のある建物でした。東の丘から眺めた土方小学校の風景は、私の人生のなかで、最も美しい風景の一つです。

土方には初め、三ヵ所に学校がありました。それが明治の終わり頃に統合の話がもちあがり、このことを巡って、村に大紛争が起きたといいます。大正に入って和解が進み、真ん中の大坪が選ばれて、この校舎が建てられました。

今滝の松本周平さんは、大正時代に小学校で学ばれた方ですが、次のように回想しておられました。

「当時のお年寄りの方が口を揃えて、〈あの大坪の風当たりの強い田圃の真ん中の小学校では、さぞ子どもたちも大変だろう〉といわれ、冬になると皆さんで、校舎の北側に藁で高い防風垣を作って下さり、夏になると校庭一面に棚を作って、藤つるを伸ばしたり、麦からで日除けを作って下さり、そのもとで、朝夕の会礼や体操をやったものです。今になってお年寄りたちの心遣いや苦労がしみじみと思い返され、改めて味わわせていただいています」。

この文集を作るために集まった時に皆さんも、「そういえば、北の槙囲いの内側に高い藁の垣根が冬になると出来ていた」といっておられ、そうしますと、小学校が出来て以来ずっと、防風垣は五〇年近く、毎年作られていたことになります。地域の人たちの大変尊い仕事です。こうした歴史はしっかり記憶しておかなければなりません。

明石辰雄先生

小学校というと、桜の花が散り始めた頃、松の葉で花びらを刺して重ねて楽しんだり、学校裏のレンゲ畑で遊んだりしたことが思い出されます。ほのぼのとした思い出で、人生の始まりの時に、こうした美しさと楽しさへの感覚がたっぷりと育まれたことは大変幸せなことでした。明石先生の素晴らしさです。もっとも先生は、私たちをレンゲ畑で遊ばせて、持ち主から叱られたそうですが。

先生は、土方小学校に勤める前には満州におられました。小学校の頃に家族で満州に渡られたのだそうです。土方の風景や小学校を思い浮かべては、故郷を偲んだといいます。

初め、お医者さんになろうと思ったそうですが、私たちを教えて、先生になることに決め、自分はまだ勉強が不十

土方小学校時代の級友たち
（左手より先生のみ）明石辰雄先生，杉浦孝一校長，杉浦栄一教頭（その左が著者）

分だと、途中で大学に勉強に行かれました。

　図工の時間、私が絵を描いていると、先生がクレヨンで一筋、二筋と線を引いて下さいました。絵が見違えるようによくなります。びっくりしました。自分も上手になりたいなあ、と思ったものです。

　学芸会では『くらげのおつかい』をやりました。くらげが松本秀幸君、猿が中谷久治君で、王様は杉浦義輝君、女王様は柴田保江さんだったでしょうか。私は臣下の役で、王様に「申し上げます。それはくらげがよいと思います。くらげは海をぷかぷか浮いて猿の島に行けるからです」と言う役だったことを思い出します。

　同級会の時に、あれから六〇年近く経っているのに、「クラゲのお使い、気が長い……」の歌詞を全部覚えていて歌い出した人がいたのには驚きました。明石学級の素敵な思い出です。

　大変うれしいことは、六〇年経った今、明石辰雄先生は、また土方小学校で絵を教えておられることです。変わらぬ恩師の姿に故郷に帰って接することほど、大きな幸福はありません。

いろいろな学びの思い出

〈次郎物語〉

小学校四年の頃、父が下村湖人の『次郎物語』を買ってくれました。里子に出された主人公の次郎が、いろいろな人と出会って成長していく姿が描かれていて、今でもいろいろな場面を思い出します。

黄金色の稲田に囲まれてままごと遊びをするシーンから始まって、実家に帰ったとき寝小便を弟にかけたり、上級生と喧嘩して足にかみついたり、おじいさんに北極星を「動かない星」と教えられて「永遠」を想ったり、その時々の次郎の葛藤と成長が描かれていて実に面白く、身につまされて読んだものでした。

この小説は「第五部」まであり、小学校の時に読んだのは「第一部」でしたが、中学校に入って全部読みました。次郎の魂の発展の物語で、これが後に私がドイツの文学を研究するきっかけになったように思います。

ドイツには、ヘッセの『車輪の下』やゲーテの『ヴィルヘルム・マイスターの修業時代』といった、主人公がいろいろな人と出会って、自分を形成していく「教養小説」があります。これらの小説には、人生とは何か、人間はどのように生きるべきか、どのように成長するのか、などが解き明かされて、人生の道しるべとなる思想がつまっていて、『次郎物語』とよく似ているからです。

〈青丹よし奈良の都〉

五年生の時に図書館で、歴史のエピソードを書いた絵本に出会いました。面白くて、何度も行っては読み返しました。

「青丹《あをに》よし、奈良の都は咲く花の、匂うが如く、今盛りなり」は、私の初めて覚えた和歌です。そこには平城京の都大路が、桜の花に囲まれて描かれていました。古代の都の絢爛豪華な様子がよみがえり、それを人々が謳歌している華やかさに強く惹かれました。

屋島の戦いで那須与一が船の上の扇を射落とす場面、曽我十郎と五郎の富士の巻き狩りでのあだ討ち物語、上杉謙信と武田信玄の川中島の合戦の場面、等々、何と面白いことが歴史にはあるのだろうと胸をわくわくさせて、その場面の絵を食い入るように見ては、想像力をはばたかせました。

小学校の図書室に行ったら、今でもあるでしょうか。あの本にまた会いたいと思います。

〈アオバズク〉

小学校五年のときに、庭の大木に洞穴があって、フクロウがいるのを見つけました。栗山保司先生に「観察してみると面白いよ」といわれ、早速、観察をはじめました。五月頃に一羽来て、そのうちにお嫁さんを見つけて二羽になります。「ホッホッ」と鳴きました。

一ヵ月くらいで雛が三～五羽うまれるのですが、それが親のように「ホッホッ」と鳴かずに「ヒリヒリヒリー」と鳴きます（三〇八ページ参照）。いろいろ面白い生態が観察できました。栗山先生にそのことを報告すると、「フクロウにも種類がある」といって鳥類図鑑を教えて下さいました。調べると「アオバズク」で、ボルネオやセレベスからやって来る渡り鳥だということがわかり、びっくりしました。

父に話すと、「あれは、〈蚊吹き鳥〉というのだよ」と教えてくれました。ちょうど、青葉の頃、蚊の出始める時に姿を現して「ホッホッ」とやるものだから、まるで口から蚊を吹いているようで、そういう名が付いたそうです。季節感と鳥の特徴をよく捉えた、素晴らしい名前だと思いました。

結局、中学校になっても、夏休みの研究というとアオバズク一筋で、フクロウについては大変詳しくなりました。関心をもつと、この年頃はみんな「豆博士」になります。

〈高天神城の攻防と大久保彦左衛門〉

高天神は菅原道真を祭ったお社です。そのお社のある山に戦国時代に山城がありました。今川、武田、徳川の古戦場だったことで有名です。

私のお祖父さんは、報徳社の仕事の他、古墳や郷土史やいろいろな歴史について研究するのが好きでした。ある時、武田方の高天神城を徳川家康が攻めた時、大久保彦左衛門が武田の城将の岡部丹波守を討ち取った、という話をしてくれました。

ちょうど、『天下のご意見番・小説大久保彦左衛門』（大栗丹後著）の痛快な話を読んでいたところだったので、江戸城でご意見番をしているあの有名な大久保彦左衛門が、この土方にも来たことがあるのだと知って、すっかりうれしくなりました。早速、大久保彦左衛門が奮戦した「林の谷」の付近を歩き回ったりしたものです。

林の谷

人生の不思議

〈武蔵小金井の浴恩館と次郎物語〉

人生というものは不思議なものだと、今、思います。小学校の頃に出会ったことに、長じてまた違った形で出会うのです。

私が学長を務めている東京学芸大学は、武蔵小金井にあります。実はここは、『次郎物語』の舞台となった浴恩館があるところなのです。三〇年前ですが、学芸大に赴任が決まったとき、早速、訪ねてみました。

佐賀で少年時代を過ごした次郎は、上京して青年団運動に加わります。しかし、軍国主義の時代になり、次郎たちの自由主義的な青年団運動は弾圧されてしまいます。「第五部」には、この緊迫したドラマが描かれていますが、その舞台が青年たちの合宿所だった浴恩館なのです。

小説の場面を思い浮かべつつ、建物を見て回りました。「大いなる道といふもの、世にありと思う心は、いまだも消えず」という歌碑がありました。道を求めて苦闘した下村湖人らしい歌だと思いました。

もう一度、『次郎物語』全部を読み返し、懐かしい場面にまた出会って、子どもの頃とは違った新しい発見がたくさんありました。私の

浴恩館
（字は一木喜徳郎）

教育への考え方は、下村湖人の影響が強くあると思います。

小沼廣和さんという武蔵小金井の市役所の部長さんと、あるとき親しくなりました。話していたら、浴恩館で生まれ育ったと聞いて、びっくりしました。お父さんが下村湖人を尊敬していて、敷地に住んでいたというのです。湖人についていろいろお話を伺ったり、関係の資料をいただいたりしました。

鈴木健次郎は、『次郎物語』の登場人物のモデルの一人で、後に秋田高校の校長を務めた方です。先日、文部科学省に行って銭谷眞美文部科学事務次官にお会いした時に、銭谷さんが秋田高校出身だったことを思い出し、「鈴木健次郎をご存知ですか」と聞いてみました。

銭谷さんは「これを見て下さい」というので、衝立を見たら、何と鈴木健次郎の式辞が貼ってあるではありませんか。当時、校長先生だったとのことです。まさか文部事務次官室に鈴木健次郎の式辞が貼ってあるなどとは、夢思ってもいなかったので、驚きました。

銭谷さんの素晴らしい人柄は万人の認めるところですが、鈴木健次郎の影響もあるでしょう。銭谷さんの思いの深さを知って感動しました。そして『次郎物語』とつながった、こうした出会いを大変不思議に思いました。

〈百済の都・扶余そして奈良〉

私の大学は先生を養成する大学です。国際交流も必要なので、昨年、中国・韓国・台湾の大学が三〇ほど集まって、アジアの教員の養成について、韓国の公州大学で国際シンポジウムを開きました。公州と、近くの扶余は、昔の百済の都でした。

初めて知ったのですが、今、扶余に百済の王宮が復元されつつあります。百済の王宮は、唐と新羅の連合軍によって徹底的に破壊されましたので、何も残っていません。そこで百済文化の影響を受けた、日本の奈良の都が模範とされました。ほぼ出来上がっており、行ってみて感嘆しました。それで公州大学と東京学芸大学の共催で「百済文化国際シンポジウム」を開きました。

百済が滅んだとき、たくさんの人たちが日本に来ました。そして各地に住み着き、日本の文化に大きな影響を与えました。この近くでも榛原《はいばら》郡は、こうした渡来人と関係のある地名だといわれています。

奈良の都は七一〇年に出来ました。来年でちょうど一三〇〇年です。そんなに遠い古代においても、百済と大和は深い絆で結ばれていたのです。

第二回の「百済文化国際シンポジウム」は、今年、奈良で開かれます。そして来年は、いよいよ一三〇〇年祭で

扶余の歴史再現地

す。小学校五年の時に覚えた和歌のように「咲く花の、匂うがごとく、今盛りなり」の年になると思います。記念のお祭りも、奈良のことだけでなく、大和と百済の交流を入れて、日本と韓国の文化交流の催しになればと思っています。私たちのシンポジウムがその契機になるでしょう。

小学生の時に想像した絢爛豪華な奈良の都に、大和と百済、日本と韓国という新しい国際交流の面から、再度出会えるのは大変うれしいことです。

〈フクロウ〉

大橋理髪店の隆弘君は私より一年下ですが、ある時、散髪に行くと「恭彦君、まわりをちょっと見て」というので見回すと、フクロウが身じろぎもせずに鏡の前に止まっています。「剥製なの？」というと、「生きていますよ」。落ちていた雛を近所の人が隆弘君のところに持ってきたので、育てたら、こんな立派なフクロウになったというのです。

「でももう飼いきれなくてね。動物園に引き取ってもらおうと思ったが駄目で、放そうと思っている」といわれました。しかし、一度人間に飼われると、もう自然には戻れません。死ぬだけです。さんざん迷った末、「やはり、フクロウには縁があるのだ」と私が飼うことにしました。ホースケと名づけました。

アオバズクとちがって、正真正銘のニホンフクロウです。一〇年近く飼いました。ウィーンに行くことになり、その間、隆弘君のところに預けました。帰国してホースケを引き取りに行くと、いませんでした。ホースケが入った小屋を小学生たちが学校の帰り道に楽しみに覗いたりしていたのが、うっかり戸を開けたらしく、逃げてしまったとい

高天神城跡
（掛川市観光パンフレット）

うことでした。

ときどきホースケのことを思い出します。そんな話を加茂元照さんにしたら、「今度、うちで開園する花鳥園には、フクロウがたくさんいますよ」といわれました。早速、開園の日に伺いました。世界のフクロウがいろいろ見られて感激しました。私の心を見透したのか加茂さんは後から大学に「ベンガルワシミミズクはいかがですか。飼いやすいですよ」とファックスをくれました。

飼ってみたい半面、やはり飼うのは大変です。今年は、学長の最後の年です。フクロウは「知恵の女神」です。学長室に飼うと、いい知恵が沸くかもしれないと思いつつ、迷っています。

〈新三河物語と林の谷の大久保平助〉

昨年、東京新聞に宮城谷昌光さんの『新三河物語』が連載されていました。ある日、読み始めて仰天しました。何と、大久保彦左衛門が「林の谷」に陣を敷いている場面ではありませんか。釘付けになりました。

徳川家康に攻められて持ちこたえられなくなり、高天神城からの脱出を図った城将の岡部丹波守は、夜陰にまみれて「林の谷」に下ります。そしてそこを守備していた大久保彦左衛門の兵と激突します。「柵を破り、塹を越え、堀の内に最初に侵入した敵兵を、平助は太刀で斬り倒した。あとでわかったことであるが、それが岡部丹波守長教であった」。ややあっけない描写でしたが、まさか林の谷の戦闘場面に出会うことなど予想もしていなかったので、本当に驚きました。

家老の横田甚五郎は首尾よく抜けて、甲州の武田勝頼のもとに辿り着きます。「かれがこっそり脱出した険路は、のちに甚五郎抜け道と呼ばれ、その狡賢さは後世の人に憎まれつづけた」と宮城谷さんは横田甚五郎に厳しい評価をしています。

「萩原」という地名に久しぶりに出会いました。地元でも最近あまりいいませんが、ここにはちゃんと「萩原峠」と出ていました。宮城谷さんは本当によく調べて書いています。

大久保彦左衛門が書いた『三河物語』を基にしたと思いますが、臨場感豊かに描かれていて感心しました。横田甚五郎は、武田が滅亡した後は徳川家康に仕え江戸時代まで生きたことは、ここで始めて知りました。

＊

小学校の時に出会った「次郎物語」、「奈良の都」、「アオバズク」、そして「大久保彦左衛門」に、大人になってから思いがけずまったく違った形で再会したお話をしました。このように、学校時代に学んだことは、人生の途上で、また出会うことがあるのです。みなさんも、いろいろなことに関心をもって、心をこめて勉強して下さい。未来のいつの日か必ず、もっと豊かな形で出会うことになるでしょう。

知らなければ、出会いもありません。知るということは、可能性と出会うことです。多くのことを貪欲に学んで、可能性を広げ、幾重にも豊かな人生を送っていただきたいと思います。

あとがき

夏目漱石に『素人と黒人』というエッセイがある。そこに、「黒人は全体的なアウトラインを忘れてディテールにこだわる傾向がある、しかし、素人は専門的知識は少ないが全体を一眼でつかむ力をもっている」と書かれていた。大学経営を素人が行う不安から気になって読んだのだが、漱石は素人に対して大変に好意的であった。しかし、「全体を一眼でつかむ力」などといわれて、ますます心もとなくなった。気休めにもならなかったものの、この対比は心に残った。

教育については、先生や教育学者ならずとも、それぞれの人がみな一家言をもっている。そうした教育論を読んだり聞いたりしていると、どの話も貴重な体験に裏打ちされた見識がにじみ出ていて大変面白い。いかに自己を形成してきたかのそれぞれの物語も見え、興味深く教訓的である。啓発されることが多いのでそういうものをよく読んだのだが、しかし教員養成の当事者になっていろいろ考え始めると、最初はなるほどと思っていた議論にも、次第に違和感をいだくようになったりした。

たとえば、教員は社会を知らないし常識にも欠けるから、社会人をもっとたくさん教員にすべきだという意見とか、塾の講師は教員免許状がなくても素晴らしい人がたくさんいるのだから教員免許制度は不要だ、というような意見がそれである。ある側面の問題指摘にはなっているが、具体的な政策となると、疑念をいだかざるをえない。この見解をそのまま受けた「教育再生会議」は、二割の社会人登用などという提言を決めたのだが、いろいろ問題もあって、その実情は論者がいうほどバラ色ではない。

教育現場で求められるのは、やはり教職専門性の豊かな教員である。社会人の登用も必要だし、何よりも教育に情熱をもっている企業などの研究者や技術者といったそれぞれの仕事の分野で専門的力量を豊かにもった人たちが、その知見を小学校、中学校、高等学校で子どもたちに披瀝する形を、是非作っていかなければならないと考えるが、しかし、いくら素晴らしい内容を教えても、生徒が理解できず、授業が成り立たないのでは、意味はない。この問題は、教職の素養に関わってくる。研修などの媒介項をしっかりつくれば、容易に教員として力を発揮できるようになると思うものの、そのためには、力量ある教員がマネジメントしなければならない。教員の専門的力量、そしてそのための財政的裏づけが、やはり鍵になるのである。

本書の第一章「知識基盤社会における教員養成」は、そうした規制緩和・民間開放会議に代表される意見に抗するかたちで、教職の専門性を高める立場から、教員養成の問題を考察したものである。実際、多様化し、複雑化した教育現場では、高度で多彩な実践的力量が求められている。私の学長就任は、ちょうど「教職大学院」の創設の方向が打ち出された時期とも重なった。それゆえ、教職大学院や教職課程の充実を軸にして、養成や研修、教員の資質や人格といったことについても考えることを迫られた。それぞれ新聞や専門誌に掲載されたもので、字数の制約などで意が尽くせなかったところは、今回の収録にあたり多少の補筆を行った。日本経済新聞の横山晋一郎さん、読売新聞の中西茂さんからは貴重なコメントをいただき、大変勉強させていただいた。

第二章「知識基盤社会における人間形成」は、今日の教育問題が抱える特徴的な課題についての全体的な構図を描いたもので、機会を与えて下さったのは静岡県知事の石川嘉延さんである。「県勢研究会」における県庁の皆さんへの講義として、私の問題意識を軸に構成しているので、教育課題のすべてをカバーしているわけではないが、問題の所在の確認と俯瞰は共有できたのではないかと思う。石川嘉延さん、そして静岡県教育長の遠藤亮平さんには、多大なご配慮をいただいた。

第三章「環境教育のなかの自然・人間・社会」は、コカ・コーラ教育・環境財団と東京学芸大学との共催で、「環境マインドを持った次世代リーダーの育成」と題して札幌で行ったシンポジウムにおける基調講演である。特別講演は倉本聰さんにお願いした。倉本さんは、使われなくなったゴルフ場を活用して「地球の道」を作るなど、富良野で自ら始められた「富良野自然塾」の活動を中心にお話をされ、地球の歴史や自然の生命力や人間の想像力の問題など、重要な問題提起をされた。

このとき倉本さんと、教員になる学生たちの自然体験が不十分であることなどを話し合った。その重要性を教員養成系一一大学や日本教育大学協会の集まりでも提起した。これが契機となって、東京学芸大学と富良野自然塾の間で協定が生まれ、毎年の富良野での学生たちの自然体験合宿が実現した。北海道教育大学では富良野塾と連携した環境教育や演劇教育も展開しはじめており、関西の大学からの参加もある。このシンポジウムは思いがけない産物を生んだが、こうした大学外との新しい連携を生む活動は、大学にとってはこれからますます重要になるだろう。

第四章の「いくつかの対話」は、文部科学事務次官の銭谷眞美さん、花鳥園社長の加茂元照さん、三菱商事副社長をされ今は郵便局株式会社社会長の古川洽次さんと行った対談で、東京学芸大学のホームページ「今月のワシヤマ」に掲載されたものである。期せずして、人間、自然、社会のテーマに対応したお話になり、これからの私たち自身の在り方から社会の在り方まで、示唆に富むお話が聞けた。

第五章の「問うことを学び、学ぶことを問う」は、学部と修士課程の、第六章の「研究的に捉える」は博士課程の入学生や卒業修了生への式辞である。第七章「さまざまな出会い」には、その時々の挨拶やエッセイを収録した。

このように、本書で課題としたのは、教員養成の在り方であり、グローバル化と情報化が進むなかでの人間形成、社会形成の在り方であるが、先日、「理科教育ルネサンス」という研究会で、芝浦工業大学の学長をされている柘植綾夫さんのお話を聞く機会があった。科学技術をイノベーションしていく人材をどうつくるか、科学技術の創造と社会経済的価値の創造とを統合して推進していく力をどのように養成するか、など貴重な問題提起をされたが、強く印象に残ったのは、「自由市民」の育成を目指した教育を強調されたことである。

戦後の個人の解放は、本当の市民を生むというより、小市民を生むにとどまったのではないかと本書でも書いたが、その問題意識とも重なって、柘植さんの提起を大変興味深くお聞きした。質疑のなかで、「モンスターペアレンツ」が学校を悩まし、先生方が教育に専念しにくい実態なども議論された。自由とは、好きなことができるということ以上に、真理に迫るための選択の幅を保証する、というのがその本質であるはずなのだが。

自分の子どもとしか出会わない、規制緩和としか出会わない、要するに自分の世界としか出会わないというのは、小市民的思考の兆候である。素人の見識より、素人の暴走が目につく昨今、大局をみる眼差しが劣化しているのは、私自身もふくめ、戦後に形成されたこの小市民性に関係しているのではないだろうか。

夏目漱石の『素人と黒人』論に戻れば、そのポイントは「素人ばなれした、しかし黒人じみない」ところにあろう。創造的な発想や研究は、こうした境界領域的な思考から生まれる。漱石は、ハザマの思考から生まれるイノベーションをこそ示唆しているともいえる。

漱石の時代、餅は餅屋の専門性があり、かつ自分の経験と対話する漢籍の素養があった。戦後民主主義の素養や教養教育の根幹はそもそも何だったのだろう。自己本位の小市民性ではなかったはずだ。戦後民主主義の「民主」の内実が、そして柘植さんがいわれる「自由市民として豊かに生きるリベラルアーツの素養」が、今、あらためて問われている。

教養教育は、こうした民度に関わる基底的で普遍的な教養と、教員養成における教養教育や科学技術における教養教育というようにそれぞれの専門を基礎づける幅広い知識や素養という、二重の構造をもっていると考える。本書では、教養教育について十分に論究する余裕のないままに来てしまったが、実際のところ、根幹を成す教養教育をしっかり押えないと、教員養成の在り方も、学問の将来も、日本の行く末も、危ういものになろう。

大学における教養教育が一九九一年の大綱化によって弱体化されて以来、はや二〇年が経とうとしている。これまでのさまざまな試みや実績を総括し、自立した個人が自覚的に社会の形成者となる二一世紀型市民教育と融合して、新しい教養教育を強力に実践していく時がきていると思う。

グローバル化の進行は急である。私たちはこれから、それぞれが住む地域、そして国に基盤を置きつつ、国際的視点や地球的視点で発想し、行動していくことがますます要請される。二一世紀型市民とは、地域住民、日本国民、世界市民としての三つの相をまさに一身にして三生を生きるが如くに生きることであろう。それだけに私たち自身の内実が、あらゆる局面で試されている。

二〇一〇年一二月一〇日と一一日の二日間にわたって、奈良において、第三回「百済文化国際シンポジウム」が奈良教育大学・公州大学・東京学芸大学の共催で開かれた。本書の第七章でもその第一回のことに触れているが、今年は平城遷都一三〇〇年の節目にあたった。

奇しくも開会初日、朝の新聞の一面記事には、越塚御門古墳が舒明天皇の孫の大田皇女の墓であることが明らかになって、『日本書紀』の記述が実証されたことが大きく報じられ、シンポジウムの開始に花を添えた。市民の皆さんも多数参加し、百済の都のあった公州大学からの報告、大学院生の研究発表など充実した催しになった。二日目のエクスカーションは、公開された越塚御門古墳の現地見学会にも参加して、私たちはもとより、韓国の研究者たちはとりわけ大喜びだった。

飛鳥・白鳳・天平の文化、百済との深い交流関係、隋や唐と絡んだ歴史の深層、等々をめぐってのこの国際的な学術交流は、研究者のみならず、学生や院生など、将来、教育の場に携わる者にも、多くの知的刺激や新しい視座、教育への情熱を呼び起こしたと思う。「すべての歴史は現代の歴史である」とするならば、今日の国際関係や文化受容の在り方を考えていく上でのさまざまな興味深い観点も、ここには提示されていよう。

すでにＥＣ諸国においては、「ボローニャ宣言」にみられるように、新しい文化形成を目指すヨーロッパ高等教育圏の構築が進んでいる。私たちも、こうした足元からの研究交流を自然なかたちで、アジア諸国にも広げていくことが肝要である。

そのためには、交換留学や単位互換にとどまらない、ダブルディグリー制度の構築など、交流の位相を、教員養成の地平でも、さらに豊かにしていかなければならない。高い研究的資質が教育のさまざまな分野に多くの実りをもたらすことはいうまでもない。このシンポジウムをつうじて、私たちの国際的な立ち位置も含め、研究と教育が学生や院生レベルにおいて、国際的なかたちで豊かな循環を形成しつつあることを感じた。

最後になったが、法人化という新しい現実の中で、市川伊三夫さん、馬淵貞利さんをはじめ、上野一彦さん、荒尾禎秀さん、長谷川貞夫さん、渡辺健治さん、菊池俊昭さん、村松泰子さん、長谷川正さん、牧山助友さん、出口利定さん、田中喜美さんには、大学の執行部を担っていただき、大学の新しい可能性と展望をめぐって多くの議論をし、構想の実現と改革にご奮闘いただいた。本書はその多彩な営為の、しかしごく一端を反映するものでしかない。論考や意見表明などの発信には、岩田康之さん、佐藤郡衛さんをはじめ、野呂芳明さん、鉄矢悦朗さん、坂井俊樹さん、中島裕昭さんにいろいろ相談に乗っていただいた。

大学のホームページに載っていた私の講演や論考に注目したのは、学文社の椎名寛子さんである。本書は、椎名さんの勧めで出来上がった。収録論文や講演の選定から、編集、原稿の校正まで、大変お世話になった。またゼミの卒業生の中岡祐介さんには、全体を通読して、校正も含めご尽力いただいた。装幀は澤井洋紀さんにお願いした。

そういう支えを得て本書は成立したのだが、お世話になった、また私の学長時代を支えて下さった、たくさんの皆さんに、未筆ながら、心からのお礼を申し上げたいと思う。

二〇一〇年一二月　　初冬の明日香の里にて

鷲山　恭彦

著者紹介

鷲山 恭彦 （わしやま・やすひこ）

1943年，静岡県小笠郡土方村(現・掛川市)生まれ。県立掛川西高校，東京大学文学部卒業。同大学人文科学研究科独語独文修士課程修了。専攻はドイツ文学・ドイツ社会思想。日比谷高校講師，新潟大学講師，東京学芸大学講師，助教授，教授を経て，2003年11月から2010年3月まで東京学芸大学学長。現在，奈良教育大学理事，国立青少年教育振興機構監事，大学評価・学位授与機構客員教授。主な著書・訳書に，『転形期の思想』（共著，梓出版社，1991年），『*Lukács és a modernitás*』（共著，Hungary, Kiadja a Szegedi Lukács Kör，1996年），『これからの教育と大学』（共著，東京学芸大学出版会，2001年），『*Kultur als Fenster zu einem besseren Leben und Arbeiten*』（共著，Germany, Aisthesis Verlag，2004年）『文学に映る歴史意識—現代ドイツ文学考』（共栄書房，2011年），ルカーチ『社会的存在の存在論のために』（翻訳，イザラ書房，1984年），『現代初級ドイツ文法読本』（共著，郁文堂，1980年）など。

知識基盤社会における教員養成と人間形成

2011 年 5 月 25 日

著　者　鷲山 恭彦

写真協力　青野貞紀，花鳥園，小沼廣和，
杉浦清司，永田敏弘

発行所　株式会社 学 文 社

発行者　田中　千津子

所在地　〒153-0064　東京都目黒区下目黒3-6-1
電　話　03-3715-1501
H　P　http://www.gakubunsha.com/
振　替　00130-9-98842

印刷所／シナノ印刷株式会社

ISBN978-4-7620-2155-8